《外国问题研究论丛》第六辑

"一带一路"倡议与城市跨越发展

刘 波 ◎ 主编

知识产权出版社
全国百佳图书出版单位

图书在版编目（CIP）数据

"一带一路"倡议与城市跨越发展 / 刘波主编. —北京：知识产权出版社，2019.3
ISBN 978-7-5130-6090-5

Ⅰ.①一… Ⅱ.①刘… Ⅲ.①"一带一路"—关系—城市发展战略—研究—中国 Ⅳ.①F125②F299.2

中国版本图书馆 CIP 数据核字（2019）第 027256 号

责任编辑：赵　军　　　　　　　责任校对：王　岩
封面设计：邓嫒嫒　　　　　　　责任印制：孙婷婷

"一带一路"倡议与城市跨越发展

刘　波◎主编

出版发行：知识产权出版社有限责任公司	网　　址：http://www.ipph.cn
社　　址：北京市海淀区气象路 50 号院	邮　　编：100081
责编电话：010-82000860 转 8127	责编邮箱：zhaojun@cnipr.com
发行电话：010-82000860 转 8101/8102	发行传真：010-82000893/82005070/82000270
印　　刷：北京九州迅驰传媒文化有限公司	经　　销：各大网上书店、新华书店及相关专业书店
开　　本：710mm×1000mm　1/16	印　　张：18.75
版　　次：2019 年 3 月第 1 版	印　　次：2019 年 3 月第 1 次印刷
字　　数：279 千字	定　　价：78.00 元

ISBN 978-7-5130-6090-5

出版权专有　侵权必究

如有印装质量问题，本社负责调换。

《外国问题研究论丛》编辑委员会

主　编　刘　波
副主编　张　暄
委　员　张　丽　张　力　戚　凯
　　　　赵苏阳　单许昌　马　鑫
　　　　杨鸿柳　古　佳　姜　枫

前　言

　　2013年，习近平主席在访问哈萨克斯坦和印度尼西亚期间提出建设"丝绸之路经济带"与"21世纪海上丝绸之路"的倡议，引起国际社会的高度关注。"一带一路"倡议作为中国政府首倡并推动的一项全球发展战略，涉及亚洲、非洲、欧洲的60余个国家，总人口约占世界的60%，经济总量约占世界的30%。6年来，"一带一路"建设从无到有、由点及面，从理念转化为行动，从愿景转化为现实，进度和成果超出预期，沿线各国聚焦政策沟通、设施联通、贸易畅通、资金融通、民心相通，不断深化合作，在多个方面取得积极成果，彰显了中国道路优越性。"全球有100多个国家和国际组织参与其中，40多个国家和国际组织与中国签署了合作协议，形成了广泛的国际合作共识，'一带一路'朋友圈正在不断扩大。""一带一路"倡议的实施在推进国家层面的经济社会发展和结构调整的同时，也为沿线城市的战略发展指明了方向。

　　《外国问题研究论丛》是北京市社会科学院主办的系列学术论丛之一，由外国问题研究所负责编撰出版。《外国问题研究论丛》基于全球化和城市国际化的大背景，聚焦特定专题内容，约请相关领域专家学者，突出学术视野，重点研究国外一些国家和城市在政治、经济、社会、文化和生态等方面的发展经验，及时有效地做好跟踪研究，以期为我国和首都北京在这些方面的改革发展提供参考、借鉴。

　　习近平总书记在推进"一带一路"建设工作座谈会上指出，"要加强'一带一路'建设学术研究、理论支撑、话语体系建设"。本辑论丛正是在前5辑编撰经验基础上，以"一带一路"倡议为研究专题。"一带一路"倡议的实施，构建起我国全方位对外开放的新格局，成为我国开放发展和对外合作的新亮点。党的十九大报告指出："积极促进'一带一路'国际合作，努力实现政策沟通、设施联通、贸易畅通、资金融通、民心相通，打造国际合作新平台。"本辑栏目编排上也重点体现"五通"的内容概要，同时选介国内沿线省市的参与情况，此外基于服务首都北京经济社会发展的需求，论丛还重点探讨首都北京如何融入和服务"一带一路"倡议。"一带一路"倡议既是我国对外开放的新思考，也是各省、市、自治区对外拓展发展空间的新机遇。尽管在2015年《推动共建丝绸之路经济带和21世纪海上丝绸之路的愿景与行动》初期战略规划中，京津冀地区没有被直接圈定为"一带一路"国内涵盖省份，北京也没有作为重点规划节点城市，但自从国家提出"一带一路"倡议以来，北京积极参与"一带一路"建设，相继制定了《北京市参与建设丝绸之路经济带和21世纪海上丝绸之路实施方案》《北京市对接共建"一带一路"教育行动计划实施方案》等行动方案，着力构建起服务国家"一带一路"建设的对外交往平台、人文交流平台、科技支撑平台和服务支持平台。尤其是2017年5月和12月，首届"一带一路"国际合作高峰论坛、中国共产党与世界政党高层对话；以及2018年9月中非合作论坛等几场重大主场国际活动在京成功举办，北京充分展示了主场外交的首都城市特色，凸显了"一带一路"智力决策总部的中心地位。此外，作为四个中心之一的"国际交往中心"是首都城市战略定位之一，是首都功能的重要组成部分，着眼于承担重大外交外事活动，与"一带一路"密切相关，二者相互影响、相互促进。

"不积跬步，无以至千里"，"一带一路"建设是伟大的事业，需要伟大的实践。国之交，在于民相亲。"一带一路"建设既要国家总体目标，也要发挥地方积极性。北京市社会科学院外国问题研究所近年来积极加强"一带一路"相关问题研究，出版若干著作，愿本论丛的出版能够为"一带一路"合作发展研究做出微薄的贡献，也真诚期待"一带一路"宏伟蓝图在各国互信合作中得以逐步实现，成为构建人类命运共同体，造福沿线各国人民的助推器。

刘 波

2019年1月于北京

目 录 CONTENTS

专栏 一 和平之路与政策沟通 ········ 1

俄罗斯参与实施"一带一路"全球倡议的可能前景 ········ 2
"一带一路"倡议是中国超越美西方模式的绝佳机会 ········ 6
"一带一路"倡议、国际规则与首都的核心角色 ········ 9
"一带一路"东南亚地缘政治风险及应对：不对称理论的视角 ········ 21

专栏 二 繁荣之路与设施联通 ········ 37

"一带一路"倡议下"VR 五通"的路径实践研究 ········ 38
"一带一路"建设背景下中国对缅甸的基础设施投资：现状、问题及应对策略 ········ 47
促进"一带一路"区域油气合作转型升级 ········ 60

专栏 三 开放之路与贸易畅通 ········ 67

"一带一路"倡议和俄—中关系：落实倡议所带来的双方利益、挑战和初步成果 ········ 68
中蒙矿业合作与"一带一路"中俄蒙经济走廊的战略起点 ········ 78
"一带一路"上"丝路驿站"PPC 模式的实践与启示 ········ 87

专栏 四 创新之路与资金融通 ········ 93

"一带一路"沿线国家经济合作的"共轭效应" ········ 94
试析"一带一路"南太平洋方向资金融通举措 ········ 99

专栏 五　文明之路与民心相通 ··· **105**

"一带一路"建设中的文化挑战与策略应对 ························· 106
"一带一路"背景下我国会展诚信法治建设 ························· 122
"一带一路"背景下中国文化产业"走出去"的伦理思考
——以游戏产业为例 ··· 137
"一带一路"倡议中文化相通的问题与实施路径研究 ·············· 153

专栏 六　国内沿线省市 ··· **160**

"一带一路"建设中我国地方省份对外合作的实与策——以安徽与
中东欧国家务实合作为例 ·· 161
青岛对接"一带一路"倡议研究
——新发展理念与同类城市视角 ······································· 169
"一带一路"背景下西安国际化大都市建设 ························· 188

专栏 七　北京融入 ·· **199**

"一带一路"背景下北京地区企业参与跨国并购的机遇与挑战 ······ 200
供给侧结构性改革背景下北京参与"一带一路"资金融通的
对策研究 ··· 213
次国家政府外交视角下北京融入"一带一路"研究 ················ 224
"一带一路"背景下北京塑造国际化大都市形象的路径探析 ······ 238
北京进一步对接"一带一路"倡议的战略路径研究 ················ 251
"一带一路"倡议下北京的发展重点与方向 ························· 261
"一带一路"倡议中北京城市文化品牌建设的优势、问题与路径 ··· 272
北京城市公共外交助力"一带一路"国家民心相通 ················ 283

专栏一

和平之路与政策沟通

俄罗斯参与实施"一带一路"全球倡议的可能前景

Ostvald Andrey[1]

摘要： 当前，中俄拥有十分坚固而又稳定的联系，双方的战略伙伴关系不断发展。"一带一路"倡议是中国 21 世纪规模最大、最重要的方案。这一倡议可能完全改变欧亚的经济和运输图景。俄中之间在推广和实施"一带一路"倡议方面的相互合作对两国及双方的友谊具有十分重要的意义。本文分析了俄罗斯在欧亚地区以中国的平等伙伴身份参与实施"一带一路"倡议的可能途径。最后，本文详尽阐述了在实施"一带一路"倡议过程中与上海合作组织有望展开的合作。上海合作组织（以下简称：上合组织）在为推广和实施"一带一路"倡议提供战略安全环境方面可能给予很大帮助。

关键词： 中俄战略伙伴；"一带一路"倡议；上海合作组织

俄罗斯总统弗拉基米尔·普京于 2017 年 5 月 14 日至 15 日参加了在北京举行的"一带一路"大型国际论坛。该事件对 2017 年中俄高级别对话十分重要。随后，在 2017 年 7 月初，中国国家主席习近平对俄罗斯进行了回访。期间，双方国家领导人共同研究了中俄合作日程的基本问题。这些重要的国际事件对中俄战略伙伴关系未来发展方向的形成具有重要意义。

普京在北京"一带一路"国际合作论坛上发表的声明和评价从本质上体现了其对论坛主题本身及对中俄战略伙伴关系整体发展的积极立场。此

---

[1] Ostvald Andrey，莫斯科社会经济现代化研究所委员会成员，历史学博士。目前攻读博士后，研究课题为"俄中美关系——20 世纪历史经验及未来前景"。

外，在论坛上，普京对西方展开了公开批评，其表达了对深陷危机的西方全球化模式的消极态度。同时，普京高度评价了北京论坛的意义，肯定了中国"一带一路"倡议本身具有的全球意义。在俄罗斯，该倡议更多地以"丝绸之路经济带"或"新丝绸之路"的名字为人所知。

俄罗斯及国际社会对北京论坛的积极反响表现出，在中国以外地区正在形成对"一带一路"倡议作用和意义的新认识——这是21世纪第一个改造世界的全球理念，并且在可能产生的地缘政治影响方面能够与20世纪伟大的革命思想相媲美。中国"新丝绸之路"理念展示出，今天的中国不仅拥有强大的经济及军事战略潜力，并且具有意识形态潜力，能够对世界发展的现代化进程施加巨大影响。

在北京国际合作论坛上，普京同样展现出了应有的意识形态水平，在其陈述里又一次出现"大欧亚伙伴"。"大欧亚伙伴"的扩大方案中包括欧盟。近一段时间这一概念被俄罗斯视为在欧亚地区将所有正在形成及已经存在的一体化方案相结合的理论可能性，其中包括"新丝绸之路"、欧亚经济联盟，也可能包括上合组织及东盟。

在欧亚经济联盟经济发展战略与"丝绸之路经济带""对接"日程中的详尽计划并不是中俄领导人在北京论坛框架下的讨论对象。大多数具体问题的决议，包括在上述"对接"框架下制定的近40个俄中联合项目中的"一揽子"问题，在中俄领导人接下来的谈判期间被仔细研究，这其中包括2017年7月初习近平主席对莫斯科的那次访问。

尽管俄罗斯对"新丝绸之路"理念确有兴趣，并且在5月北京国际合作论坛上给出了高度评价，但在中俄日程中隐藏着一个极其重要的问题，而这一问题近期在俄罗斯政治家和媒体领域被积极讨论，那就是在中国"一带一路"倡议框架下，是否有合适的位置留给俄罗斯？

对于俄罗斯来说，努力占据"合适位置"首先是不愿意成为中国方案中的"小伙伴"，原则上俄罗斯不能接受这一点。从这一优先问题出发，应当肯定将俄中各自对欧亚一体化看法"对接"的这一想法，其初衷是俄罗斯希望成为中国的平等伙伴。考虑到这一点，应当研究在实施"新丝绸之路"框架下近期俄中合作进程中所出现的困难。

因此，俄罗斯对"一带一路"倡议的谈判策略在未来显然将建立在争取以平等伙伴身份参与这一条件的基础之上。简单来说，今天俄罗斯不准备融入中国的"新丝绸之路"方案，并可能尝试实现中俄欧亚方案的一体化。对俄罗斯来说，欧亚经济联盟方案仍然是首要的，其并不打算放弃。同时，从维护俄罗斯战略利益的角度来看，在短期内合理的措施是以某种方式划分欧亚经济联盟与"一带一路"的影响区域，承认欧亚经济联盟的领土是独立空间，同时不进入中国"新丝绸之路"的影响区域。

当前，俄罗斯面临的复杂任务是不能使自己在中美俄"地缘政治三角"关系中的影响力被弱化，不能让美国将俄罗斯排挤出享有特殊优待的中国战略伙伴地位，同时不失去其自身与美国新总统关系正常化的机会。保持俄罗斯与中国、美国、日本、印度及中亚国家之间关系的地缘政治平衡是摆在俄罗斯总统面前的一系列十分复杂的问题。在这些问题中还有一个对俄罗斯来说极其复杂的任务，就是以何种方式启动俄罗斯与中国"一带一路"倡议的"对接"进程，同时要保持俄罗斯在中亚的影响力，不削弱俄罗斯在欧亚经济联盟和上海合作组织内的地位。

应当指出，到目前为止唯一一个能在完全意义上被称作欧亚大国的只有俄罗斯，其既处于欧洲，也处于亚洲。但是中国"一带一路"倡议可能改变这种情况。因此，出现了对推进"一带一路"理念其他动机的解读。可以假设，中国的意图是扩大其在亚洲外的欧洲方向的经济影响范围，这建立在同样要获得"欧亚大国"地位的基础上，中国可能利用这一地位在未来进一步巩固自己的全球影响。

这样的前景显然影响的不仅是俄中欧亚一体化方案的"对接"形式，还有中俄战略伙伴关系本身的形式。但同时俄罗斯可能得到地缘政治上的好处，这在未来将超过今天与中国倡议"对接"而面临的经济困难。在共同实施"一带一路"理念的基础上可能出现"欧亚领导人联盟"，而这正是让富有远见的西方观察者们非常担心的。中俄联盟能够在未来成为俄中全球化替代方案的核心，并且对世界发展产生积极影响。

这一进程的第一步可能就是形成上述由俄罗斯发起、中国支持的"大欧亚"全球化方案框架，中国的"一带一路"理念可能成为其基础设施及结合基础。同时，从俄罗斯国家利益的角度来看，上合组织可能是迈向"大欧亚"的重要组成部分。今天合理的看法是，不要将上合组织及"一带一路"倡议的发展进程孤立看待，而是将其看作俄中全面战略伙伴发展的两个相互补充方向。建立上合组织和"一带一路"之间的"政治对接"能够避免欧亚一体化方案之间的不必要竞争，并且开始形成"大欧亚"。

上合组织作为未来"大欧亚"战略的政治核心及安全保障，而"一带一路"作为其强大的经济及基础设施平台，这可能就是上合组织与"一带一路"相互补充发展的结果。这一路线在俄中全面伙伴哈萨克斯坦的参与下，能够为建立全球多极化体系以及向更公平的世界秩序过渡创造现实条件。

这可能就是中俄共同的"大战略"。如今美国专家和政治家对其充满警惕。这一战略的实现将不可避免地把美国排挤出主导全球化进程的体系之外。为了达到这一具有全球历史意义的目标，中俄领导人的私下会面及谈判有着决定性作用。通过这种形式双方寻找俄罗斯与"一带一路"方案"对接"问题的解决方法，这将成为巩固俄中战略伙伴关系的关键因素，并在未来加强中国和俄罗斯的全球地位。

"一带一路"倡议是中国超越美西方模式的绝佳机会

Jeff J. Brown[1]

本文交稿之时正值中国共产党第十九次全国代表大会刚刚胜利闭幕。十九大报告提出的"中国特色社会主义进入新时代"和21世纪人类的愿景将被视为对西方模式的公开宣言。这里我借用两个英语流行语来表达我的提议:"跳出框框"(创造性的)和"离墙"(反直觉的),但这两个提议在当下比之前任何时候都显得重要和紧迫,因为他们不仅将对"一带一路"倡议产生影响,对整个世界局势的发展亦具有重要意义。

我很荣幸应北京市社会科学院(BASS)之邀,撰写一篇关于中国"一带一路"倡议的文章(BRI)。"一带一路"倡议是习近平主席在2013年提出的重大倡议,这是一项改变历史的富有远见卓识的倡议。由"陆上丝绸之路经济带(SREB)"和21世纪海上丝绸之路(MSR)组成,前者覆盖大部分欧亚大陆并延伸至非洲,源于连接中国及欧亚的古丝绸之路,后者至今仍是连接中国数千年来的海上探索和贸易活动的纽带。

"一带一路"倡议的时机和世界上一系列由西方国家主导的事件发生的时机无疑是一种巧合。在持续500多年后,西方大国的发展毋庸置疑已进入衰退期。

说美国走下坡路,人们只需要瞟一眼全球任何一种语言媒体的头条新闻就能了然于胸。在特朗普之前,"一带一路"没有引起西方人足够的重视,认为"一带一路"也许在全球舞台上会昙花一现。

自从特朗普成为美国总统以来,局势变得更加复杂,中国领导层和中

---

[1] 美国教授,专栏作家,常年研究西方意识形态和中国社会主义,著有《中国崛起》。

国共产党该如何应对呢？

中国《孙子兵法》36 计中的第 5 计为"趁火打劫"。我想我们所有人都认为特朗普总统是燃起西方帝国的熊熊大火的火药，中国能避免引火烧身吗？

自从公元前 3 世纪亚历山大大帝开启对亚洲大部分地区残暴的征服以来，各种宣传就一直不绝于世界。这种"西方种族主义优越模式"告诉我们：

（1）西方文明优于世界其他国家文明；

（2）西方文明在地球上无技术对手；

（3）西方文明在道德上和精神上高于所有其他民族文明。

令人难过的是，绝大多数人们接受了它，除中国之外，只有很少部分的人知道"一带一路"是什么，随着"一带一路"的继续推行，西方国家会用这种成功的西方种族主义优越模式对"一带一路""中国式"信誉和信任进行诋毁。

中国进行经济合作的所到之处，美西方国家的干扰就随之而来。一带一路倡议应证明西方人建立的优越模式并不是唯一的。

随着西方盟友加速对美国的疏离，中国通过迂回战术攻击其弱点，同时继续通过其发展伙伴加强"一带一路"来维护发展的时机已经成熟。

这无疑是个很好的契机。中国将凭借中国共产党历史上以及之前唐代普遍实行的"实事求是"重新在世界赢得更多的声誉。世界各国人民将尊重和欣赏中国的光明磊落，从而为"一带一路"倡议洒下真理及正义的曙光。这无疑将增强"一带一路"倡议所需的对中华文明的信任和信心，保证在未来 100 年内取得最大成功。

中国媒体新开通了外语版的中国环球电视网（CGTN）及中国中央电视台（CCTV）。两者皆可以创作一系列有深度的纪录片。他们可以定期及长期邀请不同的专家做节目。

俄罗斯和中国正在扩大媒体和宣传方面的合作（https://gbtimes.com/china-russia-boost-media-cooperation）。然而，另外两个反帝国主义的社会主义媒体也需要一并请来共同创建一个可以与 BBC，CNN 和福克斯新闻竞争的全球巨人，即伊朗的"Press TV"（http://www.presstv.com/）和拉丁美洲的"TeleSUR"（https://www.telesurtv.net/english/index.html）。到目前为止，Press TV 是唯一一个报道西方虚假并正在揭穿其神话的媒体。俄罗斯、中国和拉丁裔联盟网络需要加入 Press TV 并制定长期全球战略以摧毁西方的种族优越模式，同时推动"一带一路"倡议及其他合作努力，如亚洲基础设施投资银行（AIIB）、巴西+俄罗斯+印度+中国+南非（BRICS）、集体安全条约组织（CSTO）、欧亚经济联盟（EAEU）和上合组织（SCO）。

"一带一路"倡议、国际规则与首都的核心角色

戚凯[1]

摘要：中国是"一带一路"倡议的提出者和倡导者，首都北京自然将会在这一国际倡议中做出积极贡献。因此，接下来我们将进一步分析和讨论北京可以在"一带一路"建设的国际合作中扮演什么具体角色，又发挥什么样的实际作用。对于北京来说，其在"一带一路"建设过程中可以从大国协调与机制完善、规范重塑与标准修订和国际交流与队伍建设三个方面扮演积极角色、发挥关键作用，从而加强有关国家对"一带一路"建设的参与积极性与合作成功性。

关键词："一带一路"；首都；国际规则；核心

一、中国发展的大背景与时代要求

譬如华盛顿、巴黎这些国际化大都市，在过去数十年乃至数百年间，无数有关建立、改革国际规则的国际会议都在这些城市召开，我们甚至可以说，当今世界主要的国际组织、国际规章制度及其所规定形成的国际交往行事规则，都是历经久远，在这些城市中通过一次次的国际会议谈判而成的。

那么，是不是说当下的世界已经有了足够的国际规则，所有的国际事务都已经被安排得完美无缺了呢？答案当然是否定的，人类社会的活动范

---

[1] 北京市社会科学院外国所副研究员，研究方向能源安全。

围与活动内容一直在不断扩展,整个国际社会面临的新问题不断增多,需要新的规章制度来解决新问题;同时许多老问题也发生了新变化,旧的国际规则已经不能适应新形势,就需要改革,譬如说南极、宇宙空间共同开发的问题、新的海洋法公约如何制定,这都是新形势、新环境之下面临的构建新国际规则的问题。因此,可以说,国际化大都市将继续承担为构建国际规则提供地理场域支持的重要功能。

在过去很长一段时间以来,中国及其大城市,特别是北上广这样的大城市,支持国际会议举办、参与国际规则构建进程的作用是很不足的。在此,我们引述一些数据作为佐证:

"根据全球国际会议市场的排名情况,欧美雄踞国际会议市场前两名,亚洲名次排在后面,而中国在亚洲的排名不是很理想,远远在新加坡、日本和韩国之后。根据国际大会及会议协会(ICCA)的统计数据显示,2010年全球有54%的学会、协会类科技会议在欧洲举办,亚洲只占18%。根据《中国科学技术协会统计年鉴》,中国科协所属全国学会、协会在2012年共加入340个国际组织529人在国际组织中担任职务;2013年共加入366个国际组织,612人在相应的国际组织中担任职务。可见,加入国际组织和担任国际组织的数量呈现增长的趋势。但是在国际组织中担任要职的数量过少,在国际组织相应领域中的话语权和影响力不足。"[1]

我们尤其需要注意的是,之前提到的这些城市都有一个最大的特点,那就是它们都是世界性大国或强国的首都,华盛顿、巴黎、伦敦与柏林自不待言,分别是美、法、英、德的首都,虽然说布鲁塞尔是欧洲小国比利时的首都,但它同时也是欧盟总部的所在地,后者是集体经济总量位居世界第一的庞大国家间联盟。与此类似,北京也拥有中国乃至全世界许多国际化大都市都不可比拟的优势,即它是经济不断发展、国际影响力日益上涨的中华人民共和国的首都。可以说,这是北京可以为中国参与国际规则建构发挥作用的最大信心与底气的来源。如果没有中国崛起的大背景,来自北京的中国中央政府的声音是很难被国际社会重视的,反之,也正是因为中国崛起,使得中

---

[1] 李军平:《国际会议在华召开的主要问题》,《科技导报》2015年第33卷第5期,第33页。

国的海外利益越来越多，对参与国际规则建构的现实要求也越来越迫切。中国政府在北京提出构建国际规则的设想，北京作为国际化大都市为实现这些设想提供地理场域的支持，设想的实现进一步提升中国与北京的国际影响力，这三者已经成为相互促进、相互补充的有机体。

从更深的层次来说，中国的快速发展为北京这个国际化大都市参与国际规则创建提供了最重要、最宏大的战略背景，另一方面，中国崛起也急需北京这种国际化大都市的参与，只有北京越来越多、越来越好地为中国构建国际规则提供必要的契机和场合，中国的发展才能找到更好的发力点。

自从1978年中国改革开放以来，中国经济飞速增长，目前已经成为仅次于美国的全球第二大经济体，人民生活水平也相应得到大幅提升。短短的40年中国经济社会事业的全面进步震惊了世界，中国独特的发展道路成为全球关注的焦点，"中国模式"遂成为"华盛顿共识"之外的另一条可供选择的发展道路。中国经济政治实力的增强提升了中国的国际话语权，无论是在全球层面还是在地区层面，中国已经成为国际规则的重要参与方。

然而，但是也必须清醒地认识当前世界话语权格局总体仍未改变，以七国集团为代表的西方发达国家仍然牢牢地掌控着话语权，而中国话语权的分量还很有限。特别是在看待中国模式的成功时，由于意识形态、价值观念、政治体制的差异，西方国家或者是质疑，急切企图用自由、平等、民主、人权的"普世价值"改造中国模式，或者是恶意中伤，将中国模式贴上野蛮资本主义、权贵资本主义的标签，制造"中国威胁论""中国崩溃论"，甚至还有声音试图要中国承担无法承担的国际义务和责任。因此，北京如何更积极地参与构建国际规则，提升国际话语权，事关中国的国际和地区事务中维护自身的利益。

2017年2月17日，习近平主席在国家安全工作座谈会上提出中国要"引导国际社会共同塑造更加公正合理的国际新秩序""引导国际社会共同维护国际安全"，这意味着中国政府已经开始全面思考如何在制度与秩序层面为国际社会做出更重大的基础性贡献。在这个大背景之下，北京作为首都，是中国的政治中心、文化中心、国际交往中心与科技创新中心，应当积极发掘潜力与优势，努力为中国发展大战略与"两个引导"大战略做出应有的贡献。

要想引导国际社会的发展与进步，不仅要多参与国际事务，做国际体系的参与者和建设者，而且还要做国际体系的贡献者和引领者。国际体系的骨架与运行办法是由国际规则构成的，引导国际体系的发展，主要就是要主导国际规则的构建：一方面要改革不适合国际社会新形势发展的旧规则、旧制度；另一方面要积极探索、引导国际社会实现规则的创新与发展，建设更加公正合理的新规则体系。

二、北京具体的贡献可能

可以说，北京作为中国的首都，积极贡献自己的力量，将会极大促进中国进一步参与构建国际规则，提升国家形象，维护国家与国际社会利益。总的来说，北京的优势与可期待的贡献在于以下几个方面：

首先，北京拥有全中国最好的基础设施、财富实力与软实力优势，有条件、有能力为中国政府计划的任何大型国际会议或外交活动提供最优质的后勤保障服务。譬如说，北京首都国际机场是全球规模最大、运输生产最繁忙的大型国际航空港之一，拥有世界最大的单体航站楼，每天有超过近百家航空公司的上千个航班将北京与世界各地紧密连接，它是全亚洲旅客吞吐量最大的国际机场，并已经跻身世界最繁忙机场前三名。北京是绝大多数全球500强跨国公司在中国或者亚太区域的总部所在地，大量的巨型国有企业也在此运营，堪称中国的金融与贸易中心；同时北京也是中国拥有最多高等院校的城市，聚集了众多著名大学；它也是中国的传媒中心，国内外数以百计的媒体将总部或办事处设置在北京，因此可以说，北京拥有各类足以应对各种国际业务的机构与人才资源。

其次，我们也必须承认，当前世界上的一些热点问题，譬如说领土主权争端、国内冲突都发生在中国或中国周边地区，譬如说中国与日本的东海权益冲突、与东南亚一些国家的南海争端、朝鲜半岛核问题、缅甸内部的宗教、种族冲突。中国作为地区大国，同时也是初步浮现的全球性大国，我们既需要妥善解决涉及自身的国际争端，也有责任与义务帮助周边国家与地区实现和平稳定，为整个东亚与全球的和平发展尽职尽责。因此，我们需要开启一些和平对话，或者是为了解决与有关国家的领土领海权益争端，或者是作为中立第三方调停地区冲突；这些国际和谈的召开很有必要，如果选择地点，要么是在其他当事国的城市，要么就是在北京。在我们的先前，有很好的例子，譬如说挪威为了实现加沙地区的最终和平，以中立第三国的身份在首都奥斯陆开启了"奥斯陆和平谈判进程"，这使得挪威与奥斯陆在全世界范围内赢得了高度赞誉；设想一下，如果中国政府能够在北京启动类似的对话进程，与南海诸国磋商出合适的海洋权益划分与共享办法，妥善解决权益争端，或者是居中调停缅甸内部的和平问题，那么这将是中国政府与北京为世界和平与发展做出的巨大贡献，也代表着中国在参与构建国际规则的道路上迈出了坚实的步伐。

再次，要专门提及一下北京的历史、文化与艺术资源。当前国际社会，特别是以欧洲为代表的西方世界，已经逐步显现出了后现代社会的特征，文化历史艺术资源成了国际交往中的重要筹码与主题，如何规范、保护这些资源，促进其长期存续发展，是当前许多国家及国际组织所关心的问题；譬如说联合国教科文组织一直致力于构建全世界对于历史文化遗产的保护守则，希望建立起完备的国际准则，以减少人类活动对历史文化资源的破坏。北京在这方面的优势可谓得天独厚，它本身就是国家历史文化名城，拥有99处全国重点文物保护单位，而且整个北京全市拥有7处世界遗产，是联合国教科文组织认定的全球拥有世界遗产最多的城市；与其相得益彰的是，中国乃至全世界最好的古建筑、古文化、古艺术的研究保护机构基本上在北京，如北京大学的考古文博学院、中国社会科学院的考古研究所、中国戏曲研究院，可以说，只要北京愿意发力，就可以在促进国际历史文化艺术规则制定的问题上发挥领军性质的作用。

最后，我们要专门提及下北京市政府与市民，他们对于北京市举办大型国际活动充满了很高的热情，这里不仅仅是一种为中央服务的责任感，还有着一种高度的荣誉感与自豪感。这是北京所拥有的软实力，以往的历史充分证明，北京市政府竭尽全力保障各种大型活动顺利进行，民众也予以了高度的配合，这对于未来北京举办更多的国际性会议、成为国际规则创建的世界中心城市之一而言，是一种宝贵的软实力财富。

三、北京要成为"一带一路"倡议的核心角色

中国是"一带一路"的提出者和倡导者，首都北京自然将会在这一国际倡议中做出积极贡献。因此，接下来我们将进一步分析和讨论北京可以在"一带一路"建设的国际合作中扮演什么的具体角色，又发挥什么样的实际作用。

对于北京来说，其在"一带一路"建设过程中可以从大国协调与机制完善、规范重塑与标准修订和国际交流与队伍建设三个方面扮演积极角色、发挥关键作用，从而加强有关国家对"一带一路"建设的参与积极性与合作成功性。

第一，大国协调与机制完善。大国协调（Concert of Powers）作为一种重要的国际安全机制，特指在全球或区域体系内有重要影响的大国按照共有的规范与规则，通过会议外交解决共同安全问题的制度化安排。❶ 作为一个跨区域的国际合作平台，"一带一路"的建设自然离不开各个地区内部与区域之间的国际协调。对于中国外交来说，加强与主要国家之间的大国协调，充实并完善既有的外交交流与合作机制是对其推动"一带一路"建设国际合作的当然预期。目前，以北京为主基地开展的国际合作框架平台事实上是十分缺乏的：一方面，中国目前尚未与国际主要国家建立常态化的合作机制，而这对于中国来说也是一个巨大却也必需的国际工程；另一方面，中国外交既有的对外合作与协调机制也存在着操作平台欠缺、共享信息滞后与联合行动匮乏等实际问题，从而导致机制不畅与合作低效。因此，北京应当需要借"一带一路"建设的契机，做好东道主，搞好主场外交，进一步加强与国际社会主要国家的大国协调，进一步充实和完善既有的合作机制。

---

❶ 这里的"大国（Powers）"特指有能力在全球性或区域性国际体系中有关安全问题上发挥重要作用的"强国"，而非在传统意义上从体系层次按绝对的"军事—经济"实力界定的整全性的国家。郑先武：《东亚"大国协调"：构建基础与路径选择》，《世界经济与政治》，2013年第5期，第91页。

第二，规范重塑与标准修订。规范重塑（Norm Renovation）是指原有规范在规范扩散中被新的行为体在实践过程中赋予和充实一些新的内涵，使规范的内容更丰富、更完善。❶ 在国际社会交往中，以美国为首的发达国家由于历史原因得以抢夺先机而主导着各类国际规范的塑造与传播，垄断各种国际标准的制订权和修改权。随着"一带一路"建设的推进，将有助于带动沿线新兴国际力量的兴起和发展，而这也会催生其对于既有国际社会传统规范和既有标准的调整诉求。对于中国来说，积极参与国际规范重塑与标准修订也是其推动"一带一路"建设的实践期待。因此，北京要在各种标准修订中贡献中国力量。

第三，国际交流与队伍建设。中国要加强"一带一路"建设与国际合作，国际交流与队伍建设将是重要基础和关键途径。因此，人才，特别是具有国际视野的复合型人才是关键之关键，北京这方面具有最先天的优势。因此，北京如何为中央贡献与"一带一路"倡议相关的人才，将是北京人才工作所面临的重要任务。北京作为中国的高等教育最强城市，一方面，需要建设国际复合型人才的选拔、培养和任用机制，进而推动中国外交人员在各类国际组织中担任重要职位，从而加强外事人才队伍的对外参与和国际实践；另一方面，也可以加强国际经验的相互学习，特别是为"一带一路"沿线的一些欠发达地区和国家的外事人才队伍提供培训帮助。

四、具体的政策建议

1. 充分发挥政府的主导作用

政府要在国际交往中心建设工作中发挥主导性作用，统一筹划、协调北京国际交往中心建设涉及的各方面相关工作，由政府主导进行跨行业、跨地区资产优化重组，服务于国际交往中心建设；组织资源协调成立国际交往中心建设办公室，成立国际交往发展基金，以形成合力领导机制、集中资源更好地服务于国际交往中心建设，为国际交往中心建设提供有力的

---

❶ 袁正清，李志永，主父笑飞：《中国与国际人权规范重塑》，《中国社会科学》，2016年第7期，第192页。

领导以及稳定的资金支持；加强涉外部门机制改革和职能建设，强化涉外部门的规划职能、领导职能、组织职能、协调职能和管理职能，以更好地为建设国际交往中心服务，适应国际交往中心建设需要；健全和完善适应国际交往中心建设的高效的工作体制和运行机制；建立专门的国际交往中心建设工作网络，以市外事部门为主或者成立专门领导小组进行统筹工作，组织专职调研团队，动员广泛的社会力量参与国际交往中心建设实施中；建立以政府外事部门为主，其他相关部门和单位支持、配合、参与，以民间机构为补充的工作系统

2. 改善国际交往整体环境，提升城市国际品质

在政策法律环境建设方面，完善有利于国际往来的相关法律和政策。国际交往中心城市要求出入境手续方便，酌情推行签证简化制度。在政策指导、组织协调、执法监督等方面为国内外单位和个人提供优质服务。完善和健全涉外法律体系，进一步加强涉外法制法规宣传工作，为在京外国人提供法律咨询和法律服务，创造良好的法律环境。

在政府服务系统和社会服务系统的基础上，面向国际交往中心建设的需求完善国际交流往来的各项服务内容。加强政府机构中从事涉外管理部门的职能作用，设立专门的涉外社会服务机构，切实负责做好管理和推进国际交流工作，设立了外国人信息服务中心，提供多种语言的天气预报、生活服务、交通出行、医疗急救、旅游购物、法律咨询等信息服务，为外国人提供工作、生活和交流等方面的便捷服务。

在宜居生态环境建设方面，加快调整工业布局、能源结构，加大空气治理、城市绿化、水系治理等工作力度，改善北京的环境质量，调整规划用地，增加公共休闲空间，提升国际化综合服务功能，打造标志性景观，美化城市环境，使北京成为宜居城市，为建设国际交往中心创造必要的自然环境。

在城市硬件设施环境建设方面，加快首都城市轨道交通系统和数字北京建设，完善和扩建国际机场，提高基础设施现代化水平。建设与完善数字化国际信息服务系统，采取开放的态度，促进国际信息交流往来，利用现代数字化技术加强国际通信系统建设，为国际交往中心提供便捷条件，

更好地融入国际社会。

在人文环境建设方面，要重视人文环境对于国际交往中心建设的独特作用，精心规划与建设人文环境，既能突出民族历史文化底蕴和北京城市文化个性，又能兼具国际大都市现代化风格，充分体现国际交往中心兼容并包、丰富多元的人文特色。

3. 进一步做好工作，吸引国际组织进驻北京

（1）迅速动员各部门，联合中央外事工作部门，高度重视联合国考虑设立亚太代表处的苗头。联合国自成立以来，在美洲拥有纽约总部，在欧洲与非洲地区则拥有日内瓦办事处，唯独在亚洲、大洋洲地区缺乏派出机构。近年来，联合国深感亚洲、大洋洲地区人口众多，经济发展迅速，各种国际事务众多，因此联合国内部已经出现了在亚太地区新设代表处的声音。

联合国是全球最重要、影响力最大的国际组织，也是中国发挥国际社会影响力的最重要平台，如果联合国真的决定在亚太设立代表处，这将是联合国历史上的里程碑事件。如果这个亚太代表处能够成功落户北京，那么将不仅是北京的重大荣誉，也是中国崛起、中华民族伟大复兴道路上的重大成就。

尽管设立亚太代表处的想法还只是停留在一些构思中，但是"宜未雨绸缪，莫临渴掘井"，北京市一定要把准备工作做在最前面，一旦这想法在联合国形成提案，北京市就能够打有准备之仗，展开扎实的申报工作。

（2）改变认识观念。各级政府有关部门对待国际组织大而化之的偏见观念要得到改变，在积极防范非法、有害国际组织进入境内活动的同时，要充分认识到国际组织的主流是促进全球化的，是有助于中国与国际社会交往的，要充分认识到大量的国际组织进驻北京，是中国崛起、时代发展的必然要求与必然结果，也是中国真正提升国际影响力，贯彻中央外交大战略的必需工作。

（3）北京市外事部门要重视吸引国际组织的工作。北京市外事部门除了要坚持举办国际活动、发展友好城市两项传统工作以来，要扩充与国际组织事务相关的部门，考虑设立专门的国际组织工作部，专门针对各类重

要的国际组织加强"招商引资"工作，积极游说其将总部设立/搬迁到北京，或者新设亚太总部。

（4）结合国际组织的实际需求，改革出入境、人事、社会福利、税收等制度。国际组织的日常工作具有人员跨国流动频繁、无直接经济产出或经济产出小、人员国籍背景多样化等特点。结合这些情况，对国际组织的在京管理要考虑其特殊需求。在确保其成员在华身份合法、行为守法的前提下，应当考虑尽可能便利化、快捷化服务与管理。对国际组织成员发放多次出入境便利签证，对其高级领导层给予永久居住权；对国际组织的人事与社会福利制度予以放宽限制，尽可能贴合国际通行标准；对无营利性质的国际组织予以免税政策。

（5）充分利用政协委员、人大代表的国际交往资源，积极做好国际外联外宣工作。政协委员、人大代表中有相当一部分成员来自科学、艺术、外交、国际金融经济、教育等领域，他们往往在本领域具有非常丰富的海外资源，与相关的国际组织有着长期而密切的公务交往，与一些具有卓越名望的国际知名人士具有深厚的私人友谊。这些都是可资利用的重要资源，通过他们做好外联外宣工作，接洽相关国际组织，可能会起到事半功倍的良好效果。

4. 加快建设现代国际化的城市文化综合设施，彰显城市人文魅力

（1）要在现有的北京城市设施建设基础上，进一步完成城市设施建设的科学规划，完成城市布局的优化调整，完成北京城市科学化功能分区，建设具有标志性的大型国际交流设施；推进与完善国际化的文化艺术中心区、科技会展中心区、商务贸易中心区、文化创意产业集聚区等的建设，形成具有一定规模的国际交流中心区。与此同时，提高适应对外交往的综合接待能力，优先规划和建设大型国际会展中心、创意科技中心、文化艺术交流中心、大型现代娱乐中心等具有标志意义的城市空间，与世界一流城市设施水平看齐，为大型国际交流活动提供必要的硬件保证。

（2）着力建设在世界享有盛誉的商务中心区、文化创意产业集聚区、传媒产业集聚区、艺术家聚集之地、艺术创作基地、文化艺术活动中心区、国际化娱乐休闲中心区等，成为与国际经济、文化、传播、艺术前沿领域对接和进行国际交流的集聚之地，成为北京城市空间标志性符号，带动城市文化经济国际化发展。

（3）进一步发展外交机构及友好城市的往来交流活动。充分发挥政府国际交往主渠道作用，继续大力开展友好城市工作，拓展友好城市规模，搞好重点与重点友好城市的交流工作，在多个领域开展国际合作；积极争取中央的指导与支持，使友城工作作为外交工作的组成部分，取得更大的国际影响力。与中央外交相配合，加强友城调研工作，合理规划友城结交与发展对象，在友城交往中推动城市外交、市民外交，推动外事部门与相关涉外部门合作协调，管理与服务并重，实现友城工作持续良好发展。

（4）会聚国际人才人力资本促进国际人员往来。国际人员往来交流是实现北京与国际社会全方位互联互通的重要内容。通过聘请和派出专家、学者、教授、顾问，接收和派遣留学生、进修生、培训人员，国际劳务合作，国际性的经贸、科技合作和教科文活动，以至国际性的移民、旅游、侨居活动等，拓宽国际人员往来交流的范围和规模，通过国际人员往来交流加深北京与世界政治、经济、科学技术、教育、思想文化产生的互动与融入。通过国际间人员往来加强融合交流，促进双方理解、夯实信任基础、构建互联互通格局、共襄合作盛举、共创世界未来。建立国际级人才市场，吸引、优化人力资源，大力引进各类专业人才。完善人才激励机制，积极与国际教育组织和跨国集团进行人员合作。大力加强国际组织人才的选拔与培养工作，详细研究国际组织机构的各种职位的性质、特征，有针对性地提出适合我们争取的国际组织职位的具体措施和建议。

五、结语

面对国际规则，从改革开放至今，中国走过了从陌生到开始了解，从抗拒到充分利用的历史过程，发展到今天，在大国崛起的历史大背景下，中国越来越需要思考如何积极参与对国际规则的改革与构建工作，发挥一个大国应有的责任与影响力。要想做成功这样一件重大的战略性事业，就需要积极搭建国际平台，发出国际呼吁、召开国际会议、启动国际谈判进程，这些事情是离不开中央与举国上下的共同努力的，其中在什么样的地理场域推行这些大计划、大行动，是非常值得重视的。

"一带一路"倡议为中国参与国际规则构建提供了一个良好的机会，北京作为首都，应该把握这个机会，发挥核心的作用。我们相信北京是推进上述重大战略的最理想场域之一，从西方大国主导构建既有国际规则的历史经验来看，各大国的首都在其中发挥了重大的作用，它们承办国际会议、发出国际号召，吸引了整个国际社会的注意力，为协助实现国家整体对外战略贡献良多。

"一带一路"东南亚地缘政治风险及应对：不对称理论的视角

张启正[1]

摘要：本文主要关注"一带一路"倡议在东南亚区域建设所面临的地缘政治风险。从布兰特利·沃马克提出的不对称理论视角出发对这一现象进行解释。本文认为中国和东南亚国家间巨大的实力差距使东南亚国家对中国产生了不对称关注，不对称关注在中国投入的不对等、政策不透明和不具体、历史情感记忆的共同作用下产生错误认知，进而对中国的"一带一路"建设在双边、多边、大国和区域四个层面产生地缘政治风险。在理解地缘政治风险的基础上，尝试从建立互信和增进合作两个方面为化解风险提出可行的应对之策。

关键词："一带一路"；东南亚；不对称关注；错误知觉

2013年9月和10月，习近平主席在访问哈萨克斯坦和印度尼西亚时，先后提出建设"丝绸之路经济带"和"21世纪海上丝绸之路"的区域经济合作模式倡议，两者合称"一带一路"。"一带一路"并不是单一的实体机制，而是一种理念构想，是对现有双边和多边机制的互联互通和有机整合。

"一带一路"倡议提出的四年多来，基于"共商、共建、共享"的核心理念，通过政策沟通、设施联通、贸易畅通、资金融通、民心相通五个重点领域的着力，不断推进对于世界经济进步和全球化发展的贡献。2017年5月，"一带一路"国际合作高峰论坛举行，发布了《共建"一带一路"：理念、实践与中国的贡献》白皮书，为"一带一路"建设描绘了全景蓝图，

---

[1] 中国人民大学国际关系学院。

推动"一带一路"倡议由愿景逐步走向实践。"一带一路"延续了古丝绸之路的符号意义和文化价值，成为新时代下中国与世界各国开展合作，共同参与全球治理的区域经济合作平台❶。

东南亚地处中国周边，具有重要地缘战略意义，是"一带一路"建设的重点区域之一。由于实力差距产生的不对称关系，"一带一路"建设在东南亚面临多种层次的地缘政治风险。美国弗吉尼亚大学教授布兰特利·沃马克（Brantly Womack）提出的不对称理论（Asymmetrytheory）立足于东亚历史经验，对于当前国际关系中的不对称关注给出了有力解释。从这一理论视角出发，有助于我们理解当前中国"一带一路"建设在东南亚面临的地缘政治风险，以及提出可行的应对之策。

一、"一带一路"东南亚建设的地缘战略意义

东南亚地理位置优越，地处连接印度洋和太平洋、沟通亚洲和大洋洲的地缘枢纽位置，在此开展建设具有重要的地缘战略意义。

"一带一路"东南亚建设有利于拓展地缘政治环境，扩大中国周边外交空间。东南亚外交长期是中国周边外交的重要组成部分。从战略意义上看，东南亚地区也是我国未来周边外交的重点方向和着力点。纵观亚太局势，东北亚由于朝核问题逐渐走向复杂僵持，短期内难以取得突破进展；南亚区域因中印间的矛盾长期未得到妥善解决，有效的互动也存在重重阻碍。而在东南亚区域，南海问题逐渐降温走向平稳，中菲、中越关系逐渐正常化，实现了外交突破，为未来关系的进一步推进、合作的进一步开展创造了契机。2017年年末，特朗普政府发布的首份国家安全战略报告中，明确将中国列为竞争对手❷。可以预见的是，未来中美关系会趋向多领域的长期竞争。从这一战略角度审视中国外交，在向西部中亚地区发展具有长期性、东部地区矛盾问题难以快速解决的大趋势下，未来东南亚地

---

❶ 刘伟主编：《读懂"一带一路"蓝图》，商务印书馆2017年版，第10页。
❷ 郑永年，张弛：《特朗普政府〈美国国家安全战略报告〉对华影响及对策》，《当代世界》，2018年第2期，第22—25页。

区自然成为中国周边外交的战略重点,也是"一带一路"建设突破的重点领域。

"一带一路"东南亚建设合作基础丰富,利于整合政治、经济和安全战略空间,拉近中国与东南亚的地缘政治情感。东南亚地区呈巨大弧形围绕着中国的南部和西南部,成为"一带一路"建设向南发展的重点区域。丰富的自然资源和广阔的市场也成为开展经济合作的契机。"一带一路"倡议中,21世纪海上丝绸之路的两大走向以及"六廊六路多港"的合作框架中的中国—中南半岛经济走廊、中孟印缅经济走廊建设,都覆盖了东南亚区域。改革开放以来,中国与东南亚国家长期合作,形成了丰富的合作基础,为"一带一路"建设创造了契机。多年来,双方长期合作,积累了丰富多种的合作经验,形成了包括澜沧江—湄公河合作机制、泛北部湾经济区等多种合作机制,为开展"一带一路"东南亚区域建设铺平了道路。未来,中国与东南亚国家可以通过陆地和海上、传统安全和非传统安全等多个领域的合作,整合政治、经济和安全等多重领域,拉近与东南亚国家的地理距离,增进与东南亚国家的地缘情感[1]。

二、不对称理论的主要内涵

2001年布兰特利·马克在《国家规模如何发挥影响:美国、中国与不对称关系》一文中首次提出不对称理论(Asymmetry Theory),并且在2003年发表的《不对称与系统性错误知觉:以20世纪70年代中国、越南和柬埔寨为例》等一系列文章中进一步完善了这一理论框架[2]。

不对称理论或称结构性错误认知理论(Structural Misperception Theory)将结构现实主义和认知心理学相结合,立足于国家行为体层次,从不对称权力结构出发,研究行为体的利益和行为上的差异,挑战了主流理论将国

---

[1] 凌胜利:《"一带一路"倡议与周边地缘重塑》,《国际关系研究》,2016年第1期,第79—91页。
[2] 参见 Brantly Womack, How Size Matters: The United States, China, and Asymmetry.Journal of Strategic Studies Vol.24, No.1, 2001, P.123—150; Brantly Womack. Asymmetry and systemic misperception: China, Vietnam and Cambodia during the 1970s.Journal of Strategic Studies Vol.26, No.2, 2003, P.92—119.

家行为体一致化的假设（一致化指都追求利益最大化或安全最大化），其理论为理解国际冲突的起源提供了新的视角。同传统的西方主流理论不同，不对称理论主要源于东亚朝贡体系的历史，将非西方历史经验带入理论建构中。在欧洲历史中，国家间实力大致相等，处于相互竞争的模式，实力不平衡被视作失衡状态。其体系秩序体现为主权国家间的平等，但由于国家间实力不同，形成一种实际的不平等状态。与欧洲不同，东亚历史上的朝贡体系中，中国始终占据绝对优势，其体系秩序体现出清晰的等级制状态，但实际上中国并不寻求对小国的控制，而是寻求小国对体系内部一种实质不对称状态的顺从和认可[1]。而这种不对称的状态导致了错误知觉的产生，进一步引发国家间的错误行为。

不对称理论的主要内涵认为，在一对不对称的国家间关系中，由于两国的实力差异，双方对于利益和行为的不同感知引发了不对称的关注。较弱的小国有着更强的利益感知，对于双边关系更加重视，同时也具有更强的敏感性和脆弱性。而对较强的大国来说，除了与小国的关系外，还有众多外部担忧和内部问题需要，在对小国的关注上体现为政策前后不一、关注时断时续，进而被导致时刻注意大国的小国错误知觉的产生。一方的过度关注与一方的相对漠视使得双方的错误知觉逐渐加深。错误意向导致错误行为，进而产生冲突[2]。

具体来看，图1直观展示了大国A和小国B之间不对称关注的形成。A、B间的不对称关系下有A对B和B对A两对子关系。两者的关注角度不同，A对B的影响更大，而B对A的影响更小。对B而言，A的举动关乎自己的利益；而A而言，B没有那么重要，不会威胁自己的安全和利益，由此形成不对称的关注。

---

[1] David Kang, Hierarchy and Stability in Asian International Relations, in G. John Ikenberry and MichaelMastanduno, eds., International Relations Theory and the Asia-Pacific, New York: Columbia University Press, 2003, P.169—170.

[2] Brantly Womack, How Size Matters: The United States, China, and Asymmetry.Journal of Strategic StudiesVol.24, No.1, 2001, P.123—150.

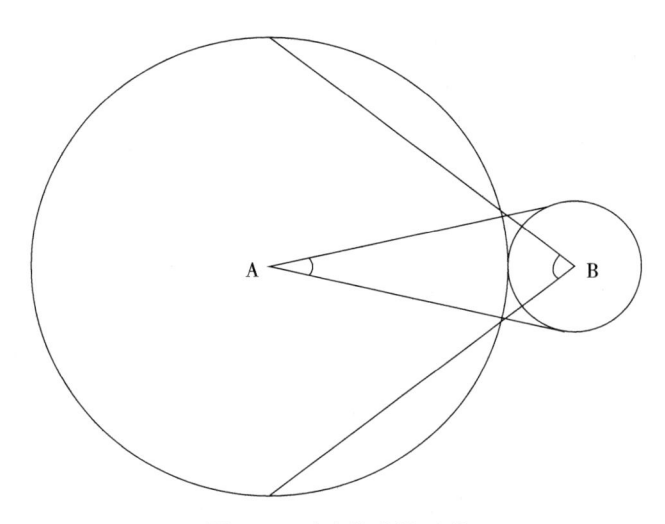

图 1　不对称关注的形成

资料来源：Brantly Womack, Asymmetry and Systemic Misperception: China, Vietna and Cambodia during the 1970s, Journal of Strategic Studies, Vol. 26, No. 2, 2003, p. 112。

天然的实力差距使得 B 始终具有敏感性和脆弱性，在政策上就会对 A 高度重视。由于 B 的实力较 A 更弱，在同样的利益损失情况下，B 由于敏感性和脆弱性，要承担更大比重的损失。而由于在 A 国眼中，B 所占的利益比重不大，其政策会着眼于更多更广泛的其他议题，就会减少对 B 的关注，在政策上体现出不连续性。在地位身份的认知上，双方也表现出不同。B 寻求 A 对于其"自主性"的承认，而 A 则寻求 B 对于双方不对称关系以及 A 的地位的顺从。在关系保持和平稳定时，这一相互要求可以实现。而一旦出现紧张，两者的目标难以调和会推动错误知觉的加深。其中，不对称关注形成的关键是依据沃马克概括总结的"金规"（the Golden Rule）[1]，A、B 两国都站在各自的角度看待对方，B 认为 A 拥有实力应该给予自己同等关注，而 A 将 B 视为挑战者。面对这种情况，B 可能会采取与强大的 C 国结盟，或者与其他有相同利益的小国组成地区组织等政策选择来试图改变不对称关系中的身份，此时 A 可能才将对 B 的关注度提高，试图阻止其

---

[1] 这个规则起源于《圣经·马太福音》中的耶稣。它的最一般表述是："对待他人如像你愿他人待你一样"。类似于中国的"己所不欲，勿施于人"。参见蒋重跃：《〈新约〉金规则与〈论语〉忠恕思想之比较》，《河北学刊》，2008 年第 2 期，第 101—104 页。

改变身份立场,进而推动矛盾的螺旋式上升。

同时,不对称理论也指出,缓解错误知觉螺旋上升的措施有两个方面:其一,是在双边关系中使政策领域的核心问题中立化,例如,建立制度化沟通机制,对于涉及双方重大利益的事务应采用包容性的话语(Inclusiver Hetoric),防止错误知觉加剧;其二,通过外部力量阻止错误知觉的产生,如通过多边主义论坛、领导人互访等❶。

不对称理论关于权力结构对错误知觉影响的解释,为我们理解"一带一路"建设在东南亚地区的地缘政治风险提供了一个新的视角。

三、不对称理论视角下的东南亚地缘政治风险

"共建'一带一路'倡议既是维护开放型世界经济体系,实现多元、自主、平衡和可持续发展的中国方案;也是深化区域合作,加强文明交流互鉴,维护世界和平稳定的中国主张;更体现中国作为最大的发展中国家和全球第二大经济体,对推动国际经济治理体系朝着公平、公正、合理方向发展的责任担当。"❷"一带一路"倡议并不会形成具体的政治或经济战略,而是服务于中国和世界经济发展的外交大战略,成为新时代中国特色大国外交的重要实践。大战略的实施需要底线思维,有效地认识以及规避地缘政治风险,可以为"一带一路"建设的发展保驾护航。从不对称理论角度出发对"一带一路"东南亚建设进行审视,东南亚国家对中国"一带一路"建设形成的不对称关注导致了其错误的不对称认知,进而引发"一带一路"建设的地缘政治风险。

(一)东南亚国家不对称关注的形成

东南亚国家的不对称关注,主要指东南亚国家相对于中国,对"一带一路"倡议采取更加持续高度的关注。本文认为,正如不对称理论所言,东南亚国家对于"一带一路"建设不对称关注的形成,其根本因素是实力

---

❶ Brantly Womack. Asymmetry and systemic misperception: China, Vietnam and Cambodia during the 1970s. Journal of Strategic Studies Vol.26, No.2, 2003, P.92—119.

❷ 《读懂"一带一路"蓝图》,第 20 页。

的巨大差距。

中国与东南亚国家实力的不对称成为东南亚国家对中国对外行为产生不对称关注进而产生错误知觉，出现猜疑和信任赤字的根本原因。

从经济规模上看，经过改革开放以来中国的经济总量远高于东南亚国家的经济总量。根据世界银行的统计数据，2016年中国的GDP总量高达11.199万亿美元，而2016年整个亚洲东部和太平洋地区的GDP总量仅为22.48万亿美元。除去日本等国家，可以清晰看出中国与东南亚国家巨大的经济差距❶。

从时间上看，2008年是中国与东南亚国家不对称关注逐渐发酵的重要时间节点。较为明显的是，2008年以后，在相关东南亚国家的炒作下，南海争端热度开始不断升级。冷战结束以后至2008年，推动经济发展成为中国与东南亚国家关系发展大局。进入新世纪以来，贸易合作步入发展快车道。2001年中国成功"入世"更是为经贸合作发展注入新动力。随着2002年中国—东盟自贸区的启动，中国东盟双边贸易额不断增长，2004年突破1000亿美元，2007年突破了2000亿美元，双边的相互依赖不断加深❷。2008年金融危机波及全球，东南亚经济也受到不同程度的打击。而中国仍坚持人民币汇率的稳定，保持高速发展态势。与东南亚诸多小国的经济实力差异逐渐加大，实力不对称也体现得越发明显。即便中国与之前长期倡导的和平发展道路未发生什么显著变化，仍努力惠及周边国家，但是菲律宾、越南等东南亚国家对中国的威胁感知却不断加强，对中国的关注程度也不断升高。与此同时，经济领域的不对称直接影响了安全领域。在21世纪中国发展的重要战略机遇期，中国不断推动军事现代化建设，逐步发展成为诸军兵种合成、具有一定现代化水平并开始向信息化迈进，适应打赢信息化条件下局部战争要求的强大军队❸。中国军事力量的快速发展也使东

---

❶ GDP（current US$）, World Bank national accounts data, and OECD National Accounts data files, https：//data.worldbank.org/indicator/NY.GDP.MKTP.CD.（上网时间：2017年1月15日）

❷ 保建云：《中国与东盟各国双边贸易发展前景及存在的问题》，《国际经贸探索》，2008年第4期，第35—39页。

❸ 《2010年中国的国防》白皮书，中华人民共和国国防部，www.mod.gov.cn/regulatory/2011—03/31/content_4617810_3.htm.（上网时间：2017年1月15日）

南亚国家难以望其项背。

由于东南亚国家在经贸领域对中国的高度依赖、在安全力量上与中国高度的不对称，自然引发其对中国的不对称关注，进而产生错误认知。当目光转向"一带一路"倡议时，虽然"一带一路"倡议覆盖全球多个国家、范围广阔，中国的关注也呈现分散化、支点化的特点。但是实力巨大差距带来的不对称关系，加之其涉及基础设施以及能源资源开发等核心项目等特点，造成了东南亚国家的高度的不对称关注，进而产生错误认知引发猜疑担忧。

（二）东南亚国家错误知觉的形成

东南亚国家对中国持续高度的不对称关注使得中国的政策行为措施被无限放大和详细解读。中国无意间的行为疏漏就可能引发东南亚国家的强烈反弹。在不对称关注之下，"一带一路"的建设始终受到高度关注。加之投入的不对等、政策不透明和不具体、历史情感记忆的共同作用，一些东南亚国家逐渐对倡议产生了错误认知。

首先，投入的不对等成为引发错误认知的最重要因素。正是由于实力的巨大差距，在"一带一路"建设过程中，中国和东南亚国家间的投入成本存在不对等。相对中国的大笔资金投入，各国的贡献程度相对有限。而由于中国的风险评估等工作还存在不足，也出现了工程项目停滞、烂尾等现象，导致了中国投资的损失，这更可能引起相关国家怀疑中国"一带一路"倡议的目的，例如，仅仅为输出过剩产能等。中国不对等的投入甚至引发了相关国家对"新殖民主义"的疑惧。从西方殖民历史看，输出资本剥削边缘国家是西方国家现代化历程中的一个部分。而在对中国意图了解不明确的情况下，产生这种错误认知也十分正常。

其次，政策的不透明和不具体是引发错误认知的重要因素。观察"一带一路"倡议的建设和宣传我们可以发现，"一带一路"的政策宣传存在不具体的特点。由于建设倡议的特点，"一带一路"的项目政策在具体的建设实践中逐渐完善和丰富。而在政策传播中，则更多向沿线国家及周边其他国家强调"一带一路"倡议所体现的"共商、共建、共享"等互利共赢精神和优势，更多聚焦于高级别倡议，而实际具体的内容阐述较少，使得其他国家产生"一带一路"政治意义强于经济意义的观感。同时,"一带一路"的项目政策还存在不够透明的问题。透明度是许多国家和企业参与"一带一路"建设的重要考察标准。在一些具体项目政策上,确实还存在政策不透明问题,例如在谈及项目投资金额时,并没有阐述清楚经费是已经投资的金额,还是未来将要投资的预期,较为模糊。除此之外,在产品质量标准等方面也不够透明,项目多以中国指标来指导,而招标程序和信息又不透明,往往获益更多的是中国企业。这自然会引发东道国的疑虑。当然,"一带一路"并不是静态和一成不变的,需要根据实践经验和认识的提升不断完善,不断注入新的内容和活力。但当前存在的问题一定程度上导致了相关国家的错误认知。

最后,历史情感记忆成为引发错误认知的又一因素。从历史情感记忆来看,古代中国长期在亚太区域内部占据中心位置。处于朝贡体系中心的中国和东南亚国家形成清晰的宗藩关系,东南亚各国自然对中国长期保持着不对称关注,这一情形直至西方列强入侵远东才逐渐打破。"二战"结束以后,东南亚各国纷纷追求主权独立、民族解放,逐渐建立起现代政体。在冷战的大背景下,出于意识形态考量,一些东南亚国家加入了美国主导的防范共产主义扩散的集体安全组织,长期对华采取敌视的态度。虽然朝贡体系的附属记忆和意识形态的敌视随着时间推移、中美关系的正常化以及改革开放的历史进程逐渐冲淡。"一带一路"倡议的提出,是中国惠及周边,扩大区域影响力的清晰体现。但在中国实力增长,逐渐重回"亚洲中心"的大背景下,东南亚国家的不对称关注又逐渐重新形成,不断唤醒过去的历史情感记忆,进而形成对中国的不对称认知。

(三)东南亚地缘政治风险的具体表现

不对称关注引发了错误认知,而错误认知直接导致了"一带一路"建设在东南亚区域的地缘政治风险。其具体表现主要可以分为四个层面:双边层面、大国层面、多边层面以及地区层面。

1. 双边层面

"一带一路"东南亚地缘政治风险在双边层面最直接的表现,就是对"一带一路"产生错误知觉后,所带来的猜疑和不信任感,这一情感投射到行为上，就会对建设过程加以抵触和冷漠，直接影响建设到建设的开展。

具体到沿线国家内部，这种猜疑与不信任感不仅体现在政府层面，也体现在其国内民族主义情感层面。皮尤研究中心 2017 年开展的一项调查显示，在受调查的亚太国家中，将中国快速发展视为威胁的中位数为 47%，其中越南有 80%、菲律宾有 47%、印度尼西亚有 43%、澳大利亚有 39% 的受访者将中国的发展视为其国家的主要威胁❶。由于中国在具体的项目合作层面，主要和政府前签订合作协议，在和民众层面交流上有所欠缺。当地民众明显的猜疑与不信任感势必在"一带一路"建设落地沿线国家时受到阻碍，甚至导致项目的搁浅、烂尾。同时，由于民众短期难以直接体会到基础设施等项目给他们带来的切身收益，当"一带一路"建设项目涉及东道国群众的土地、环保等具体事务的时候，更是会导致重大的抗议阻力。这两种情感的交织，直接导致项目的搁浅和中断，对"一带一路"东南亚区域建设的整体规划产生影响。例如，2011 年中国铁路工程总公司与缅甸铁道运输部协商启动的工程原计划投资 200 亿美元建设的中缅皎漂—昆明铁路工程计划，由于遭到了当地公民组织和铁路途经地区居民的多次抗议，工程目前仍未进入启动阶段❷。又如，2017 年，为帮助斯里兰卡缓解严重的债务问题，中国招商局港口控股有限公司与斯里兰卡合作投资汉班托特港。中方有信心通过运营扭转港口颓势，但由于政府反对派的港口工人的猜疑和不信任感，中国没有直接获得项目土地控制权，而是通过与斯方建立共同所有企业来进行管理，项目协议于 2017 年 7 月底正式签订，但是批评的声音不绝于耳，并最终导致总统解除司法部长职务。同时项目建设开始至今，规划所经土地周边的居民对此也大多持抗议态势，严重影响了工程正常进行❸。

沿线国家双边层面的排斥与不信任，成为"一带一路"在东南亚建设

---

❶ Laura Silver, How people in Asia-Pacific view China, October 16, 2017, http://www.pewresearch.org/fact-tank/2017/10/16/how-people-in-asia-pacific-view-china.（上网时间：2017 年 11 月 15 日）

❷ 宋清润：《缅甸民盟新政府执政以来"一带一路"倡议下的中缅合作进展与挑战》，《战略决策研究》，2017 年第 5 期，第 3—31 页。

❸ 乌迪达·贾亚辛格，《港口建设遇阻，斯里兰卡被迫对华"求援"》，https://www.chinadialogue.net/authors/2946-Uditha-Jayasinghe。（上网时间：2017 年 11 月 15 日）

的一大政治风险。

2. 大国平衡层面

同样是由于不对称关注，以及其在三种因素共同作用下引发的错误知觉，"一带一路"建设的东南亚地缘政治风险也表现在大国平衡层面之上。正如上文理论部分所述，在实力不对等而又存在错误知觉的情况下，较弱的一国可能会通过寻求与第三个强国结盟，以对较强的一国形成制衡。在东南亚地区，"对冲"战略长期成为各国奉行的政策。经济领域努力发展与中国的合作，而在安全领域，寻求美国的保护成为许多东南亚国家的基本对外政策。美国的"亚太再平衡"就在这一背景下得以实施，从而对中国形成战略围堵❶。

特朗普政府上台以后，美国的对外政策呈现出收缩态势，在东南亚区域对于中国的战略围堵有所减弱。但是美国依旧维持在东南亚陆地及南海区域的军事存在，派军舰在南海相关争议区域巡航等。在未来依旧可能与东南亚国家联合对中国采取制衡。

除了美国之外，日本和印度也同样可能在东南亚国家的拉拢下，介入东南亚区域事务，对中国形成战略制衡。在东北亚区域，日本与中国的关系停滞和战略敌对格局短时间内难以得到解决，作为域外国家介入东南亚事务，可以对中国形成有力制衡，这从日本在南海争端等区域事务的诸多表态上可以得到清晰体现。在南亚区域，中国和印度由于领土争端的再度升级，呈现出竞争态势。同时，印度对于中国的"一带一路"倡议也一直抱有猜疑和抵触态度，随着美国与印度、日本和澳大利亚四国倡议的"印太"战略的提出，未来也有可能介入东南亚事务，对中国的"一带一路"建设造成制衡。

东南亚国家随着不对称关注产生的错误知觉，采取的大国制衡战略，成为未来中国在东南亚区域开展"一带一路"建设的一大政治风险。

3. 多边层面

东盟是东南亚内部最重要的多边合作组织，东盟国家与其他国家开展

---

❶ 史田一：《地区风险与东盟国家对冲战略》，《世界经济与政治》，2016 年第 5 期，第 74—102 页。

合作主要是通过"东盟+"的方式来实现的,例如,中国与东盟间的对话机制"10+1",以及东盟与中日韩三国的"10+3"机制等。以独特的"东盟方式"为特征,经过多年的建设与合作,东盟已形成了较为成熟的多边合作机制,正在日益形成一个具有独立自主意识的共同体。

正如布兰特利·沃马克所言,随着综合实力的增长,中国事实上已经逐渐重回亚洲中心的位置,"这是中国对于其历史上在亚洲地区所扮演的角色的回归。"❶"一带一路"建设为亚洲提供了新的国际公共产品,使各国共享中国的发展成果。但这一实践在东南亚区域的"一带一路"建设过程中,可能面临着多边层面的抵触。

正如上文所述,东盟共同体日益成为紧密团结、独立自主的多边合作组织。虽然中国倡导"共商、共建、共享"的合作理念,但在具体实践中,中国却可能由于实力差距带来的不对称关注,以及三种因素共同作用下产生的错误知觉,让东盟产生区域主导地位被取代的观感,导致东盟产生在基础设施建设等核心领域合作中被边缘化的误解。这自然会使东盟各国对"一带一路"建设产生抵触情绪,进而对"一带一路"建设产生阻滞作用。

同时,中国希望通过交通路网、能源管道等基础设施建设努力提高东南亚区域的互联互通水平,盘活东南亚内部以及中国与东南亚国家间的经济往来,继续推动全球化。但由于不对称关注下产生的错误知觉,东南亚国家对于中国提高互联互通的水平并不都持积极态度,反而将中国主导的高水平的互联互通视为潜在威胁,这同样成为"一带一路"建设过程中的一大阻碍。

4. 区域层面

东南亚区域层面内部安全因素的传导同样成为"一带一路"建设所面临的地缘政治风险之一,主要分为传统安全问题和非传统安全问题两个方面。

从传统安全角度看,暂时缓和的南海主权领土争端仍将长期成为阻

---

❶ 布兰特利·沃马克,赵洋:《中国、东盟和亚洲中心的再定位》,《世界经济与政治》,2017年第7期,第65—76页。

碍中国"一带一路"建设的潜在风险。南海争端上一轮的升温，正是由于东南亚声索国对中国的不对称关注带来的错误知觉，造成联合采取制衡措施。当前，东南亚的"一带一路"建设项目逐渐铺开，不对称关系也体现得愈发明显。加之中国在南海也存在能源资源开发、管道铺设和渔业捕捞等涉及东南亚国家切实利益的相关建设举措。未来很有可能造成东南亚国家的错误知觉加剧，重新挑起领土争端的热度，对"一带一路"建设产生直接冲击。

东南亚国家内部的政权更迭也对"一带一路"建设存在消极影响。由于不同的政体制度和国家性质，东南亚诸多国家的政局并不稳定，常常存在政权更迭的现象。而在不对称关注视角之下，中国与政变国家中下台的政府所经营维持的良好双边关系，产生的合作建设项目等成果，都会成为新的政权所针对的对象。出于对下台的前任政府一切政策的反对，以及对中国的错误知觉带来的不信任；同时也恐惧会和中国形成依赖关系，新当权的政府往往会采取疏远"一带一路"建设的政策，以求与前任划清界限。同时，采取谨慎对待"一带一路"建设的政策也可以调动国内民族主义的情绪，成为巩固政权的一种手段。以缅甸为例，由于缅甸和中国高度的不对称关系，以及中国通过新闻媒介等渠道向缅甸群众宣传推介"一带一路"的工作相对滞后。根据云南大缅甸研究中心的调查，有82.5%的群众认为，中国过去的主要援助对象是军政府而不是普通群众[1]。缅甸政治转型之后，对前任独裁政府的不满情绪自然迁移于"一带一路"，错误知觉充斥缅甸政府和民间，进而导致密松水电站等项目被长期搁置。

与之相对，在非传统安全方面，恐怖主义、毒品犯罪等问题也成为"一带一路"建设的风险，在未来可能对沿线合作项目产生冲击。在这一领域，中国与东南亚国家存在广泛共同利益，可以成为开展合作，增进互信的一种方式。

---

[1] 卢光盛，李晨阳，金珍：《中国对缅甸的投资与援助：基于调查问卷结果的分析》，《南亚研究》，2014年第1期，第17—30页。

四、东南亚地缘政治风险的应对之策

"一带一路"建设秉持共商共建共享原则,积淀了以和平合作、开放包容、互学互鉴、互利共赢为核心的丝路精神,为全世界发展带来新的机遇。但来自全球各区域多层次的地缘政治风险,成为"一带一路"建设发展的多重阻碍。面对东南亚区域内部的多重地缘政治风险,只有采取合理的应对措施,"一带一路"建设方能行稳致远。

对中国而言,理解和应对地缘政治风险的第一步,就是要正视中国与东南亚各国的不对称关注,以开展关系治理工作。要认清不对称关注的产生基础,就要正视中国与东南亚国家的不对称关系。巨大的实力差距基础上形成的不对称关注,伴随着中国投入的不对等、政策的相对不透明以及历史情感的共同作用,成为东南亚各国对于中国产生错误知觉的原因。实力的差距,是难以改变的客观事实。在理解和认识实力差距的基础上,中国可以从两个方面入手做好关系治理工作,努力与东南亚各国建立战略互信,并推动"一带一路"建设的相关合作。

(一)建立互信

面对"一带一路"建设在东南亚遭遇的战略风险,采取有效措施降低东南亚国家对中国的错误知觉所带来的不信任感和威胁感,努力增加信息透明度和情感交流是中国与东南亚国家建立战略互信的途径。

首先,中国应与东南亚国家拓展交流渠道,利用多边对话机制就"一带一路"进行沟通交流。由于"一带一路"倡议还在发展之后,许多规则和政策都还未成型。同时,由于政策宣传推广的工作存在相对不足。许多国家对于倡议的具体内容还存在不了解甚至误解。在这一情况下,中国与东南亚国家就"一带一路"相关的具体合作内容和政策开展多重对话交流十分重要。有利于提高政策透明度,消解对方的疑虑和误解。同时,中国可以利用东盟这一多边平台,与沿线国家开展对话沟通,共同推进"一带一路"具体的政策和规则发展,合理保障各国的知情权、磋商权和参与权。

其次,建立风险评估、预防和管控机制,有效控制项目的风险和质量。"一带一路"建设中的具体项目在实施途中会面临各种风险。如果在项目启动之前，对于风险的评估、预防的工作不足，很可能造成规划难以实现，项目遭遇挫折，进而遭受重大损失。不仅中方的努力和投入付之东流，也会加深东道国和其他国家对于中国"一带一路"目的和意图的质疑。为有效应对风险，中国应逐步建立系统的风险评估、预防和管控机制，鼓励更多的专家、学者前往所在国开展实地调研，深入了解其内部情况，为建设的开展提供智力支持，为"一带一路"保驾护航。

再次，做好"一带一路"在沿线国家民众中的宣传工作，讲好中国故事，树立中国的认知形象。在中国过去的对外援助和投资工作中，往往集中于和政府层面打交道，而忽略对方国内民众的情感意愿和诉求。这也是招致质疑和不信任的重要原因。开展"一带一路"建设，要合理注重所在国民众的情感和诉求，针对性地开展宣传工作，对项目的前景和便利性等展开介绍，树立中国良好的认知形象，有利于为建设扫清障碍。

最后，国内参与"一带一路"建设的相关政府部门和企业应树立正确"义利观"。无论是对于中国政府，还是对中国走向海外的企业主体，"义利兼顾，以义为先"是需要坚持的原则之一。义利观的产生基于中国和平发展进程，是中国处理外部关系的重要指导原则，并在中国的周边、多边外交等多个场合得到体现。但在"一带一路"建设实践中，片面强调"义"或者"利"的情况却时有发生。如果片面强调利，建设合作就完全沦为企业追逐利润的市场行为。不仅使"一带一路"失去原本意义，在实践中的纯粹逐利行为也自然会造成沿线国家政府和人民的抵触反感，进而影响企业户、国家形象。如果片面强调义，就会变成单纯的对外援助，不计成本的投入难以形成合作共赢的良性循环，长时间也难以为继。因此，应坚持正确义利观，以义为先、义利并举，不急功近利，不搞短期行为。从长远的眼光来看待建设合作，进而推动其良性发展❶。

（二）加强合作

在逐步建立战略互信的基础之上，中国可以通过进一步与东南亚国家加强合作，以合作的方式消除建设的地缘政治风险。

---

❶ 李向阳：《"一带一路"建设中的义利观》，《世界经济与政治》，2017年第9期，第4—14页。

寻找利益契合点，与各国自身战略规划相对接，推动各国主动参与合作。在中国提出"一带一路"倡议之初，由于在中亚区域的传统存在，俄罗斯也曾对倡议存在疑虑。但经过两国的充分沟通交流，中国努力将倡议与俄罗斯欧亚经济联盟的战略规划相对接，利用了既有条件，也推动两国合作的加深。同样在东南亚区域内，中国与东盟各国积极寻找利益契合，对接规划，是"共商、共建、共享"的直接体现，也是进一步消除疑虑和误解的保障。

非传统安全合作的进一步开展，保障项目合作的安全。由于东南亚国家区域内部安全形势的复杂，"一带一路"建设面临毒品、恐怖主义等许多非传统安全挑战。通过与东南亚国家积极开展非传统安全合作。例如，联合开展反恐、缉毒、跨境打击犯罪等合作；在南海开展打击海盗的联合巡航等。不但有利于继续增进中国与各国的战略互信，消除各国对中国的错误认知，还有利于降低非传统安全风险，保障具体项目合作中的企业和个人的安全。

在客观认识到实力差距基础上的不对称关注带来的错误认知可能引发多层次的地缘政治风险后，中国通过建立互信和增加合作两方面的努力，可以有效应对消解战略风险，让"一带一路"倡议真正在东南亚落地生根、行稳致远。

专栏二

繁荣之路与设施联通

"一带一路"倡议下"VR五通"的路径实践研究

严驰李懋 [1]

摘要："一带一路"倡议下的"丝绸之路"已然脱离了传统的物理空间概念，转型为文化结合科技的"新型丝绸之路"。进入21世纪，随着互联网产业的持续发展，处于互联网技术顶端的"VR"逐渐普及。"VR"具有想象力、沉浸感、交互性的特征，它将有机会成为下一代计算和交互平台，搭载我国的文化内容驶向"一带一路"沿途各国。使用"Storytelling[2]"的方式重新呈现我国的特色文化，从已有的历史自豪感里，开创出建立在现代生活之上的新型自豪感，建立一条独具特色的"VR丝绸之路"。"VR五通"的提出将助力于"VR丝绸之路"的实现与发展。

关键词："一带一路"丝绸之路；虚拟现实；文化+科技；VR五通

一、"丝绸之路"的转型

"一带一路"是"丝绸之路经济带"和"21世纪海上丝绸之路"的简称，由国家主席习近平在2013年9月和10月出访中亚和东南亚国家期间先后提出，得到国际社会高度关注。丝绸之路主要分为"陆上丝绸之路"和"海上丝绸之路"，它最早起始于古代中国，是连接亚洲、非洲和欧洲

---

[1] 严驰李懋，硕士研究生，现任STUDIOS MACROGRAPH大中华区总负责人、上海交通大学创业导师，重点研究文化内容和VR技术的融合。

[2] "Storytelling"是"Story"+"Telling"的合成词，中文为："故事讲述"。它脱离了传统的以文字、故事及谈话为中心的叙事学；转向以通过视频媒体所形成的图片、空间构成、音乐等介质的相互作用为中心的新型呈现学。

的古代陆上商业贸易路线。最初是在表示物理空间的"路"上使用骆驼、牛、马等交通工具，运输古代中国出产的丝绸、瓷器等商品，从而形成了统一的度量衡（物品的长短、重量、语言），后来发展成为东方与西方之间在经济、政治、文化等诸多方面进行交流的主要道路。对于大多数古代人来讲，当时世界的概念还局限于当地，人与人之间的贸易交流都在小范围内进行。随着"丝绸之路"的兴起，一条更加广阔、遍布世界的贸易、文化和科技交流通道逐渐被打通。

20世纪以后，随着互联网和航空技术的持续发展，"丝绸之路"中"路"的概念渐渐消失，取而代之的是用肉眼看不到的"网"❶。"丝绸之路"逐渐转变成"丝绸之网"：它是使用互联网结算的所有物品的总称。原先只有在特定区域才能购买的稀有物品已经愈发稀少，通过工厂标准化批量生产系统制造出的国产物品或是使用公众网购买的物品变得更加廉价。最终，具有竞争力的物品已经不再是实际的"东西"，而是演变成了"内容"。所谓的内容涵括了文学、影像、游戏、音乐等在内的所有介质，几乎包含了处于无限竞争时代的全世界文化。文化由何而来？又怎样进行传播？文化通过体验来获取，又通过分享得以传播。现今是一个"体验至上"的时代，强调空间特性以及提倡"极致体验"的介质："VR"，将有机会发展成为"丝绸之路"上的新型运输手段，即"VR丝绸之路"。

二、"VR丝绸之路"的政策环境

"VR"的全称是"Virtual Reality"，中文名叫"虚拟现实"。它借助于计算机技术及硬件设备，通过视听触觉等手段帮助人们实现对虚拟幻境的感知。其具体内涵是：综合计算机图形系统和各种现实及控制等接口设备，在计算机上生成可交互的三维环境，同时提供完全沉浸感。从实感影像角度讲，VR是在熟悉的认知范围内、安全环境下的完全沉浸。从技术层面，VR等同于"33MG"：360度全景视频（实拍或引擎）+3D技术+Motion

---

❶ "网"：即公众网，公用网络。

Capture（动作捕捉）+Game Engine（游戏引擎）。

第一，外部政策环境[1]。世界各国政府纷纷把虚拟现实产业的发展上升到国家高度。美国政府早在20世纪90年代就已经将虚拟现实作为《国家信息基础设施（NII）计划》的重点支持领域之一。美国国防部非常重视虚拟现实的研发与应用，将之作为在武器系统性能评价、装备操纵训练及大规模军演指挥方面的重点支持方向。2000年美国能源部制定了《长期核计划研发规划》，其中明确提出将重点开发、应用和验证虚拟现实技术。2017年多位美国国会议员宣布联合组建虚拟现实指导小组，旨在确保从国会层面对虚拟现实产业发展的支持与鼓励。此外，还设立了有关虚拟现实的研究项目，如卫生与福利部、教育与文化部分别展开了虚拟现实在心理疾病、中小学教育试点、新型文化传播介质方面的项目研发。欧美在20世纪80年代开始对虚拟现实产业提供资助，在2014年公布的《地平线2020》计划中，涉及虚拟现实的资助金额达到数千万欧元。

亚洲方面，韩国政府于2016年设立了约2.4亿元人民币的专项基金，将虚拟现实作为自动驾驶、人工智能等本国未来九大新兴科技重点发展领域之一。韩国未来创造科学部计划在2016—2020年通过投资约24亿元人民币，培育本国虚拟现实产业，重点在于确保原创技术研发和产业生态完善方面，力争使韩国与美国在虚拟现实方面的差距从目前的两年降至半年。

日本政府在2007年、2014年先后发布了到2025年技术发展规划的《创新25战略》，以及旨在将日本打造为全球创新中心的《科学技术创新综合战略2014——为了创造未来的创新之桥》。

总体而言，美国虚拟现实发展以企业为主体，政府搭平台，政府重视虚拟现实在各领域的应用示范。欧盟与韩日重视顶层设计和新科技的研发，在关键领域通过设立专项资金引导产业发展。世界各国政府对于虚拟现实产业的重视程度以及一系列政策措施为"VR丝绸之路"的实现提供了有利的外部环境。

第二，内部政策环境[2]。在我国，各级政府也在积极推动虚拟现实发

---

[1] 中国信息通信研究院：《虚拟（增强）现实白皮书（2017年）》，2017年9月，第5—6页。

[2] 中国信息通信研究院：《虚拟（增强）现实白皮书（2017年）》，2017年9月，第6页。

展，虚拟现实已被列入"十三五"信息化规划、中国制造 2025、互联网+等多项国家重大文件中，国务院、发改委、科技部、工信部、文化部出台纷纷相关政策。

国务院在正式印发的《"十三五"国家科技创新规则》中指出，研发新一代互联网技术以及发展自然人机交互技术成首要目标，并且强调侧重点是智能感知与认知、虚实融合与自然交互、虚拟现实与增强实现。

发改委发布《国家发展改革委办公厅关于请组织申报"互联网+"领域创新能力建设专项的通知》。《通知》指出，为促进"互联网+"产业快速发展，发改委决定组织实施"互联网+"领域创新能力建设专项，并将 VR/AR 技术纳入专项建设内容。发改委要求，相关主管部门应组织开展项目资金申请报告编制和申报工作，申报单位需具备虚拟现实产品集成研发和产业化能力，并在体育直播、军事、教育、文化等领域取得应用。

科技部《"十三五"现代服务业科技创新专项规划》中明确指出要研究虚拟现实与互动影视融合技术，开发实时表演捕捉、虚拟摄影、可视化预演、立体 3D 等实时交互虚拟化电影制作技术与系统，研制全景电影、虚拟现实电影、增强现实电影实验装置，促进虚拟现实与影视科技协同发展，推进文化与科技深度融合发展。

工信部在工业和信息化部电子信息司指导下，由中国电子信息产业发展研究院、北京航空航天大学虚拟现实技术与系统国家重点实验室以及多家虚拟现实领域主要企业、研究机构联合发起的虚拟现实产业联盟，于 2016 年 9 月 29 日成立。该联盟成立后将从九个方面开展工作，包括建立健全虚拟现实标准体系、制定虚拟现实产业发展指导意见、推介虚拟现实产业基地、推荐行业应用试点示范项目、设立虚拟现实产业投资基金、推进虚拟现实领域相关人才培养培训、举办虚拟现实产业国际论坛和博览会、发布虚拟现实产业发展报告、举办虚拟现实领域全球开发者大会等。虚拟现实产业与应用指导意见编制工作和虚拟现实相关标准制定工作已先期启动。

文化部在《文化部"十三五"时期文化产业发展规划》中指出，围绕文化产业发展重大需求，运用数字、互联网、人工智能、虚拟现实、增强现实等技术，提升文化科技自主创新能力和技术研发水平。此外，各省市地方政府积极建设产业园区及实验室，推动本地虚拟现实产业发展，截至2016年年底，我国近二十个省市地区开始布局虚拟现实产业。

总的来说，对于我国虚拟现实产业的发展，中央层面产业扶持政策密集，围绕着生态环境构建提供了宏观政策支持；各地政府为企业提供了切实有效的扶持政策，但不同省市侧重有所不同；专项建设政策在促进VR技术自身发展以及带动产业链条、促进新就业方面效果显著。我国政府为推进虚拟现实产业的快速健康发展，不仅制定了诸多相关扶植政策，同时还在产业专项资金和上下游产业链的打造方面，以及针对文化与科技的融合方面做出了重要指示。这给"VR丝绸之路"的实现创造了良好的内部环境。

三、"VR丝绸之路"的优势

虚拟现实具有三大特征："想象性、沉浸感和实时交互"。进入21世纪，在以和平、发展、合作、共赢为主题的新时代，面对复苏乏力的全球经济形势，纷繁复杂的国际和地区局面，传承和弘扬"丝绸之路"精神更显重要和珍贵。我国已经进入了一个自身发展的调整期，一个学习应对"新常态"[1]的时期，今日中国的巨变在过去的历史中是可以找到影子的。所以当习近平主席于2013年提出"一带一路"创想之时，他是在重新唤起人们对于那段很久之前就已经熟悉的繁荣历史之回忆。

回忆首先要被唤醒，然后才能传承和弘扬。在虚拟现实的三大特征中，第一是"想象性"，虚拟的环境是人脑想象出来的，这种被想象出来的虚拟世界又是基于真实世界而存在的。虚拟现实技术的应用给人类认知世界提供了全新方法，超越了人类的生理界限，让人类能够进入宏观世界和微观世界进行研究和探索，它为历史的高度还原提供了优质平台。

第二是"沉浸感"，它可以让人们完全浸进在虚拟世界中，让使用者

---

[1]［英］彼得·弗兰科潘：《丝绸之路：一部全新的世界史》，浙江大学出版社，2016年版，第447页。

成为电脑系统创造出的虚拟世界中的一部分，从观察者转变成参与者。沉浸感让虚拟世界里的多重传感变得可能，除了视觉感知外，还包含听觉传感、力觉传感、触觉传感、动作传感、味觉传感、嗅觉传感。这种完全沉浸感里包含的多种感知，会让人们以参与者的姿态置身于历史世界中，真正成为历史的一部分，实现对历史更加深度地探寻和解析。

第三是虚拟现实中"实时交互"的特征让使用者身处历史世界、沉浸其中的同时还能在虚拟世界中进行自主活动。"实时交互"主要是通过虚拟现实系统里特殊的硬件设备（数字手套、动作反馈装置等）生成，让使用者能够用最自然的方式创造出和真实世界同样的感觉。虚拟现实系统强调人类与虚拟世界之间的自然交互，这种相互作用给了我们和历史最直接的接触平台。在高度还原历史、全面解析历史之后与历史进行深度交融，引领我们从已有的历史自豪感里，开创出建立在现代生活之上的新型自豪感。

VR 的三大特征给"丝绸之路"的建设提供了坚实基础，"VR 丝绸之路"唤醒、传承和弘扬的不仅是一段历史，一派繁荣景象，同时也是一种文化。文化的传承需要以科技作为支撑，文化与科技的融合是国家及地区发展的重要动力，"文化先行、科技跟进"正是文化融合科技的一个重要体现，要努力让"VR 丝绸之路"搭乘"文化＋科技"的快车，驶向"一带一路"沿线各国。

四、"VR 丝绸之路"的实现路径

"VR 丝绸之路"拥有较为广阔的发展前景，它的发展与文化的沉淀和科技的进步紧密相关，但是在发展过程中也存在一些亟待解决的问题。例如：优质 IP 的缺失导致内容的严重匮乏，设备技术的相对不成熟，VR 标准化课程的待开发引起的 VR 综合性人才短缺以及配套环境的不完善等。鉴于此，"VR 五通"将在很大程度上解决"VR 丝绸之路"发展过程中遇到的相关问题。

第一，"内容通"。"VR 丝绸之路"需把优质的内容作为核心。"一带一路"沿线各国拥有丰富且独特的内容储备，并等待着被挖掘。我国是一个拥有五千多年历史，融合了五十六个民族的文化大国。诸如北京的"万里长城""故宫"、西安"兵马俑"等更是举世瞩目的伟大杰作并且蕴含了丰富的在地文化❶。深厚的文化底蕴只需我们有一双善于发现的眼睛和充满创造力的想象，即可创造出属于我们自己的，源远流长的故事内容。每一段值得我们铭记、传承和发扬光大的历史，都可以通过VR这一介质进行"VR纪录片，VR交互视频，VR游戏"三种方式的内容制作。

在制作方法上，首先使用"Storytelling"方式对特有文化进行电影剧本式的创作，用生动且更富年轻化的表现手段重新呈现特定地域的历史事件。"Storytelling"方式一般分为"背景、人物、伏线、事件和结局"五个要素，在使用VR手段来呈现时分别对应"图像、动作捕捉、实时交互、模拟器和内容扩展"。用"Storytelling"方式制作出的"VR纪录片"不仅会给人们带来电影级别的感受，同时还能给人们带来高于电影级别的沉浸感，让人们设身处地的看在其中；然后根据"1.0 VR纪录片"里展现出的世界观及故事的延续，开发出带有互动性的"2.0 VR交互视频"，并配合以高匹配度的体感设备（联动模拟器），让人们乐在其中；最后借助于交互设备（数字手套、动作反馈装置等），开发出基于这段历史空间内的"3.0 VR游戏"，让人们玩在其中、学在其中。通过"VR纪录片、VR交互视频、VR游戏"三种进阶式的VR内容开发，打造出一条独具特色的"VR丝绸之路"，这样的方式对于历史的学习，文化的传承以及社会的发展具有重大的现实意义。

第二，"技术通"。技术的进步是"VR丝绸之路"得以发展的推动引擎。人类初次观看3D电影可以追溯到1922年的美国，不同于汽车和电话的发展，观影使用的3D眼镜和现今广泛使用的VR眼镜在外观和性能上并没有很大的变化。随着处理器、传感器、屏幕等技术的更新迭代，VR硬件技术在一定程度上得以发展。在1996年，电脑还是很新鲜的事物，人们对初期电脑的定义，往往是一台很稀奇的机器。假使当时有"人们日常生活离不开电脑"的论断，定会引起激烈争论。同样，10年前"人们日常生活离不开手机"的观点也无法站稳脚跟。反观现在，随着通信技术、互联网

---

❶ 在地文化：指的是在一个限定的空间内，在地居民所采取的人际关系和生活模式。

技术、人工智能的发展，手机已成为生活的必需品。"VR丝绸之路"的发展也将经历这样的过程。

而VR技术的不断创新，让其有潜力成为下一代计算平台，在"一带一路"沿线各国的文化、教育、旅游、医疗、房地产、汽车等多个领域发挥不可替代的作用。要真正成为下一代人机交互平台，VR还必须在技术实现方面不断突破目前存在的瓶颈。加大研发力度，开发出佩戴时间更长但不会有不适感；更加便捷且随时可以携带、调动的硬件设备显得至关重要。伴随着技术的创新和突破，VR会将人们的想象力视觉化，在现实之上进行虚拟的仿真融合与交互控制。从这个层面，"VR丝绸之路"同时也是在推动和实现互联网的视觉化。

第三，"人才通"。人才的培养是"VR丝绸之路"得以实现的源泉。据统计，目前我国VR专业级人才不足整个行业的2%，人才储备的严重不足给"VR丝绸之路"的推动带来了很大困难。因此，建立VR人才培训基地，鼓励各类教育机构、科研院校与优秀的VR企业开展教学实践，开发出具备行业标准的VR教程将变得非常重要。同时，"VR丝绸之路"急需的专业人才不仅要具备VR专业知识，还需要有一定文化底蕴的积累，拥有对行业的发展进行正确研判的能力、对市场的敏锐洞察力、对文化产业和科技发展强烈的社会责任感。以北京、上海、广州为代表的各级政府应优化人才引进政策，吸引并留住VR高端人才，鼓励和扶持其创办VR企业，建立人才激励机制。多渠道加强培养和引导VR专业型人才和复合型人才，建立健全专业化的技术和管理人才队伍，优化各级政府的VR高端人才结构。

第四，"空间通"。"VR丝绸之路"的实现需要有专业的物理空间配置。在"大众创业，万众创新"的国家政策推动下，VR的展示载体不再是基础的硬件设备。"VR博物馆、VR主题公园和VR特色小镇"等的打造将打破虚拟与现实的壁垒，使VR与传统的文化载体、娱乐环境以及生活方式相结合，有效促进跨行业的应用升级，并且为VR产业的发展拓宽道路。以博物馆为例，传统的博物馆几乎一成不变地使用叙述性文字、图片资料以及普通的平面视频来展现历史，而这样的方式与当前"体验至上"的社会趋势背道而驰。新型VR博物馆需跳出原有模式，增加VR在博物馆中的比重，改变传统的单项式体验，创造出更加吸引观众、更具交互性的新型空间。这种"新型 VR 博物馆、VR 主题公园和 VR 特色小镇"的构建将承载"VR 丝绸之路"所需物理空间、完善 VR 产业链，为"VR 丝绸之路"稳步、有效的发展提供基本保障。

第五，"平台通"。"VR 丝绸之路"还需要有优质的平台作为支撑。例如，投融资平台、内容聚合及分发平台、咨询平台等，这些平台的建立将对"VR 丝绸之路"产生积极深远的影响。首先，充裕的资金是"VR 丝绸之路"得以发展的重要条件，2016 年年初，大量社会资本的涌入对各级政府的资金扶植政策形成了有效的补充。但是，随着 2016 年年末 VR 产业大规模泡沫化的出现，诸多社会资本进入寒冬期，这时财政应成为推动"VR 丝绸之路"发展的主导平台，在这种情况下提升现有资金的使用效率将变得无比重要。以政府搭建平台作为产业引导，在某些特定领域推出一些风险低、周期短、社会影响力高的优质 VR 项目，并在做出详细的项目风险评估后吸引社会资金的介入。此外，VR 内容的聚合及分发平台将储备"VR 丝绸之路"上所需的各类优质内容，VR 咨询平台将给产业的发展献计献策，起到疏导及培养市场的作用。VR 线上网站、VR 行业论坛、VR 项目路演、VR48 小时开发者大会等系列化专业平台的建立将对"VR 丝绸之路"的发展产生重大意义。

我国比大多数国家都更能未雨绸缪，更愿意去了解远邦近邻的过去，并从历史中吸取经验。要做到这些，需要的是尊重和谨慎，"一带一路"的创想是为了"造福天下"这一共同的事业而提出的，它开启了东西方合作的桥梁，这是一个"深度合作的黄金机遇[1]"。我们要通过"VR 丝绸之路"对内深度挖掘各地区特有文化，提升城市品牌和价值；对外坚持走出去战略，以文化带动科技的全新方式实现与"一带一路"沿途各国的深度交流合作。

---

[1] 习近平主席：《弘扬人民友谊共创美好未来》，2013 年 9 月 7 日，新华社。

"一带一路"建设背景下中国对缅甸的基础设施投资：现状、问题及应对策略

王宏禹，程琴 ❶

摘要： "一带一路"倡议秉持着"共商、共建、共享"的原则，致力于加强与沿线国家的合作以实现互联互通的构想。缅甸是我国重要的战略伙伴，两国的合作空间和潜力巨大，中缅在基础设施领域进行了广泛的合作，但仍存在一些问题，阻碍了两国更加深入和紧密的合作。本文将从现实政策出发，以中缅油气管道为例，对我国在缅甸基础设施投资的现状、问题及应对策略进行分析。

关键词： "一带一路"；基础设施投资；中缅油气管道；互联互通

"一带一路"倡议的构想，是习近平主席2013年9月和10月在分别访问中亚和东南亚国家时提出的，它是"丝绸之路经济带"与"21世纪海上丝绸之路"的简称。"一带一路"倡议在提出之初就引起了国际社会的广泛关注并引发了学界的大讨论。当今时代，国际社会风云变幻，世界政治经济结构也处于不断地调整变化之中，全球化更是遇到了发展的瓶颈期；"一带一路"秉承着"共商、共建、共享"原则，这一原则给中国以及沿线国家未来发展提供了新方向。基础设施建设对于一个国家的发展至关重要，是国家发展、社会稳定的前提和保证，与沿线国家在基础设施建设领域开展广泛的合作也是"一带一路"倡议的题中之意。2017年5月"一带一路"倡议国际合作高峰论坛为促进"一带一路"沿线国家资金融通，为丝路基

---

❶ 王宏禹，男，1982年3月，对外经济贸易大学国际关系学院副教授、中国社会科学院欧洲研究所博士后；程琴，女，对外经济贸易大学经济外交研究中心研究助理。

金新增资金 1000 亿元人民币，同时中国国家开发银行专门设立"一带一路"基础设施专项贷款（1000 亿元等值人民币），中国进出口银行设立"一带一路"基础设施专项贷款额度（300 亿元等值人民币）❶。"一带一路"作为一种世界的公共产品，为沿线国家合作搭建了一个对话合作的平台，也为各国经济发展注入了新动力。"一带一路"倡议背后有着切实的政策、资金支持，为推动国际合作提供了必备的条件，因此本文将在"一带一路"倡议框架下探究中国与缅甸在基础设施建设领域合作的现状和问题。

缅甸位于中国的西南部，与我国接壤；其地理位置优越，西南临安达曼海，西北以印度和孟加拉国为邻。缅甸是东南亚的一个国家，同时也是东南亚国家联盟的成员之一。在全球经济区域化的国际背景下，各个国家加入不同的区域合作组织，各组织之间也存在不同程度的交叉和融合，尤其是 20 世纪 90 年代中期以来，南亚、东亚、东南亚区域合作越发密切，也呈现出交叉融合的态势，而缅甸不仅是跨地区合作的活跃者，也是一个很好的平衡点，中缅合作则更具战略性意义。缅甸的经济发展水平较为落后，以发展农业为主的经济结构也使得缅甸的经济发展较为缓慢，且经济有较强的脆弱性；尽管缅甸矿产资源丰富，其内陆和沿海地区有较大的石油天然气的蕴藏量，但囿于基础设施的不发达、技术的匮乏、资金短缺以及长期以来西方国家对其进行的经济制裁，严重阻碍了缅甸的经济发展和经济结构的转型升级。而中国拥有资本和技术且一直秉承着"安邻、睦邻、富邻"的理念，与缅甸可以进行优势互补，共同发展。中国与缅甸山水相连，唇齿相依，在西方的经济封锁的背景下，中国一直以来都是缅甸最大的贸易伙伴国、投资国、贸易顺差国，两国经贸交往频繁。2016 年 7 月缅甸新推出的发展经济的十四项举措可以与"一带一路"倡议进行有效对接，比如在基础设施、经济特区、金融财政改革、人员培训等诸方面均有共通之处，中缅合作潜力巨大。

中缅在政策层面可以实现有效对接，且两国在地缘上也有着天然优势，同时两国合作由来已久，无论是地缘上还是在政策支持上中缅合作应

---

❶《"一带一路"国际合作高峰论坛成果清单（全文）》，新华网，2017 年 5 月 16 日，http://news.xinhuanet.com/world/2017-05/16/c_1120976848.htm。

"一带一路"建设背景下中国对缅甸的基础设施投资：现状、问题及应对策略

当向好发展，然而本文通过第一部分的现状分析发现中国对缅投资总体呈现下降趋势，然后以中缅油气管道为切入口，从宏观微观层面，国际竞争与社会舆论等角度探讨了现存的问题，最后根据存在的问题与现实条件初步提出为加强两国互联互通合作的策略设想，助力释放中缅合作潜力，探索与显现国家合作新模式。

一、中国对缅甸基础设施投资的现状分析

（一）中国对缅甸投资额总体呈下降趋势

自 2010 年由于缅甸民主化改革，军政府结束了四十多年的统治；2011 年缅甸首个民选政府上台执政，中缅关系不同于军政府时期的亲密无间，正在发生着微妙的变化。两国的贸易状况下行趋势明显，目前中国大企业普遍担忧对缅投资安全，新大型合作项目继续处于低谷。自 2011 年 9 月 30 日密松电站建设被缅甸搁置后，中国（含香港）对缅协议投资额暴跌：从最高峰的 2011 年的 85 亿美元、占缅甸吸引外资的大部分，跌至 2012—2013 财年（2012 年 4 月 1 日至 2013 年 3 月 31 日）的 4.88 亿美元、占缅甸同期吸引外资总额的 29%；2013—2014 财年再度跌至 1.76 亿美元，占缅甸同期吸引外资总额的 4%；2014 年 4—12 月，中国对缅甸投资约 7.1 亿美元，占缅甸同期吸引外资总额近 11%；总体而言，近年来中国在缅甸吸引外资增量格局中的比重偏小[1]。尽管两国经贸合作和投资建设有政策推动和良好的大环境，但中缅大型合作项目的推动困难重重，基础设施建设领域作为一国经济发展的基石，对国民经济的作用不言而喻，因此也更为敏感，中国对缅甸的基础设施投资的风险也较大，其推动不仅需要两个国家增强信任，更加需要中缅两国民众达成共识，齐心协力，致力于两国的合作与发展。

（二）中缅基础设施合作概况——以中缅油气管道为例

中国与缅甸在基础设施领域（修桥铺路、建学校、修坝造港等）进行了广泛的合作，但因为是跨国投资的缘故，在合作方面仍有来自不同方面的阻力，合作过程中各种问题层出不穷。中缅油气管道建成完工，但其运营管

---

[1] 宋清润，《2014 年的中缅关系：热络中的隐忧》，李晨阳主编，《缅甸国情报告（2015）》，第 187—188 页。

理仍存在问题；密松水电站项目的搁置；皎漂—昆明铁路建设计划被缅甸放弃；莱比塘铜矿多次遭遇民众抗议阻挠，发生流血冲突；由中泰缅合资建设项目——孟东水电站引来舆论媒体和环保组织的批评等，这些在基础设施领域的合作项目存在许多尚待磨合与解决的问题，同时由于这些不尽愉快的合作经历也在一定程度打击了中国企业对缅甸投资的积极性。

早在2004年提出的中缅油气管道建设项目不仅是"一带一路"建设的先导项目，也是由中、缅、韩、印四方合作的国际项目，该项目经过长达六年的谈判和磨合才终于达成合作协议。项目之初，由于中缅各自的利益诉求侧重各有不同，存在着分歧。缅甸天然气开采量较大，其天然气储量居世界第十位，但石油的产量并不高，缅甸主要是想要通过建立一条天然管道将缅甸在近海开采的天然气出口创汇；中国除了天然气以外，实则更加希望建立一条输油管道，以凭借缅甸优越的地理位置，将在中东、非洲进口的石油通过中缅陆上输油管道输送到国内，此举不仅能够避开海盗猖獗的马六甲海峡，也能够节约与原来相比约三分之一的距离；目前，中国从中东、非洲进口的石油大部分都要途经马六甲海峡，到达中国南海，最后抵达中国境内，一旦西方控制了马六甲海峡，切断中国能源大动脉，将严重威胁中国的能源安全。因此，中缅原油管道可避开马六甲海峡，通过陆路直接输送到中国西南地区，这无疑对维护中国能源安全具有战略性意义。最后，在经历了多次谈判之后，中缅决定采取天然气、原油管道并行的方案。中缅油气管道建设项目于2010年6月3日在中缅两国总理的共同见证下动工，其中，中缅天然气管道有由中、韩、印、缅四个国家的公司共同出资建设，并在2013年7月建成投产，为中缅两国输送天然气，造福两国的普通民众。中缅输油管道是由中国石油和缅甸油气公司合资建设的，其起点位于缅甸的西海岸的皎漂马德岛，穿过缅甸全境，经瑞丽进入中国，全长约为770多公里，预计中缅原油管道每年可向中国输送约2200万吨原油。2015年1月30日，中缅原油管道建成并进行试运营，但由于各种原因导致原油集输管道未能连通，剩下最后2.5千米。其中不排除某些媒体的不实言论和炒作，他们发表的各种煽动性言论，诋毁中国企业，使缅甸民众对此项目产生了不同程度的误解，阻碍项目的进程，最后中缅原油管道被搁置了两年之久。2017年4月

10日，在中缅两国元首的共同见证下，《中缅原油管道运输协议》终于在北京签署，这一协议才最终使得被搁置两年的中缅原油管道开始运营并向中国输送原油。中缅原油管道的成功运营对推动"一带一路"建设和中缅两国实现互联互通具有重要意义❶。然而，中缅原油管道成功向中国输油尽管具有里程碑式的意义，但其中仍有隐忧，其日后的运营仍会受到缅甸国内政治局势、社会民众的影响。

中缅油气管道建设，就目前的状况来看，尽管经历了一些波折，但还算是中国对缅甸基础设施投资建设的一次较为成功的经历，但诸如密松水电站、皎漂—昆明铁路等其他基础设施项目推动受阻，一再搁置。这些大型基础设施投资项目的一再搁浅，使得中国企业对缅甸投资的信心不足，对缅甸投资环境充满担忧，纵观近几年的数据，中国对缅甸的投资额总体上呈现出下降的态势，未来前景充满了不可预知性。

二、中缅基础设施领域合作的问题分析

（一）宏观层面——缅甸外交政策的转向

在跨国投资建设中，国家间的关系对两国经贸往来，投资建设具有重要的影响。东道国的政策有着较强的导向性，国家间的外交关系的亲疏一定程度上能够折射到两国的经贸关系上，深刻影响着两国的经济发展合作的方向。2011年3月"联邦巩固与发展党"在大选中获得胜利，其主席吴登盛成功就任缅甸总统，中缅关系也发生了微妙的变化；2016年3月昂山素季的同窗好友，缅甸全国民主联盟成员吴廷觉当选为新一届的总统，"中国将失去缅甸"的社论甚嚣尘上。尽管新政府成立以来，缅甸没有像学者们预期的那样，"一边倒"地倒向西方，昂山素季和吴廷觉分别访问中国均表示了善意，包括承认和坚持"一个中国"原则，支持"一带一路"倡议并承诺积极推动"一带一路"建设等。但总体而言，较军政府时期，中缅关系的亲密指数有所下降，缅甸目前奉行的大国平衡外交战略将持续很长一段时间。

---

❶ 《印度洋能源通道开辟 中缅原油管道搁置两年后正式投运》，财经网，2017年4月11日，http://overseas.caijing.com.cn/20170411/4258532.shtml。

从 2010 年缅甸开始民主化改革以来，缅甸不断调整其外交政策，努力试图摆脱军政府时期外交上"一边倒"和亲华所造成的对中国的过度依赖的局面，缅甸政府主观意愿上的与华保持适当距离，广泛发展与其他大国外交关系的策略，对中缅两国的合作产生消极影响。同时，自 2011 年新的民选政府执政以来，积极推动政治、经济、社会的民主化改革，其为推动缅甸政治转型的一系列措施和努力，为打破西方大国对缅甸的经济制裁和封锁创造了条件，一定程度上有利于缅甸缓和与西方大国的关系。此时，伴随着中国的崛起，美国愈加觉得中国严重威胁了其在全球中的政治经济大国地位，为此奥巴马政府也积极推动亚太再平衡战略，重返亚太以遏制中国，因此也谋求与缅甸外交关系的改善，不断放宽对缅甸的各项制裁措施，发展与缅甸的外交关系并逐步加强与缅甸在经贸领域的合作和交流，高层的互动也愈加频繁，双边关系得到了有效改善。2016 年 9 月 14 日，美国总统奥巴马在白宫会见了缅甸的国务资政昂山素季，之后不久，10 月 7 日奥巴马发布行政命令，宣布终止实施针对缅甸的《国家应急法案》，从此结束了美国自 1989 年起对缅甸进行的长达 20 多年的制裁措施和全面封锁。

此外，缅甸与其他欧洲国家关系也逐渐改善，欧盟、英国逐步放宽甚至解除对缅甸的各方面的限制，发展势头良好。2013 年 4 月 22 日，欧盟决定结束专门针对缅甸的除武器禁运外的全部制裁；同年 6 月 13 日，缅甸正式获得欧盟给予的其出口商品的普惠制，缅甸将享受出口欧盟的商品最低关税优惠待遇，且商品也没有配额的限制，这有力地推动了两国双边贸易的发展。长期以来，欧盟与缅甸的贸易投资处于低谷，交往互动极少，自从缅甸推行民主化改革以来，欧盟国家与缅甸高层交往频繁，双边关系得到了缓和与发展，这不仅为欧盟国家与缅甸贸易投资提供了更多的机会，也对缅甸社会产生了重要的影响。2013 年 11 月 15 日由缅甸和欧盟共同参与的工作会议在缅甸内比都召开，此次会议，欧盟与缅甸达成了多项协议，欧盟承诺给予缅甸多方面的发展援助并从 2014 年起每年向缅甸提供 1.2 亿美元的援助，欧盟投资银行将为缅甸提供贷款，贷款将结合技术援助，贷款主要用于包括交通运输、能源在内的基础设施项目。2017 年 5 月，时任缅甸国务资政的昂山素季欧洲之行首访欧盟总部，2 日，欧盟外交与安全政策高级代表莫盖里尼2日与昂山素季举行会谈,莫盖里尼在会谈后表示,欧盟将继续支持缅甸实现民主过渡、推进和平与和解进程,并表示将继续以政治和经济上的一切手段和一切力量对缅甸予以支持。根据欧盟公布的文件显示,2013年年底,欧盟取消了对缅甸的贸易制裁、经济制裁以及对缅甸官员的制裁,双边贸易额在2016年达到15.5亿欧元,其中缅甸对欧盟的出口额达到10亿欧元。另据缅甸的官方统计,2016年欧盟成为缅甸第四大投资来源地,投资额达48亿美元。❶ 由此可见,缅甸与欧盟的关系日益密切,且双方的贸易关系也不断改善,因此中国在缅的基础设施投资在很大程度上有可能受到外力的干预,增加中缅合作的难度。

日本与缅甸合作的历史由来已久,之前在以美国为首的西方大国对缅甸实施经济封锁与制裁时期,日本顶住美国的压力,坚持与缅甸合作并向缅甸提供数额较大的援助,两国在交通运输、能源等基础设施方面也进行了广泛的合作。日本对缅甸的态度和援助免不了其在东南亚地区的地缘政治战略的考量。因中国与缅甸特殊的地理位置,缅甸对于中国而言具有重要的战略性意义,日本则希望通过与对中国具有特殊意义的缅甸建立良好关系,从外交上与中国竞争,以期望实现在外交上孤立的目的。

总体而言,自2011年缅甸推行政治、经济、社会各方面的民主化改革以来,一方面,因其一系列推动民主转型的一系列举措和成果,缓和并发展了与西方大国的外交关系,西方大国解除了对缅甸的制裁和封锁,外交关系的改善使缅甸与西方大国在各方面的交往合作愈加频繁,这在一定程度上使得缅甸境内的势力复杂性增强,进而恶化了中国对缅甸投资的环境。另一方面,尽管缅甸与中国近几年来高层互动频繁,但由于缅甸对华态度较军政府时期的转变,两国某些大型基础设施项目的被迫叫停,让中国对缅投资信心有所下降,且看近两年中缅的进出口贸易额也不断下降,中国对缅甸的基础设施投资项目的推进困难重重。

(二)民间对华不满情绪的滋长,负面的社会舆论

国际社会风云变幻,世界政治经济结构也处于一个动态的变化过程

---

❶ 《欧盟表示继续支持缅甸实现民主过渡》,中华网,2017年5月4日 http://news.china.com/news100/11038989/20170504/30488133.html。

中，随着中国经济的腾飞和中国的崛起，在"一带一路"框架下中国对外投资迅猛发展。与此同时，"中国威胁论"和新殖民主义等言论不绝于耳，无论是中国的国际形象还是中国企业的形象都因此受损，民间对中国带路战略以及两国合作项目均产生不同程度的误解。伴随着缅甸的民主化改革，缅甸民间对华的不满情绪不断滋长，严重危及到了两国的利益。缅甸官方与民间对华态度并不具有一致性，俗话说"国之交在于民相亲"，"民心相通"是两国友好合作的基石。缅甸民众对华的负面认知使得中国企业在缅甸的利益受到不同程度的影响。缅甸作为一个发展落后、邻近国土面积较大，经济实力日益增强的中国，难免存在"小国心态"。一方面，他们国家有过被殖民历史，对大国抱有一种警惕心理，害怕重新回到好不容易摆脱的殖民统治；另一方面，缅甸经济发展落后，基础设施建设关乎其国计民生，他们渴望发展和生存环境的改善但又担心本国经济对中国的过度依赖，失去独立性，因此对中缅基础设施合作项目的心态十分复杂。

  缅甸某些媒体的不实报道和负面言论某种程度上助长了缅甸民间厌华情绪的高涨。由于中缅合作项目大多集中在交通运输、能源等基础设施领域，项目牵涉占地、拆迁、移民等问题；同时缅甸当地族群关系复杂，各种势力之间的利益相互交叉，内部利益分割不均导致矛盾重重。为实现各自目的，境外势力与族群相互勾结，利用民众情绪，形成对华的不实负面舆论。媒体极力渲染说中国仅仅只是想掠夺缅甸资源，未给当地居民提供基本生活保障，造成大量难民；指责中国投资项目污染环境、侵害缅甸主权和国家安全的新闻占据媒体大量版面，诟病抨击中国对缅投资弊病的文章数量巨大，这些极端反华言论，煽动缅甸民众的民族情绪，使得反华情绪不断扩散蔓延，更多不明事情真相的缅甸民众也跟风反华。普通民众由于自身知识以及信息渠道的缺乏对中缅合作项目很难有清晰的把握和认识，在反华势力的挑拨和教唆后，对中国和中国企业存在着不同程度误解，对中缅大型基础设施合作充满了敌意，甚至发起抗议示威行动以破坏项目合作成果。

  煽动的言论和高涨的反华情绪持续危害中缅大项目的合作，在极端分子和势力的反对下，2011年缅甸总统吴廷觉宣布暂停密松水电站的项目，给中国企业造成了不小的损失；2014年7月在民众的反对声中缅甸宣布搁置皎漂—昆明的铁路建设计划；2015年中缅油气管道最后2.5公里迟迟未打通，直到2017年4月才开始运营也是由于缅甸某些势力和民众的反对；莱比塘铜矿的运转更是困难重重，其长期遭受当地民众抗议，甚至引发流血冲突。缅甸民主化改革，政府放松对社会的管控，人民发表言论的自由度不断提高，这为缅甸私营媒体的发展提供了土壤。但缅甸本身的落后，其媒体的质量也参差不齐，私营媒体的整体水平不高、媒体人素质欠佳，其言论的可信度、真实度存疑，其新闻的博眼球性远高于新闻本身的价值性，这些媒体也极易被某些利益集团和势力所控制，沦为势力群体争权夺利的工具。再则，不排除这些私营媒体受到西方舆论的影响，甚至受到境外势力的控制。

总之，由于缅甸民主化进程的加快，自由化程度的加深，与西方关系的不断改善，使得缅甸的形势愈加复杂。加上缅甸某些别有用心的媒体的煽动性言论，抹黑了中国以及中国企业在缅甸民众心中的形象，使得中国缅甸民众的厌华情绪不断蔓延，严重耽误了中缅大项目的合作进程，对缅的消极预期直接导致中国对缅投资的下降。

（三）缅甸冲突不断，恶化缅甸投资环境

缅甸国内的政治形势不稳定也是中国对缅甸基础设施投资过程中的一个突出问题。缅甸形势复杂，族群矛盾突出，缅甸政府军长期以来与民间地方武装冲突不断，是一场旷日持久的拉锯战。缅甸是拥有135个民族的多民族国家，缅族是其最主要的民族，但少数民族的人口比例约占总人口的35%，其大部分长期居住在与中国接壤的缅甸北部，因此政府军与民间地方武装冲突也经常发生在缅北地区。民族与宗教问题相互交织使得缅甸的族群问题更加复杂，其矛盾的化解更不可能在短期内一蹴而就，它将在今后的很长一段时间内存在。正是缅甸自身政治形势的复杂性进一步抬高了中国对缅进行基础设施投资的门槛，政府军与民地武之间随时可能爆发战争的阴影笼罩在缅甸境内。一方面，中缅油气管道贯穿缅甸全境，经缅北地区到达中国境内，频发的武装冲突和战火对油气管道会造成不同程度的破坏，其运营的安全性和稳定性不能保证，同时对油气管道的维护费用将是一笔很大的负担，增加了中国企业对缅投资的成本；另一方面，缅甸境内政治的复杂形势,中央与地方的割据使得缅甸政府的公信力有所下降,项目进程的不确定性增强,它极有可能为了缓和矛盾随时叫停中缅已经签署甚至是动工的合作项目,比如2011年吴廷觉执政后突然叫停密松水电站项目。

另外,由于中缅两国山水相连,领土相依,缅北武装冲突不仅是缅甸的内政,它对我国西南边境安全问题造成了巨大的威胁。威胁着我国云南边境人民的生命财产安全,同时每次战争的发生,就有大量难民涌入我国云南地区,对云南地区的社会治安和秩序提出了挑战。激烈的缅北冲突极有可能威胁到我国边境人民的生命安全,在2017年3月6日,缅甸掸邦北部果敢地区发生军事冲突,我国一名支教教师在果敢冲突中遇难。这一事件瞬间点燃了我国民众的民族爱国情绪,网民更是群情激愤,强烈谴责缅甸。频繁的缅北冲突威胁到我国边境安全,各种原因造成的中缅合作项目被迫叫停均使得中国民众对缅甸的负面认知情绪不断高涨,这在一定程度上会使得中国企业对缅投资的主观意愿下降。

总之,缅甸政治局势的不稳定,战火不断提高了中国对缅甸基础设施投资的成本和风险,同时缅北冲突影响了中缅两国之间民众之间的情谊,挫伤了中国企业投资的积极性。

(四)国际多方力量竞争,日本、西方加大对缅甸的战略性投入

随着缅甸的进一步开放,越来越多的国际投资者将目光投向了缅甸,中国在缅甸的基础设施投资面临更多的竞争者。近年来,外国对缅甸的投资增长平稳且投资领域主要集中在石油天然气、水电、能源等基础设施领域,与中国形成强烈的竞争;且随着西方对缅甸的经济制裁的接触,西方加大了对缅甸的战略性投入,这对中国而言无疑是新的压力和挑战。而在基础设施领域中国面临的竞争对手主要是亚洲国家如日本、韩国、泰国、新加坡等,我们都知道日本在技术、铁路建设方面具有一定的竞争优势且缅甸也十分看重与日本的关系,两国经贸往来频繁,两国具有一定的合作基础。中国在缅甸最大的国际机场——汉达瓦底国际机场中的投标失败,最后该项目由日本和新加坡合作修建。

三、加强中缅基础设施互联互通合作的策略

（一）加强高层互动，增强政治互信

无论是在外交领域还是投资领域，中国都面临与其他国际力量竞争。中国应持续释放对缅友好合作信号，为中缅合作提供有利的外交条件。中缅两国有着深厚的历史情谊，都是爱好和平的友好民族，且1954年周恩来总理应邀访问缅甸时，两国领导人都一致倡导将"和平共处五项原则"作为两国外交的准则。在中华人民共和国刚成立时期，周恩来总理与缅甸总理吴努互动频繁，中缅关系十分友好和密切，两国民众对彼此的好感度都较高。国家元首或高层之间的互动释放出的信号对两国经济合作具有很强的引导性，通过"以官促民"的方式，增进两国经贸合作的发展。因此，要推动中缅两国在"一带一路"框架下基础设施建设领域的进一步合作和发展，推动中国在缅被叫停的基础设施投资项目的重启需要两国更加紧密的外交关系，消除两国对彼此的疑虑。加强两国高层之间的互动，建立国家高层之间的长期有效的对话机制或平台，使得两国更能够及时沟通，增强两国政治互信，从而加强合作。高层之间的频繁互动向两国民众释放出良好信号，有利于稳固两国"胞波"情谊，为两国合作提供和平、稳定的环境。

（二）重视战略协调与理论研究，增强企业信心

缅甸境内局势动荡是其内政问题，中国向来秉持着互不干涉内政的原则，中国作为投资者也很难改变缅甸的投资环境；但由于中缅特殊的地理关系，缅北冲突与我国边境安全密切相关，中国应当对缅甸局势保持关切。为挖掘和释放中缅基础设施合作的潜力，中国有必要重视区域安全战略与"一带一路"倡议的协调。投资需求与安全需求，内政与外交目标往往存在竞争关系，中国相关部门理应加强政策协调，灵活变通以更好适应与不同国家发展合作的需求。重视国别研究，深入分析缅甸的社会、政治、文化环境，为企业提供缅甸较为全面的信息，提高中国企业对缅甸投资风险的可预期性，降低因信息不足带来的投资决策失利；加强各类行业协会的纽带作用，提高企业应对突发事件的反应与决策速度；中国驻外使馆力所能及为当地的中国企业提供信息支持以增强中国企业的投资信心。

（三）双边与多边并举，优化基础设施投资模式

中缅众多大型基础设施合作项目的停滞不前，与制度化水平不高不无联系，中国可持续推动中缅双边谈判以扩大两国投资保护协定的范围，为两国投资争端的解决提供可遵循的法律文本和程序，为两国在投资领域的合作提供制度保障。基础设施投资有着投资金额大、周期长等特点，中国秉持着竞合思想在多边框架下加强与其他国家的国际合作，实现共同开发、互利共赢。多边合作的方式适合大型的基础设施项目，多方参与可实现各投资国在资金技术领域的优势互补，同时降低双边合作的巨大风险。通过多边与双边并举的方式，可有效缓解中国在缅甸地区外交与投资领域的竞争局势。

（四）加强舆论引导与民间交流，讲好中国故事

中国相关部门应当加强对缅甸地区的新闻检测，注重舆论风向的分析，通过不同渠道有针对性地进行报道。培育更多让缅甸民众能够了解中国的信息渠道，善于借助或运用网络媒体的力量，开拓更多了解中国的窗口。当地的行业协会重视信息的搜集，发挥其纽带作用，及时反应，提供一手信息，同时注重中国企业形象的维护。中国应通过官方与民间两种方式讲好中国故事，中国资本、中国企业走出去的同时，推动中国人才带着中国文化一同走出去，增进两国的相互了解，拉近民众的心理距离。鼓励中国各行各业对缅甸的志愿者活动，高校学生、医生、农业专家、教师真正地走出去，了解缅甸的同时，让缅甸民众更好地了解中国人和中国文化；实现真正的民心相通。

想要实现民心相通，非政府组织的力量也不容忽视。相比于西方以及日本的非政府组织，中国的非政府组织与缅甸非政府组织的合作帮助缅甸人民的活动要少很多，且中国的非政府组织相较于西方与日本的非政府组织还有许多不成熟的地方。两国的民间组织和团体的相互合作，共同帮助缅甸民众可以促进两个团体之间的相互了解，进而促进两个组织背后代表的两个国家之间的了解，此举拓宽了两国民间交流的渠道。同时，中国民间团体通过与当地民间组织合作进行援助可以减少在援助过程中的阻力，一方面一定程度上可以打消被帮扶民众心中中国民间团体的戒心或敌意，另一方面当地民间组织对当地的环境更加熟悉，对缅甸政治环境更了解，

可以帮助中国民间组织切实地帮助到需要帮助的人。再则，民间组织或团体因其无国界性、无政府性和公益性在很大程度上能够避免西方国家对中国援助的诟病。因此，我们应当鼓励民间组织或团体对缅甸进行志愿活动，加强民间交流互动，实现民心相通，助力"一带一路"的建设。

四、结语

当今我们处于一个大变革的时代，世界经济下行趋势明显，经济增长乏力，全球经济一体化的弊端日益凸显，逆全球化和贸易保护主义抬头。"一带一路"倡议构想通过国家间政策沟通、设施联通、贸易畅通、资金融通、民心相通来实现各国优势互补，促进共同发展，这一构想为焕发世界经济活力提供了新的思路，且中国努力为世界经济的发展提供更多的公共产品和资金支持，为各国经济发展合作提供了良好的环境。同时，"一带一路"对我国在地缘政治领域具有战略性意义，缅甸因其独特的地理优势，对中国而言意义非同凡响，中缅在基础设施领域的合作是双赢的。但目前随着缅甸国内形势的变化，投资环境也有所不同，中缅在基础设施领域进行了广泛的合作，但也存在着很多的问题。中国持续加强制度政策的协调，加强国际合作，重视民间交流助力实现与"一带一路"沿线国家的互联互通。在"一带一路"倡议背景下，中缅合作是必然的趋势，如何加强双方合作的效率，释放两国合作潜力则是我们应当思考的问题，这也是中国与其他国家开展合作模式的重要探索。

促进"一带一路"区域油气合作转型升级

戚永颖[1]

摘要：2015 年，国家发改委、外交部和商务部发布"推动共建丝绸之路经济带和 21 世纪海上丝绸之路的愿景与行动"，推出"一带一路"倡议。2017 年 5 月，"一带一路"国际高峰论坛在北京举行，同期举行了"一带一路"能源合作高峰论坛。"一带一路"倡议影响国家经济发展的方方面面，推动区域油气合作转型升级，海外油气投资进一步纵深发展。

关键词："一带一路"；油气合作；区域合作；转型升级

一、"一带一路"倡议助推区域油气合作健康发展

（一）有助于促进区域间资源、技术合理流动

"一带一路"沿线油气资源丰富，涵盖了中东、中亚、俄罗斯等世界主要的能源生产区域，占世界石油储量的 56.8%、生产量的 51.7%，占世界天然气储量的 77.8%、生产量的 46.1%，在全球油气资源供给中有着重要地位。沿线国家也是全球重要油气消费中心，对于石油、天然气资源需求持续增大，资源互补性强。"一带一路"沿线地区更是重要的能源运输通道，沿线包括北印度洋、马六甲海峡等海上能源运输通道，以及中俄原油管道、中哈原油管道、中国中亚天然气管道中、缅原油天然气管道等陆上能源运输通道。

"一带一路"沿线国家展现出独特的油气资源供需关系：一是亚太、中东非洲地区能源需求持续增长，尤其是亚太地区的原油需求，从 2008 年 2590 万桶/天到 2016 年 3360 万桶/天，增长近 30%；二是相对于消费需求

---

[1] 中国石油集团经济技术研究院。

的增长，亚太地区和非洲的石油产量并没有相应地保持增长，反而有所下降，其原油自我供给能力也呈现下降趋势。这些特点促使沿线国加强"一带一路"区域内资源贸易流动，维护共同能源安全。

通过合作保障能源供给安全是"一带一路"沿线各国的切实诉求，把握各方利益交集，共同构建有利于不同类型国家利益的区域油气合作，形成深度融合的全方位合作关系至关重要。"一带一路"主要油气生产国普遍缺乏开发资金，存在开发技术短板，需要通过扩大投资、引进先进技术实现油气产业现代化改造。中国拥有资金优势和独特的开发技术，可为沿线国家振兴油气产业、提高收益带来重大利益。

（二）有助于推动中国海外油气合作转型升级

对于中国而言，加强"一带一路"区域能源合作有利于改善油气投资环境，推动海外油气投资健康发展。近年来，国内能源企业积极实施"走出去"战略，国际油气合作成果显著。但同时，由于资源国相对苛刻的油气合作政策，中国企业得到的优质资源比较少。随着"一带一路"倡议推进，以及在国家间政策协调，我国参与油气生产国上游区块开发的机会将逐渐增多。

首先，"一带一路"是我国政府推出的国家倡议，正逐渐获得国际社会的广泛认同与支持。在这一战略的框架下，通过国家层面的顶层设计与高效沟通，可以减少我国石油企业"走出去"的阻力，推动其更加有效地进入资源国油气上游市场。其次，国家相关部委已经制定"一带一路"的总体规划、专项规划和扶持政策，将加大对我国石油企业进行海外油气投资的支持力度。最后，2014年7月以来的国际油价持续低迷使得海外石油资产项目价格有所下跌，各种并购、资产剥离、出售的机会日趋增多。我国石油企业可以在"一带一路"框架下，积极寻求海外油气资产交易的可能性，加快并购步伐。

实施"一带一路"倡议，加强与沿途国家油气合作，也为中国能源安全供应保障提供新思路。从中国与西部、南部周边各国经济、社会发展需要和互补优势来看，能源合作在"一带一路"建设中处于十分重要的位置。中国石油企业经过近30年的海外发展，与周边国家建立了良好的油气合作基础。通过实施"一带一路"倡议，启动亚太自贸区建设，建立亚洲基础设施投资银行、丝绸之路基金等，打造油气合作升级奠定基础，加速推进以油气产业为"一带一路"合作。

中国的"一带一路"建设不仅是中国对外能源合作的巨大推力，也创造了区域合作提供了一个更广阔的技术出口、产能优化的平台。"一带一路"沿线各国共同分享油气资源领域调查评价、勘探开发等方面的成功经验，合作开展地质调查，共同提升油气资源调查水平，建设油气资源信息数据库，共同解决能源资源问题，实现油气资源领域的相互促进和共同发展。

二、"一带一路"区域油气合作面临新情况

三年来，"一带一路"相关建设已经初步完成规划和布局，在倡议推动下，沿线区域油气合作正在向落地生根、纵深发展转变，出现了一些新特点，合作复杂性也在不断加大。

（一）"一带一路"区域油气合作新特点

油气合作从"单点合作"向"整体协同"转变。"一带一路"集中了油气资源国、消费国和过境国，各国经济互补性强。资源国油气出口依赖传统能源市场，资本和技术缺乏，产业链单一，希望实现出口多元化和产业链一体化，提升石油工业自主发展能力；消费国需要稳定的油气供应来源，过境国需要引入投资，完善管网设施建设，获取更多的过境收入。相对于中国石油企业在西半球的投资，中国周边稳定油气资源供给渠道的建立，是保障国内油气供应安全的更加现实可靠的保障。

多数国家融入"一带一路"合作体系意愿更加强烈。从筹建"亚洲基础设施投资银行"的发展历程看，初期英法德等在内的31个国家陆续宣布加入，当时虽然美国反对日韩澳加入，但除日本明确表示不会作为创始国加入外，韩国、澳大利亚和加拿大均表示了加入兴趣。从英国、沙特等传统亲美国家的选择来看，美国不再是他们牢不可破的战略同盟。

（二）油气合作复杂性不断加大

首先，大国博弈对区域能源合作的影响。"一带一路"沿线上的中东地区，是世界上石油资源储量最丰富的地区和世界重要的石油产油区以及地处亚、欧、非洲交会的重要交通贸易通道，使得该地区一直以来就是大国博弈的热点地区。苏联解体后，"一带一路"沿线的中亚地区，一度出现了主导地区事务力量的真空期，美国、俄罗斯、日本及印度等世界主要大国及欧盟实施了力图加大对该地区事务影响力的战略举措：美国提出的"新丝绸之路"主要目的就是谋求在中亚地区的长期存在，并控制中亚地区丰富的油气资源和矿产资源，削减俄罗斯、中国在该地区的影响力；传承苏联政治遗产的俄罗斯则一直认为中亚是其重要的战略大后方，俄罗斯在2011年提出的"欧亚经济联盟"计划以维护和加强其在苏联地区的经济和政治影响力；中东、西亚重要产油区的叙利亚、也门持续的内战对沿线国家合作也产生一定负面影响，这背后有美国、俄罗斯、欧盟、海湾组织等各种势力的介入，同时美国、日本和欧盟也已经积极介入了中东、中亚等地区的能源开发，这些都给中国与"一带一路"国家石油投资合作带来严峻的挑战。

其次，多重因素导致投资风险较大。近年世界经济处于低迷的发展阶段，国际贸易增速不断下降，贸易保护主义抬头，逆全球化在发达经济体开始拥有较大的市场。随着中国经济与国际经济的不断融合，中国企业也加快了"走出去"的步伐，由于中国企业国际化运营经验相对较为缺乏，对企业形象的改善和与工会打交道关注不够，这其中包括中国石油企业，加之中国石油企业的国有属性，在"走出去"的过程中也引起了国际社会部分势力的诋毁和猜忌，并散布关于中国石油企业控制了当地资源后对他们国家经济和安全构成威胁的传言，对中国石油企业的正常投资合作带来不利的影响。

"一带一路"国家虽然石油资源丰富，但是沿线部分国家民族矛盾和宗教问题突出、极端势力和民族主义影响较大、政局不稳，导致在对外合作时存在政策的不连续性，增大了中国石油企业与相关国家开展石油投资合作的不确定性，加之部分沿线国家基础设施薄弱、社会经济发展水平滞后、社会治理水平较低，导致投资风险较大。

再次，石油资源及企业自身能力的限制。从全球石油资源分布和开发的总体情况来看，目前石油储量较多和品位较好的区块大部分已经被发达经济体的大型跨国石油公司和资源国的国家石油公司所占据，一般来说"一带一路"沿线国家也遵循国际惯例，将地质条件复杂、储量品位较差的区块拿出来进行国际招标合作，这些推出来的合作区块一般是开发投入成本高、经济效益相对较差的油田。而且近年来包括哈萨克斯坦、土库曼斯坦等国家对国际石油投资合作条款的要求也越来越苛刻，国际油气合作政策也在不断收紧，合作项目的生产协调和运营管理难度在不断增大。而中国石油企业相对于国际大型石油公司所具有数十年甚至上百年的国际经营运作经验来说，不仅对外投资合作的经验不足，而且国际上现有通行的油田开发合作模式和相应的规则也多由西方大型跨国石油公司所制定，中国石油企业国际化专业人才的短缺、全球资源整合能力的不足，都会影响到其在复杂国际环境中的投资决策和风险应对、处置能力。

最后，国际石油公司之间的竞争。由于石油拥有经济属性、政治属性和金属属性的特点，是一种重要的战略资源，国际近现代史上众多的重要历史事件都直接或间接与争夺石油资源的控制权相关，在当代国际关系中石油也常常被用作处理国际经济与外交关系的重要手段。中国自1993年成为石油净进口国，为了保障能源安全，逐步开始进入跨国石油的生产、加工、销售等领域。虽然中国石油、中国石化、中国海油不论企业规模还是企业总体实力都处于国际领先地位，但与西方国家的大型石油公司不同之处是，中国石油企业的生产和市场主要还是依托于国内，而西方国家大型石油公司则在国际能源合作的规则制定和应用等方面具有比较优势。在国际石油产业格局夹缝中不断成长起来的中国石油企业，整体上讲国际化运营能力与其他大型跨国石油公司仍然有着较大的差距，在中国石油企业"走出去"的过程中，势必会触动原有的利益格局，与其他国际大型石油公司开展合作的同时，更多的是将会面临与国际大型石油公司更为激烈的竞争。

三、促进"一带一路"区域油气合作升级

（一）构建区域油气合作战略设想

基于"一带一路"油气合作已有成果，以及油气资源地和消费市场的供需状况分析，"一带一路"倡议下开展油气区域合作前景广阔，可以在国家倡议蓝图下，认真做好区内油气产业合作与发展的顶层设计，构建以"一带一路"为基石的特有合作战略，切实保障区域能源安全。具体可以根据油气运输通道、油气供需市场、油气建设产业三方面进行战略构想。

以资源和市场互联互通为基础，构建泛亚油气管网，提升一体化水平，构建区域油气安全共保体系；以资本输出为驱动，带动中国技术、产业"走出去"，推动区域全产业链的一体化油气互利合作，带动国内油气产业升级，打造能源合作升级版；以油气合作为先导，促进区域经济更宽领域、更深层次的融合发展，探索推动地区多货币结算体系的建立，提高人民币的国际地位。

（二）加强区域油气合作路径

首先，拓展油气全产业链合作。"一带一路"沿线大多是新兴经济体和发展中国家，自然资源、矿产资源、能源资源丰富，沙特、伊朗、伊拉克、俄罗斯等国石油储量位居世界前列，俄罗斯、伊朗、卡塔尔、土库曼斯坦的天然气蕴藏量位居全球前四位。资源国都积极延伸石油石化下游产业链，将资源优势转化为产业优势，稳定本国经济，满足国民物质需求。这些国家普遍处于经济发展的上升期，引入投资发展能源产业是未来发展方向。

油气中下游产业链的合作，可以现有的油气能源合作为基础，进一步开展下游全产业链的合作项目，如投资新建炼油厂、化工厂，提供相关产品生产技术、工程技术服务等，借以提升各国石化工业发展水平，做好大项目合作，带动中国与各国合作共赢、协同发展。炼油化工、技术研发、工程服务、装备制造、贸易运输五大领域促进中国能源产业实现全方位"走出去"。如中亚国家的优势主要为油气、矿产资源等初级产品，产业链相对低端，我国具有油气装备制造、工程技术服务等产业技术优势，展开油气下游的合作，既可推动各国的石化产业发展水平，又可促进当地人员

就业。南亚国家与我国在能源、天然气等合作的基础上，注重石化、纺织等下游领域的合作，随着中巴经济走廊、中缅孟印经济走廊的建设，将推动南亚地区的石化产业进一步发展。

其次，积极参与能源治理。深化对全球能源治理格局调整变革、国际油气市场和价格变动等的跟踪分析；在双边、多边合作中突出能源规则的制定，加强与国际能源组织的合作交流，推进与上合组织、G20、APEC 在能源合作、能源规则、基础设施建设等方面的合作，参与和引导国际能源规则制定，条件成熟时创立亚洲能源宪章组织；设立中国油气信息统计分析中心，定期发布中国油气信息和世界能源展望报告，建立与消费国之间的信息交流机制。

再次，完善能源金融体系。发挥亚投行、丝路基金、金砖国家开发银行等的作用，支持资源合作和管道等基础设施建设；扩大与区内相关国家货币互换的规模以及结算的范围；探索国内保险机构开拓境外能源资源开发、运输以及从业人员健康、财产保险业务；争取利用外储资金建立海外风险勘探基金（重点支持和引导非常规油气、深海油气资源开发合作），探索外汇储备支持国家能源战略储备的机制；加强银企合作，拓展境外项目资本市场直接融资渠道；按照市场化原则，通过与重点资源国及国家石油公司发展全面战略合作、与外方成立产业合作基金、参股国外能源控股公司、与当地投资基金合作等多种方式，促进金融与能源产业融合发展、协同发展；在海外投资中探索引入民营资本和外国资本，拓展海外投资融资渠道。

最后，加快能源企业体制机制改革。推行一企两制，对企业海外业务实施有别于国内业务的管理体制和运行机制，赋予海外业务更多决策权，更好地适应国际惯例和规范要求，及时抓住市场机遇；适时引入外部投资者，组建多元化投资决策主体；设置科学、分类、兼顾一体化运营的海外业务考核体系，依据项目类型采用差异化的考核指标；改革用人体制，在条件成熟的地区推行职业经理人制度，主要岗位建立市场化薪酬机制，引进高端管理和技术人才；健全内部市场化激励机制，通过员工持股、绩效挂钩建立内部经营资源和人才的流动机制。

专栏三

开放之路与贸易畅通

"一带一路"倡议和俄—中关系：落实倡议所带来的双方利益、挑战和初步成果

列克秀金娜·亚娜·瓦列尔耶夫娜[1]

摘要：习近平"一带一路"倡议的长期战略性决定了搞清落实该倡议对于俄罗斯的意义和初步成果的必要性。本文阐述了中国和俄罗斯在落实"一带一路"倡议过程中的目的，以及该倡议可能会对俄罗斯构成的潜在挑战。在强调分析"一带一路"倡议落实成果时方法论问题的同时，作者概括该倡议框架下俄—中三个领域合作取得的成果：提高俄罗斯过境运输能力、活跃中国对俄投资和俄—中贸易，以及密切俄中政治协作和人文合作。

关键词："一带一路"倡议；俄—中合作；交通互联性；中国对俄投资贸易—经济合作；巨大项目

引言

鉴于涵盖的地域之广和预期的社会—经济影响之大，中国国家主席习近平2013年提出的"一带一路"倡议对于整个欧亚而言是21世纪最重要的倡议之一。在过去不到5年的时间中，区域性"经济带和丝绸之路"项目已发展成为能对世界上许多国家产生影响的全球性倡议。根据中国政府的数据，到2017年12月，已有86个国家和国际组织签署了该倡议框架下的100项协议，涉及基础设施建设、金融合作和文化交流等。

中国将该倡议写入党的最高级别文件——中国共产党党章，表明其

---

[1] 列克秀金娜·亚娜·瓦列尔耶夫娜，政治学博士、副教授、圣彼得堡国立大学美国问题研究教研室副主任，研究方向为中俄关系。

"一带一路"倡议和俄—中关系：落实倡议所带来的双方利益、挑战和初步成果

落实该倡议意愿的严肃性和长期性。作为世界第二大经济体及黄金储备大国，中国拥有充足的资金以实现该倡议。现已建立和成功运作的专门金融机构（旨在为该倡议落实筹集资金和拨款）包括规模约400亿美元的丝绸之路基金（在2017年5月14—15日召开的"一带一路"框架下高级别国际合作论坛期间，习近平宣布向丝绸之路基金注资145亿美元）和额定资本达1000亿美元的亚洲基础设施建设投资银行。"一带一路"倡议是一个世界上所有国家都必须关注的客观现实。

从中国提出"一带一路"倡议时起，俄罗斯已多次向北京表示支持该项倡议。在2014年5月普京正式访华后发布的俄中联合声明中，俄罗斯领导人首次对2013年9月提出的"经济带和丝绸之路"倡议做出了积极响应[1]。一年后，2015年5月发布了有关将丝绸之路经济带与欧亚经济联盟相结合的声明。2017年5月，普京总统作为贵宾出席了"一带一路"框架下的高级别国际合作论坛。在该论坛上，俄总统发表了强力支持倡议的讲话："……俄罗斯不仅支持'一带一路'倡议[2]，而且将积极地与中国同伴，当然也和其他所有感兴趣的国家一道落实该项倡议。"目前，中国将俄罗斯视为参与实施"一带一路"倡议的国家。在每年发布的中国对外投资年报中，俄罗斯被视为"一带一路"沿线国。

鉴于中国下大力气落实"一带一路"倡议，从该倡议对俄影响角度进行综合分析是俄罗斯政治界和专家界面临的重大现实问题。

一、"一带一路"倡议时的方法论问题

在分析"一带一路"倡议及其对俄中关系变化和内容影响时，产生了两个相互关联的方法论问题。

第一个方法论问题是什么应归入该项倡议。问题在于，许多现在划入"一带一路"倡议的项目实际上早已启动，甚至是远远早于2013年"一带

---

[1] 《俄罗斯联邦和中华人民共和国有关全面伙伴和战略协作关系新阶段的联合声明》，2014年5月20日，http://news.kremlin.ru/ref_notes/1642。
[2] "一带一路"论坛圆桌会议，http://www.kremlin.ru/events/president/news/54496，2017年5月15日。

一路"倡议公布的时间。例如，该倡议中的主要领域：中国—巴基斯坦经济走廊框架下的许多项目早在2013年倡议公布之前就已启动，并且部分项目已被完成。在俄中合作领域也存在类似的情况。作为"一带一路"倡议框架下的俄中合作项目——宽体远程干线客机的开始时间实际上早于2013年。俄罗斯"联合航空制造公司"和中国民用飞机制造公司在2011年便进行了预先讨论和商业谈判。

因此，可以认为，"一带一路"倡议是对中国从2004/2005年起实施的外贸和外交"走出去"战略步骤所形成的理念认识。正是从2004/2005年开始，北京强化自己的投资战略，实际上是增大对世界发展中国家的援助规模。此外，可以认为，即便是现今的"一带一路"倡议也只是处于某个发展阶段，暂未达成最终成型的理念性倡议。该倡议随着时间推移不断变化，以便适应外部条件、"一带一路"沿线发展中国家需要及中国自身发展需要的变化。

面向全世界的、包容的"一带一路"倡议的提出，表明中国在世界体系内的功能及与其他参与世界经济进程的国家的协作进入了新层次。中国已从大规模投资以获得经济利益的国家转变成创造全球共同财富的强国。

第二个方法论问题是什么范围的国家间合作应属于"一带一路"倡议。对该倡议的狭隘理解是，中国与相关国家在建立交通—物流互联性方面的协作（这包括修建和改进铁路、公路、港口和桥梁等）。对该项倡议的更广泛的诠释是，中国对其他国家的基础设施建设和相关项目的大规模投资，以及促进中国与这些国家的贸易—经济合作。从这个意义上讲，该项倡议设想对诸多发展中国家的基础设施建设项目、能源经济、原材料产业、加工工业、通信、房地产和服务领域进行投资。当认为该倡议应包括更广泛内容（如促进人文交流、政策沟通等）时，便产生了问题。在2015年3月28日公布的政府文件《推动共建丝绸之路经济带和21世纪海上丝绸之路的愿景与行动》中，提出了该项倡议的5个优先项或方向：政策沟通和协调政策方针、交通运输、贸易自由、金融，以及社会和人文交流。但是，如此看来，其阐述重点不是中国领导人所讲的面向世界的投资，而是旨在促进与世界大多数国家在不同领域进行沟通的国际方针，以及为中国

"一带一路"倡议和俄—中关系：落实倡议所带来的双方利益、挑战和初步成果

外交政策注入活力。不是非常清楚的是，如何区分中国与他国的一般性双边合作及两国在落实"一带一路"倡议框架下的合作。看来，在当前背景下，目前中国与参加"一带一路"倡议国家的任何经济、科学、技术或人文合作项目都可以被视为是对"一带一路"倡议的落实。

二、中国和俄罗斯落实"一带一路"倡议的目的

在分析"一带一路"倡议时，重要的是要搞清推动该项倡议的各方的目的。对于中国而言，首先是在2008—2009年世界金融，危机后世界经济形势恶化及世界消费需求降低背景下，寻找新的经济增长驱动力。因此"一带一路"倡议旨在促进贸易，尤其是通过建立新的交通—物流走廊（简化货物运输手续和降低其成本），以贸易自由化密切贸易—经济联系，以及建立自由经济区来加大中国对外出口。在最近几年，北京有系统地加强简化贸易和投资流程、改善实业环境、建立自由贸易区，以及从整体上发展开放型世界经济。作为以出口为导向的经济体、自然资源进口大国及世界经济强国，中国极为注重捍卫自由贸易原则和世界贸易深入自由化原则。2017年1月，在达沃斯进行的世界经济论坛上，中国公布了全面支持经济自由化的方针。

通过强调在"一带一路"沿线进行大规模交通基础设施建设，并借此吸引大量国家参与铁路建设，"一带一路"倡议刺激他国对中国的高铁铺设技术工艺的需求及购买中国高铁机车车辆的需求，并最终扩大中国高技术产品的出口量。在欧亚交通网构建市场的垄断地位不仅提高了中国高技术产品的出口，而且确保了他国对中国机车制造设备和建筑设备的长期需求、解决了中国过剩生产力（如钢材或水泥生产）、促进了中国建筑材料/设备的出口和维护服务的输出，以及保障了中国民众的就业❶。而许多发展中国家目前经历的快速经济发展和大城市化产生了大规模基础设施建设的必要性。总之，"一带一路"倡议框架下的基础设施建设能够对中国经济发

---

❶ 萨佐诺夫 С.Л, Заклязьминская Е.О, Сяо Чэнь（肖晨）:《作为中国经济发展关键因素的"一带一路"项目》,《远东问题》, 2017年第3期, 第82—94页。

展产生巨大的促进作用。

同时，"一带一路"倡议设想将中国的过剩生产能力和劳动密集型生产（由于中国劳动力成本上涨）迁移到发展中国家。

"一带一路"倡议同时寻求解决中国因能源需求扩大而引发的能源安全问题。中国对外投资中相当大的部分是获取"一带一路"倡议沿线国的能源公司的股份。发展区域性交通基础设施便于中国获得发展中国家的矿产。

"一带一路"倡议的重要目的之一是解决中国部分的社会—经济问题，尤其是西部地区经济发展滞后问题。"一带一路"倡议除了外部目的外，还有内部考虑：在西部省份实施大规模基础设施建设，以此推动区域经济增长；改善本国地区经济发展的不平衡性；促进西部省份融入地区/世界经济体系之中❶。

"一带一路"倡议的顺利实施同样有助于解决安全领域问题。其中，西部地区尤其是新疆的发展可以降低源于分裂活动、宗教极端主义和恐怖主义的威胁。需要指出的是，在中国周边建立经济带有助于大幅改善中国安全形势。

最终，该项倡议将促进扩大中国对"一带一路"沿线国家、乃至世界的经济和政治影响力。

对于俄罗斯而言，中国"一带一路"倡议既带来潜在的发展机遇，又形成一定的挑战。从原则上讲，俄罗斯参与该项倡议可有助于解决自身经济发展的一些重要问题。特别是有助于发展俄罗斯的过境运输潜力及克服地区经济发展的不平衡（这其中包括刺激远东地区的发展）。在实现这两个任务的背景下，改进和发展跨西伯利亚大铁路和贝加尔—阿穆尔铁路干线对于俄罗斯是有利的。由于自身资本的不足及经济衰退和西方制裁导致无法从国外市场获得资本，俄罗斯希望通过直接投资和借款方式吸引中国资本。中国的倡议被认为是为俄罗斯生产商（尤其是食品和农业产品生产商）提供了进入中国巨大消费市场的可能。

---

❶ Кобринская И. 著:《俄罗斯与中国的 "丝绸之路"：伙伴间达成什么协议？》，《世界政治中的俄罗斯》, http://www.globalaffairs.ru/PONARS-Eurasia/Rossiya-i-kitaiskii-shelkovyi-put-K-kakomu-soglasheniyu-pridut-partnery-18525，2016 年 12 月 30 日。

"一带一路"倡议和俄—中关系：落实倡议所带来的双方利益、挑战和初步成果

在"一带一路"倡议对俄罗斯所构成的潜在挑战中，俄罗斯专家通常认为有以下几个方面：阻碍俄罗斯欧亚一体化计划的实施❶；加大中国在俄罗斯利益攸关区域—中亚的经济影响力；中国和欧盟关系在俄罗斯—欧洲联系萎缩背景下不断深化；跨西伯利亚的欧洲走廊的过境运输价值受到其他交通—物流走廊（包括中国—哈萨克斯坦—俄罗斯—欧洲干线）的损害❷；中国经济在俄罗斯扩张的负面影响（将俄罗斯中小企业从某些经济领域排挤出去，对环境造成损害等）。

三、"一带一路"倡议为俄罗斯带来的成果

可以从三点分析"一带一路"倡议落实过程中俄中合作的成果：俄罗斯的过境运输、中国对俄投资和俄中贸易，以及俄中政治协作和人文合作。

如果分析"一带一路"倡议中过境运输章节落实对于俄罗斯的有益影响，那么结果远非令人满意。目前没有任何一条新建的连接中国和欧洲的过境运输走廊经过俄罗斯。另外，在"一带一路"倡议宣布之后的时间里，出现了许多条绕过俄罗斯领土的过境运输走廊，它们或是正处在研讨之中，或是正处于实施之中。2014年隆重宣布的莫斯科—喀山高铁（北京—莫斯科高铁区间段）建设项目正停滞不前。最初宣布的目标是莫斯科—喀山铁路于2018年夏季前（即俄罗斯足球世界杯开始前）竣工，2030年前完成莫斯科—北京高铁项目，但目前处于停滞状态。

时至今日，中俄之间横跨阿穆尔河的桥梁仍未建成，尽管20世纪90年代两国达成相关协议。在被延期多年之后，如今同江—下列宁斯科耶大桥的俄罗斯段建设终于有了眉目，而中国段早已建成。该桥是俄中之间首个用于货物运输的跨境铁路桥。俄方已开工建设。同江—下列宁斯科耶大桥预计2019年10月竣工。同样，中俄两国正在建造连接布拉格维申斯克—

---

❶ Лузянин С.Г. 著：《"一带一路"：俄罗斯的反映和结合问题》，《世界和地区政治中的中国 历史和现实》，2017年，第27—37页。

❷ Островский А.В. 著：《如何将西伯利亚和远东与丝绸之路连接？》，《新丝绸之路及其对俄罗斯的意义》，2016年，第131—147页

黑河过境口岸的横跨阿穆尔河的公路桥。上述桥梁投入使用将有助于密切俄中的贸易—经济协作，同时可发挥俄罗斯作为欧亚之间跨洲际桥梁的地理优势❶。

　　总之，当谈到俄罗斯参与"一带一路"倡议中交通—物流方面建设时，现只能说说潜力优势或合作前景。俄罗斯专家指出的潜力包括修建莫斯科—喀山高铁、中国西部—阿尔泰—新西伯利亚铁路（其可能成为便捷的跨亚洲走廊）和经俄境通往芬兰的"西欧—中国西部"公路❷，以及开发北部航道。在习近平2017年7月访俄期间，俄中双方签署了开发"滨海—1"和"滨海—2"国际交通走廊的合作备忘录。该走廊穿经符拉迪沃斯托克自由港，并把中国黑龙江省和吉林省与滨海边疆区港口连接一起。

　　如果将"一带一路"倡议视为扩大中国对外投资❸，那么对俄投资出现了明显增长。长期以来俄中关系的特点不仅是"政热经冷"状态，而且在贸易经济协作方面投资积极性相当的低。例如，2004—2010年期间，中国以完全实施"走出去"战略，并开始在全世界范围展开大规模投资，而俄罗斯平均每年获得的投资额仅为3.6亿美元。但在2015年和2016年中国官方统计中，记录了中国对俄罗斯进行大规模投资（见表1）。2015年，中国对俄投资总额为29.6亿美元，较前一年增长了367.3%，并且超出2010年年底中国对俄累积投资额（当时的投资总额仅为27.9亿美元）。

　　然而，如果说这一趋势具有稳定性还为时尚早。因为，2016年中国投资额减少了2/3，仅为12.9亿美元。2016年累积投资额从140.2亿美元减至129.8亿美元。尽管在2016年"一带一路"沿线国家累积获得中国投资额排名中，俄罗斯名列第二（排在新加坡之后），但在当年所获投资额排名中位居第五（排在新加坡、以色列、马来西亚和印度尼西亚之后）。2016年，中国对"一带一路"沿线国投资额中的8.4%由俄罗斯获得，而2015年这一数据为16%。

---

❶　М.：Научный эксперт:《面向欧亚的中国全球计划：任务布置（分析报告）》，2016年。
❷　Ларин А.Г. 著:《"丝绸之路经济带"：经济内容、结构、意识形态》，《新丝绸之路及其对俄罗斯的意义》，2016年，第38—58页。
❸　《2016年1—12月俄罗斯外贸的关税统计》，http://www.customs.ru/index.php?option=com_newsfts&view=category&id=125&Itemid=1976.

表 1　2012—2016 年中国对俄罗斯直接投资　　　单位：亿美元

年度	2012	2013	2014	2015	2016
当年投资额	7.9	10.2	6.3	29.6	12.9
累积投资额	48.9	75.8	86.9	140.2	129.8

在分析中国对俄投资时，重要的是要考虑到，其中大部分是用于合并和兼并交易（即中方获得俄罗斯公司巨大资产），以及投资主要用于采矿工业（占 2016 年年底累积投资额的 47.6%）、农业、畜牧业、林业和渔业（占 23.2%），较小部分用于加工工业（占 8.9%）。中国这种投资行为并不能促进俄罗斯经济发展、形成创新经济、发展加工工业、创造新的就业岗位，以及开发俄罗斯在欧亚地区的交通物流潜力。

自"一带一路"倡议实施以来，中国在俄罗斯完成了一系列大型的合并和兼并交易。2013 年，中国石油天然气集团公司获得"亚马尔液化天然气"项目 20% 的股份，而该项目是在南坦别伊斯克矿床基础上建立 165 万吨生产能力的液化天然气厂。2015 年 12 月，丝绸之路基金购买"亚马尔液化天然气"项目 9.9% 的股份，并且贷款给该项目 7.3 亿欧元。2015 年 9 月，中国石油化工集团公司获得"西伯利亚乌拉尔石油天然气化工公司"10% 的股份，一年之后丝绸之路基金购买了该石油化工控股公司 10% 的股份。中国 CNCC 公司获得了俄罗斯东方石油化工公司 40% 的股份，并且签署了按股份参与 2400 万吨生产能力的炼油厂项目融资协议。2017 年，北京燃气集团获得上琼斯克石油天然气矿床 15% 的股份，而中国能源有限公司则表示愿意获得"俄罗斯石油公司"14.2% 的股份。在 2017 年 11 月 1 日俄罗斯总理梅德韦杰夫访华期间，中国石油天然气集团公司和俄罗斯天然气公司签署了在"北极液化天然气体—2"项目上开展合作的协议。

在正在实施的俄中大型合作项目中，我们应着重谈谈"亚马尔液化天然气"厂建造项目和宽体飞机制造项目。建造位于北极圈内的"亚马尔液化天然气"厂是"一带一路"倡议实施中的第一个超大型项目。该厂的第一条生产线于 2017 年 12 月正式投产。

2017 年 5 月成立的"中俄国际商用飞机制造公司"是俄中在高技术领

域合作的重要里程碑,其负责研制和联合生产宽体远程干线客机。鉴于中国巨大的消费市场,该研制项目具有巨大的潜力。

同样,双方签署了建造民用重型直升机的协议,并将由中国"直升机有限公司"和俄罗斯"俄罗斯直升机"控股公司联手实施。

同时,正如投资合作方面微露些许积极变化,"一带一路"倡议实施以来俄中贸易并未取得明显增长。双方贸易额尽管在2016年出现一些增长(4%)[1],但仍然很少——661亿美元。两国元首在2011年隆重宣布的2020年前双方贸易额达到2000亿美元的计划很难达成。双方贸易中的不好趋势是俄罗斯出口的"原料"特点愈加明显,因为向中国出口的石油量不断提高。同时,不能不提的是双方新领域的贸易经济合作出现显著发展,如跨境电子贸易的增长和农业产品贸易的活跃。同样,双方扩大了在金融和通信领域的合作。

如果以广义思维认为"一带一路"倡议还应包括政治协作和人文合作,那么其成果是比较大的。俄罗斯和中国继续在战略问题上保持密切合作。人文合作相当活跃,尤其是在旅游和教育领域。双向旅游活跃与双方采取的国家级别措施有关(简化旅游时签证手续、增加航线数量和覆盖区域,以及从2014年以来实施旨在提高服务质量的"中国友好"项目),也与俄罗斯卢布贬值有关,从而大幅降低中国游客在俄罗斯的开支。双方教育领域的合作典范应是俄中首个联合大学——深圳北理(北京理工大学)——莫斯科(莫斯科国立罗蒙诺索夫大学)大学。

四、结语

在承认俄中合作及"一带一路"倡议下部分领域的俄中协作取得巨大成果的同时,应当指出也存在一定的问题。例如,双方在交通—物流项目上的协作仍未取得显著成果。作为俄中2014年宣布的、按照"一带一路"倡议进行的旗舰项目——莫斯科—喀山高铁建设项目至今未竣工。在部分

---

[1]《俄罗斯—中国对话:2017年模式》,《报告》,2017年第33期。

俄罗斯社会舆论看来，该旗舰项目的停滞不前表明俄中在"一带一路"倡议落实框架内的合作具有华而不实的特点。

中国对俄投资所取得的积极进展是由于其向俄能源领域投入大量资金，为此这成为俄国内部分人士指责的理由。俄中贸易经济合作主要是以大型国有企业在政府部门协助下进行的，而中小型企业参与双边合作的程度极低❶。俄中贸易额依旧不大，贸易结构即便在俄方试图减少对华原料出口情况下也未发生明显变化。尽管双方开始实施一系列大型联合项目，但是高层达成的诸多协议并未被落实。

结果是俄罗斯的部分政治团体和专家界对新阶段（中国落实"一带一路"倡议阶段）俄中贸易经济协作的初步成果表示失望，因为当初俄中领导人发表的轰动一时的讲话被寄予了过高的期望。

然而，在俄中合作落实"一带一路"倡议过程中出现的上述问题并不是产生悲观的理由。在分析初步成果时应考虑两国在该领域的协作仅仅是刚开始，双方还需要走很长的路才能找到互惠的合作模式，并将文字层面的项目转化为落实行动。现在可以确定的是，合作落实"一带一路"倡议明显为俄中贸易经济合作和人文合作注入了活力，极大地促进了一系列领域的俄中合作。两国领导人对"一带一路"倡议的支持，使人们对两国在该领域合作的美好前景有了期待。

---

❶ 《2013—2017年中国对外投资合作发展报》，http://fec.mofcom.gov.cn/article/tzhzcj/tzhz/。

中蒙矿业合作与"一带一路"中俄蒙经济走廊的战略起点

肖洋[1]

摘要： 在"一带一路"倡议背景下，国家关系的提升是中蒙两国矿业合作的前提保证。京津冀—蒙古—俄罗斯是中俄蒙经济走廊的主要通道，不仅政治敏感度较低，而且存在较强的经济发展愿景，符合各国的共同利益。中蒙矿业合作是中俄蒙经济走廊建设的重要组成部分，但仍面临重重挑战。矿业合作是"一带一路"倡议与"草原之路倡议"的战略对接点，同时也是中俄蒙经济走廊的重要支柱。

关键词： "一带一路"倡议；中俄蒙经济走廊；中蒙矿业合作

中国经济的可持续发展需要自然资源的支撑，丰富的矿产资源是蒙古的资源禀赋优势，亦是促进中蒙互利共赢的经济基础。为帮助国家经济走出低谷，以更佳的姿态融入欧亚经济发展圈，蒙古提出"草原之路"倡议，[2]希望与中国"一带一路"倡议进行良好对接。这就为中蒙深化矿业合作带来了机遇与挑战。作为蒙古国的第一大贸易伙伴，探寻一条中蒙资源合作的共赢道路，是维护中国在东北亚矿业经贸利益的重要前提。

一、中俄蒙经济走廊视域下中蒙矿业合作的时代机遇

"一带一路"倡议通过唤醒沿线国家对古丝绸之路的历史共鸣，来实现跨

---

[1] 肖洋，现为北京第二外国语学院国际关系学院副教授、硕士生导师，北京第二外国语学院北极问题研究中心主任，研究方向为冰上丝绸之路与北极治理。

[2] 萨础日娜：《中国"一带一路"与蒙古国"草原之路"对接合作研究》，《内蒙古社会科学》，2016年第4期，第189页。

国经济合作振兴。中俄蒙经济走廊作为"一带一路"倡议的重要组成部分，需要相关国家发挥比较优势，探索互利共赢的合作基础。在"一带一路"倡议与蒙古"草原之路"倡议的对接过程中，矿业合作迎来宝贵发展机遇。

（一）蒙古在中俄蒙经济走廊中的自我定位

蒙古最初对"一带一路"倡议和中俄蒙经济走廊建设持犹豫态度。一方面，近些年蒙古经济态势不佳，2016年的经济增长率为1%。❶作为中国的邻国，蒙古具有地缘上的先天优势，且具有连接欧亚大陆桥的作用，在"一带一路"倡议中处于关键节点，自然有参与"一带一路"的主观愿望。另一方面，蒙古夹在中俄两个大国之间，长期缺乏"地缘安全感"，蒙古担心经济上过于依赖中国而导致国家安全受损。蒙古以立法形式确立并实行的"第三邻国"外交政策便是明证，该外交政策旨在通过与美日韩等非邻国合作，来减少对中俄的经济依赖，从而拓宽本国的外交空间。❷

随着越来越多的国家积极参与"一带一路"倡议，蒙古的战略疑虑逐渐让位于"搭中国经济便车"的逐利考量。2014年蒙古提出"草原之路"倡议，该倡议将蒙古定位为中俄蒙经济走廊的枢纽位置。❸蒙古期望通过经济上靠中国、安全上靠俄罗斯、外交上向美日靠拢的三面下注战略，来振兴经济、促进就业，同时扩大蒙古的外交空间与国际影响力。

（二）中蒙矿业合作的机遇

中国处于经济发展的关键时刻，出于对经济发展战略整体规划的考虑，中国仍将保持对矿产资源旺盛的进口需求，蒙古丰富的矿产资源使其成为中国煤铁、精铜矿等战略资源的重要进口国。在"一带一路"倡议下，中蒙矿业合作面临宝贵的发展机遇。

一是中蒙关系总体良好，为两国矿业合作提供了制度保障。落实"一带一路"的战略目标，关键在于中国与相关国家能否构建良好的国际关系。总体而言，21世纪以来，中蒙两国关系发展平稳，合作水平不断提

---

❶ 中华人民共和国驻蒙古国大使馆经济商务参赞处：《蒙古国家统计局公布2016年全年经济增长率》，http://mn.mofcom.gov.cn/article/jmxw/201702/20170202518382.shtml。（上网时间：2017年12月14日）

❷ 申林：《蒙古"第三邻国"外交析论》，《当代世界》，2013年第4期，第45页。

❸ 华倩：《"一带一路"与蒙古国"草原之路"的战略对接研究》，《国际展望》，2015年第6期，第51—52页。

升,两国在 2003 年确立了睦邻互信伙伴关系,2011 年提升为战略伙伴关系,2014 年 8 月,则升级为全面战略伙伴关系,两国领导人多次强调以矿业合作为主要抓手。

二是中俄蒙经济走廊为中蒙矿业合作提供愿景支持。中俄蒙经济走廊作为对接丝绸之路经济带、欧亚经济联盟和"草原之路"倡议的枢纽规划,促进了中国、俄罗斯、蒙古三国的战略对接与优势互补。从地缘经济的视角来看,俄罗斯希望借助"丝绸之路经济带"来参与欧亚经济整合进程,蒙古则需要借助"丝绸之路经济带"的东西物流走廊,来推动其外向型经济发展,而中国则希望通过中俄蒙经济走廊实现经济的北向发展。蒙古处于内陆,其"三明治"式的地缘政治位置也使其在经济上紧密依靠中俄两大经济体。三国共同打造中俄蒙经济走廊,使得三国命运联系得更加紧密,彼此间的合作也得到国家战略层面的支持。❶

三是蒙古逐渐改变限华、恐华的政治立场,蒙古的矿业投资环境逐渐改善。由于蒙古近年来财政危机不断恶化,迫使蒙古政府高度重视吸引外国投资,尤其是中国投资,并将维护外国投资者权益、营造良好投资环境作为政府的重要职责。为了确保中资企业能够引进来和留得下,蒙古政府逐渐改变了对中资企业的限制态度,欢迎更多的中资企业来蒙投资兴业,愿为中资企业发展创造良好的外部环境,并于 2016 年 12 月成立蒙古投资者权益保护委员会,旨在维护外国投资者权益、处理投资者投诉、预防潜在风险、优化法律环境。❷

坦言之,矿业合作并不能严格区分主权属性,而是需要国家的通力合作。因为矿产资源从勘探、开采,到提炼、加工、销售,已经形成一条完整的行业链条。中俄蒙经济走廊可以说是这条链条的承担者。蒙古提供丰富的矿产,中国和俄罗斯利用先进的技术和物流网络对矿产进行深加工与运输。矿业贸易属于大宗商品贸易,其任何微小的变化,都会影响出口

---

❶ 于洪洋,欧德卡,巴殿君:《试论"中蒙俄经济走廊"的基础与障碍》,《东北亚论坛》,2015 年第 1 期,第 96 页。

❷ 中华人民共和国外交部:《驻蒙古大使邢海明出席蒙古国投资政策及投资者权益保护交流会》,http://www.fmprc.gov.cn/web/gjhdq_676201/gj_676203/yz_676205/1206_676740/1206x2_676760/t1487926.shtml。

国、进口国和物流过境国的利益,这其中的利益关系错综复杂,使得中俄蒙已经初步结成了矿业合作命运共同体。矿业合作不仅可以促进中蒙之间的经济相互依赖,还能进一步深化中国与俄罗斯的矿业合作。中蒙矿业合作的溢出效应就是拉动中国北方地区的经济发展,例如拉动内蒙古经济发展,解决东北老工业基地的产能过剩问题。此外,建设中俄蒙经济走廊还可以在美国重返亚太的背景之下,重构亚欧经济政治格局。

二、中俄蒙经济走廊视域下中蒙矿业合作面临的挑战

近现代以来,中俄蒙三国存在过历史恩怨,宗教冲突、民族矛盾、外来势力干涉等都成为推进中俄蒙经济走廊所面临的阻力。当前中蒙矿业合作面临的挑战包括:美俄大国的博弈激化矿业合作竞争;蒙古政治不稳定、政策摇摆、排华思想抬头;矿业开采产生的环境污染问题等。本节主要从地缘政治经济的视角出发,探讨中蒙矿业合作所面临的风险。

(一)中蒙矿业合作受阻的俄美因素

特殊的地理位置、丰富的矿产资源、"第三邻国"的外交政策都使得蒙古成为大国关注的焦点。这意味着在矿业合作方面,蒙古有了更多的选择对象,这也有可能进一步使东北亚地缘政治关系复杂化。

美国因素。冷战结束至今,蒙古仍属于一个经济基础薄弱的畜牧业国家,但在政治上实行西方式的议会民主制,党派矛盾尖锐;经济上实行市场经济的成效甚微;军事上经费不足,装备落后。这导致蒙古的经济很大程度上需要依靠外国援助。同时,蒙古奉行"第三邻国"的外交政策也使其开始受美国重视。面对中国对蒙合作的地缘优势和经济地位,欧美日等西方国家开始加快争夺蒙古民心和资源分配的步伐,鼓励蒙古开展多元外交,捧抬其在西方国家的地位,同时增加对蒙古的军事援助和经济援助。

美国一方面通过建立"跨太平洋伙伴关系协定"等方式来抗衡"一带一路"倡议,制造蒙古在中蒙俄之间的"站队"危机,加重蒙古的不安全

感，从而阻碍蒙古倒向中国。❶同时加强在蒙古矿业市场上的对华竞争。美国投资蒙古周期长，收益大的矿业项目，从而挤占了中国企业的利润空间。另一方面以日韩同盟为基础，吸引蒙古参与美国主导的地区安全事务。同时以文化交流为突破口，培养蒙古的亲美势力。

俄罗斯因素。冷战期间，蒙苏关系较为接近。苏联曾帮蒙开采了额尔登特铜钼矿。该矿现为蒙俄合资企业，蒙方占股51%、俄方占股49%。❷俄罗斯凭借雄厚的经济实力、俄蒙传统友好关系，进一步维护对蒙古政治经济的传统影响力。

在"一带一路"倡议实施的背景之下，俄罗斯对中蒙矿业合作的影响程度取决于俄罗斯在中俄蒙经济走廊中的获益情况。国家利益是国家行为的内在驱动力。"一带一路"倡议宽阔的空间使得各国之间的联系增多。乌克兰危机之后，作为俄罗斯主要矿产资源出口目的地的欧盟国家，开始对俄罗斯进行经济制裁，迫使俄罗斯转向重视亚洲市场，尤其是中国市场。然而，中蒙在矿业领域的合作及蒙中地缘上的邻近，使得俄罗斯面临来自蒙古的同质性竞争压力。中俄蒙三国共建经济走廊将会给中蒙矿业合作带来机遇，但对俄罗斯来说则不尽然，如果俄罗斯无法从中俄蒙经济走廊建设中获得，成为其经济负担的话，势必会影响经济走廊的顺利推进，甚至可能会造成三国关系的波动。❸

（二）中蒙矿业合作的蒙方因素

需要指出的是，蒙古立足于亚太的"多支点"外交政策，并没因中俄蒙经济走廊建设而发生改变，反而成为蒙古均衡发展对中俄两大邻国关系的核心战略思路。❹外交是内政的延续，内政是外交的基础。中蒙矿业合作离不开蒙古国内社会经济环境的变化，当前蒙古国内影响中蒙矿业合作的阻碍因素主要包括以下几个方面。

---

❶ 苏日毕合：《蒙美关系探析：从蒙古国到"第三邻国"的视角》，《内蒙古民族大学学报》，2014年第4期，第24页。

❷ 中华人民共和国商务部："额尔登特铜钼矿扩建工程完工"，http://www.mofcom.gov.cn/article/i/jyjl/j/201507/20150701057048.shtml。（上网时间：2017年4月13日）

❸ 李新：《中俄蒙经济走廊助推东北亚区域经济合作》，《俄罗斯东欧中亚研究》，2015年第4期，第25页。

❹ 娜琳：《蒙古国"多支点"外交战略》，《东北亚论坛》，2004年第1期，第82页。

1. 蒙古国内投资环境的政治风险较高

一是蒙古领导人和政府部门负责人的更换频繁，使得该国政府处于低效工作状态。矿产合作属于先期投资多、投资回报期长的高风险项目，与所在国政局稳定存在极为密切的关系。蒙古政治稳定性差影响中蒙矿业贸易合作的可持续性。在缺乏西方政党政治传统的蒙古国内，政党之间的竞争往往代表了不同利益集团之间的竞争，尤其是蒙古人民党与蒙古民主党之间的分歧，直接动摇了蒙古政治稳定的基础。2014年11月，任职最长的阿勒坦呼亚格被弹劾下台，不到一年，又更换了副总理和五个部长。❶此时"一带一路"倡议刚出台才一年多，正是中国与相关国家洽谈的重要时期，蒙古就发生了如此巨大的变化。领导人可能会因眼界、价值观、利益集团的不同，采取与前任政府完全不同的政策立场，从而延迟或搁浅既有矿业项目的开展，加大中国对蒙矿业投资的先期投入成本。

二是矿业管理规定多变，增大了中国对蒙古矿业勘探和开采的政策风险。在国际资源价格持续上涨和蒙古资源市场逐渐升温的同时，蒙古对许可证的发放缺乏有力的监督和规范的管理，这造成蒙古国内各种利益集团对矿权争夺的白热化，大部分许可证已在私人矿主手中，而大矿、富矿的矿权则直接或间接地备受党派影响的少数大企业所控制。蒙古利益集团试图通过修改政策法令实现对外资成熟矿企的国有化，重新分享大型矿山的巨大利益，这使投资蒙古矿产领域的企业面临更大的风险。例如，20世纪90年代出台的《蒙古矿产资源法》，已于2006年、2009年、2014年被多次修改。修改间隔时间短，修改内容多，使得中资企业很难做出及时调整。例如该法第8章第1条第4款明确规定"由政府递交或自行提议将矿藏列入、去除战略意义的矿藏"。❷该法律条文显示出极大的随意性，可能以国家安全为名，对正在勘探、开采或有意投资"战略矿"的投资者进行重新审视投资方案，从而放缓了中蒙矿业贸易合作的步伐。此外蒙古还在限制

---

❶ 范丽君，李超：《俄蒙关系对"中俄蒙经济走廊"建设的影响》，《东北亚学刊》，2016年第2期，第20页。

❷ 《蒙古国矿产资源法》，2014修订版，http: //www.docin.com/p-929354843.html。（上网时间：2017年4月19日）

外籍劳务人员的数量，以及要求外资企业招募蒙古本土员工的强制性规定。

三是蒙古多次触碰中国的政治底线，影响两国政治互信。2016年11月18日，蒙古接待达赖集团的窜访，对中蒙关系产生了不良的影响。尽管2017年2月，蒙古外长蒙赫奥尔吉勒访华时坚定表示西藏问题属于中国内政，但很难确定这样的保证的时效性和执行力度。❶ 也许这只是蒙古为了获取中国经济援助以解燃眉之急的缓兵之计，但这对中蒙矿业合作的政治互信造成不利影响。

2. 蒙古对华投资的疑虑情绪持续存在

一是资源民族主义思潮持续抬头。新世纪以来，蒙古国的资源民族主义（Rresource Nationalism）更具保守性，主要内涵包括：蒙古国政府为了本国生存和发展的需要，利用对自然资源的法律管辖权来推动资源营运国有化，并服务于国家政治目标的现象。❷ 资源民族主义的意识形态基础是"民族利己主义"，载体是"矿产资源"，作用对象是"外国矿业公司"。以额尔登特铜钼矿为例，该矿为蒙古目前开采最为成熟的矿床，所产铜粉95%出口至中国，蒙古国内存在这样一种认知，即认为中国助蒙开采矿产是对蒙古资源的掠夺，应该从政策管理层面加强对中资企业的管理和防范。

二是极右翼民粹主义危及中国投资方。21世纪以来，蒙古涌现出多个极端民族组织，例如，暴力排华的"达亚尔蒙古"（Dayar Mongol），专门针对中国在蒙企业的"白色纳粹十字"（Tsagaan Khass）、针对有华人亲属的蒙古人"站立的蓝色蒙古"（Blue Mongolia）、将中国列为头号敌人的"泛蒙古运动"（Pan Mongolian Movement）。❸ 这些极端组织常常故意欺诈威胁在蒙中资矿企的采矿工人、技术人员，严重阻碍中蒙矿业合作项目的开展。

3. 矿业开发的环境问题引发的管理争端

一是矿业开采有可能会恶化当地生态环境。矿产资源一般都深埋于地下。对其进行开采意味着需要对土地进行大规模的挖掘。这很有可能破坏土

---

❶ 中华人民共和国外交部：《王毅与蒙古外长蒙赫奥尔吉勒会谈》，http://www.mfa.gov.cn/web/wjbzhd/t1439925.shtml。（上网时间：2018年1月22日）

❷ 张建新：《资源民族主义的全球化及其影响》，《社会科学》，2014年第2期，第19—20页。

❸ 周宇：《被遮蔽的蒙古排华暗潮》，《共产党员》，2010年第23期，第58页。

里的微生物链，从而造成土地的肥力下降，甚至是永久退化。如果矿业开发企业不对废气、废物、废水进行处理，会对蒙古造成环境污染。蒙古2017年将投入超过110亿图格里特治理空气污染。这会增加蒙古的经济开支与负担。

二是冶炼矿产资源会消耗大量水资源。蒙古的水资源较为稀缺，且该国以畜牧业为主的经济和崇尚自然的文化，高度重视水资源的保护。因此，采矿对水资源的消耗及对河流的污染常常引起当地人的不满，甚至是会引起抗议。

三、中俄蒙经济走廊视域下中蒙矿业合作的对策

在"一带一路"倡议稳步推进、活力彰显的现状下，加速实现中蒙合作的经济愿景已经成为两国的共识。中蒙的矿业合作是顺利发展，应以"政策沟通"为政治前提，增加两国的政治互信；以"民意相通"为感情基础，促进两国人民情感交流，改善我国在蒙企业的形象；以"设施联通"为贸易桥梁，确保中蒙矿业企业的顺利合作。

首先，以政策沟通为政治前提。蒙古由于还受到经济转型和国际大宗商品价格下跌的影响，经济发展状况并不乐观，仍需要接受中国的经济援助。在这样的背景之下，蒙古提出"草原之路"倡议以对接中国的"一带一路"倡议，也说明中蒙双方都有消除合作瓶颈的强烈愿望。由于蒙古国领导人更换较为频繁，甚至可能造成"逢选必乱"的现象。这就需要中方以政策沟通为政治前提，以人才引进为基础，加强与蒙方的交流，密切关注蒙方政策的动向，其中包括对美国的蒙古政策进行研究。同时，需要对政策的变动做出相应的预期，从而尽最大努力减少经济损失。

其次，以民意相通为感情基础。一是相互加强语言学习和文化交流。在两国矿业合作中，需要懂得当地语言和文化的人员从事翻译、解释和交流的工作。一是加强对蒙语的教育和汉语的交流与推广，扩招蒙古来华留学生。二是大力发展旅游业。近年来，蒙古来华人数较多。在此过程中蒙古人民可以实地了解到中国的投资环境和发展状况。中方也可以充分了解蒙古情，深入到人民之中，有利于解释中国的"一带一路"政策，并得到及时反

馈，从而可以为中国制定相关政策提供最真实的依据。三是加强在蒙中资企业的内部管理。中方需要提高在蒙工作人员的素质，使他们注意自己的一言一行，避免出现破坏蒙古的生态环境等不尊重当地文化传统的行为。❶

再次，加大京津冀地区对中俄蒙经济走廊的智库支持与经济支持。一是开展三国智库交流，构建中俄蒙智库联盟，共同为中俄蒙经济走廊建设提供智力支持。二是召开中俄蒙贸易促进会或矿业大会，以北京为中心及时发布三国矿业合作的最新供需信息与政策信息。三是加大北京地区高校云集的区域优势，吸引俄罗斯、蒙古的留学生来京求学、就业，加强三国青年人之间的沟通与了解，培养跨国跨文化的良性互动机制。

最后，以设施联通为贸易桥梁。良好设施会为贸易提供便利；而滞后的基础设施会阻碍贸易往来。矿产资源对运输的要求比较高。蒙古提出的"草原之路"倡议也将铁路等交通设施的建设放在首位。在此背景下，中蒙应该紧抓跨境高铁、高速公路、油气管道的建设，完善交通运输体系，优化运输格局，加快物流发展，借助以第二亚欧大陆桥为核心的交通运输系统来促进中蒙矿业贸易的发展，为中俄蒙自由贸易区建设奠定物流基础。

综上所述，蒙古特殊的地缘环境使其成为"一带一路"倡议的关键节点。中俄蒙经济走廊的核心是中蒙贸易，而中蒙贸易必须紧抓矿业这个重点合作领域。尽管面临着多方面的挑战，但中蒙都有共建中俄蒙经济走廊的责任。在亚洲经济整合的时代背景之下，面对美俄博弈、蒙古国内政局不稳等挑战，中蒙双方都应深入研究矿业贸易合作与协调发展的理论与实践问题。在相互依存的全球化时代，合作共赢的资源安全观才是中俄蒙经济走廊发展的理念指导。唯有如此，才能最大限度地提升中蒙的互惠互信度，提高中蒙贸易"双赢"实践的绩效和质量。

---

❶ 李勇慧：《中俄蒙经济走廊的战略内涵和推进思路》，《东北亚学刊》，2015年第4期，第10—13页。

"一带一路"上"丝路驿站"PPC模式的实践与启示

侯彦全,侯雪,康萌越,乔标[1]

摘要:"丝路驿站"是"一带一路"上提供贸易互通、货币畅通、政策沟通、道路连通和民心相通的综合平台与产业发展综合体,在建设中广泛采用了"前港—中区—后城"(Port-Park-City)的PPC模式。以"一带一路"沿线中白工业园、吉布提国际自贸区、斯里兰卡科伦坡码头为代表的PPC模式的实践值得深入研究。其做法带来三点启示:节点辐射是营造生态圈、构建"一带一路"产业发展综合体的内核;顶层设计是推动共商共建、实现"一带一路"沿线国家共赢的保证;平台集聚是加快雁阵出海、带动企业抱团"走出去"的目标。

关键词:"一带一路";丝路驿站;PPC模式

"一带一路"倡议实施以来,以招商局集团为代表的大型企业开始在沿线搭建支持经济、贸易互连互通和产业发展的大平台,即"丝路驿站"。在实践中,招商局集团创新性地将"前港—中区—后城"(Port-Park-City)(简称PPC)的项目开发模式复制到"丝路驿站"建设中,打造出一个较为完善的港口、物流、金融和园区生态圈。目前,多个"丝路驿站"已在"一带一路"沿线建立,成为商贸交流和互联互通建设的一张"新名片",PPC模式在其中发挥着重要作用。基于此,准确把握PPC模式的内涵,总结和推广相关经验,对以雁阵出海带动企业抱团"走出去",实现"一带一路"国际合作高峰论坛倡导的"通过共商共建达到共赢"具有积极意义。

---

[1] 工业和信息化部赛迪研究院规划所。

一、PPC模式是"一带一路"共建园区的新模式

（一）"丝路驿站"PPC模式内涵

PPC（Port-Park-City，即"前港—中区—后城"）是一种园区开发模式，是指由一个企业独立开发、建设、经营、管理一个相对独立的区域，并在经济体制和行政管理体制上进行全方位配套改革。其核心在于港口先行、产业园区跟进、配套城市功能开发，进而实现区域联动发展。"丝路驿站"的PPC模式是在借鉴我国深圳蛇口模式的基础上，以海港、空港、内陆无水港等核心交通节点为切入点，以临港的产业园区为核心和主要载体，系统解决制约东道国产业转移的软硬件短板问题，打造推动"一带一路"国际产能合作的产业发展综合体。其中，硬环境建设包括一流的港口设施，打通港口与腹地的集疏运通道，开发建设产业园区、物流园区、自由贸易区等，建设产业发展所需的商业和生活配套；软环境建设则包括通关、结算、支付、物流、培训等服务。

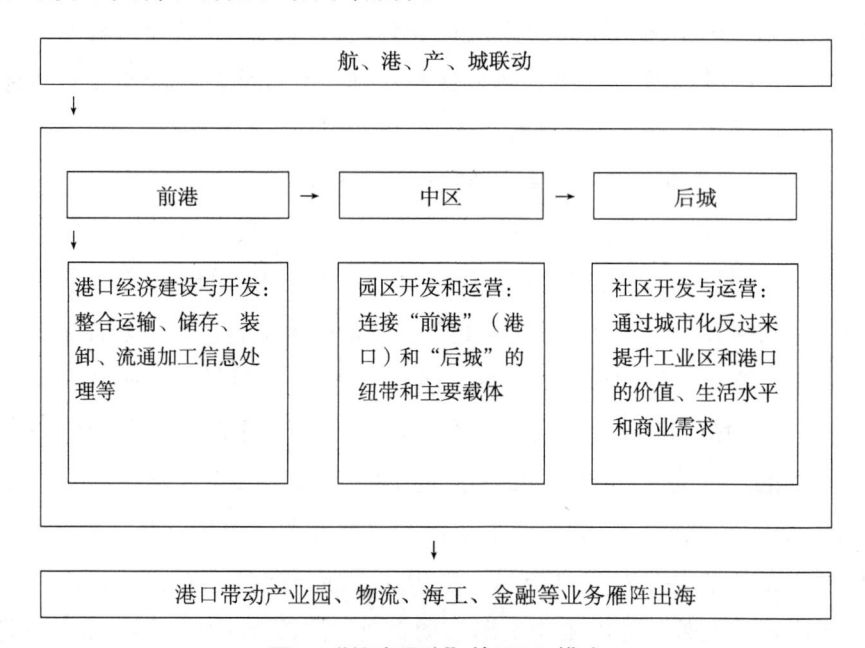

```
                    航、港、产、城联动
                           ↓
┌─────────────────────────────────────────────────────┐
│   前港      →      中区       →      后城            │
│                                                      │
│ 港口经济建设与开发： 园区开发和运营： 社区开发与运营：│
│ 整合运输、储存、装  连接"前港"（港  通过城市化反过来 │
│ 卸、流通加工信息处  口）和"后城"的  提升工业区和港口 │
│ 理等                纽带和主要载体  的价值、生活水平 │
│                                     和商业需求       │
└─────────────────────────────────────────────────────┘
                           ↓
          港口带动产业园、物流、海工、金融等业务雁阵出海
```

图1 "丝路驿站"的PPC模式

（二）"丝路驿站"PPC模式的创新之处

一是创新顶层规划设计，引领园区从"单打独斗"走向"共商、共赢"。PPC模式在项目初期，就注重与东道国的共商合作，综合东道国实际发展需求、各自优势，从顶层设计角度提出园区的预见性的制度供给和政策诉求，以"前港—中区—后城"发展模式为基础，结合当地实际需求，为项目规划了覆盖PPC涉及的物流、金融、园区开发运营及房地产等环节，从顶层设计层面将其打造成集贸易往来、商品集散、金融服务、资源调度为一体的产业发展综合体。

二是创新开发与运营，推动园区从"短期开发"走向"合作共建"。PPC模式打破了传统境外合作园区重开发轻管理、单纯追求短期利润的短期化开发，更加注重与东道主国家合作，强调沟通交流的重要性，并注重在园区开发与运营理念上的高度一致。为此，在PPC模式中，一般通过设立资产公司和运营公司，资产公司主要负责园区资产管理，运营公司主要负责园区的建设开发、市场化运营管理，共同做好园区的开发与运营。

三是创新合作范围与领域，加快园区从"单臂输出"走向"共享融合"。PPC作为境外合作园区模式，招商局集团坚持"扎根当地、长期运营、综合开发、造福社会"的综合发展理念，不再只是单一或单方面向国外输出产能或技术，而是集成复合优势，从前期建设、园区开发，到后期运营管理服务整体打包输出。通过注重与当地的共享融合，共享平台基础设施、专业管理服务、创新资源，分享招商局在港口经营、工业区建设方面的经验，打造与东道国的"利益共同体"。

二、"一带一路"上"丝路驿站"PPC模式的实践与挑战

（一）中白产业园：采取"1234"模式，构建物畅其流的国际内陆港

中白产业园位于白俄罗斯首都明斯克以东，是中国最大的海外工业园区，也是中国"一带一路"倡议由中亚进入欧洲的门户和丝绸之路经济带上的重要节点。但其作为内陆地区，缺乏天然的港口地理优势，对PPC模

式的推行提出了新挑战。面对这种情况，招商局集团基于所在的区位优势和内陆国家特点，克服了缺乏天然港口的劣势，扩展 PPC 模式中港口的内涵，采取了"1234"方案，即围绕"一带一路"，沟通两区（欧亚经济联盟区、欧盟区）、连接三点（白俄罗斯的中白工业园、立陶宛的考纳斯自贸区、波罗的海的克莱佩达港）、融合四流（公路、铁路、航空、海运物流），提升了中白产业园的交通枢纽功能，将中白工业园打造成为辐射欧亚市场的重要枢纽。这种新的内陆枢纽港的跨境 PPC 模式，通过构建交通枢纽，带动周边地区不断发展，为"一带一路"上推进 PPC 模式提供了更多机会与参考模式。

（二）吉布提国际自贸区：推动功能先行，构建多方利益共享新机制

吉布提是非洲国家对外贸易往来的重要沿海中转点。吉布提港口与自贸区管理局、招商局集团、大连港集团和亿赞普集团共同投资，建设了吉布提国际自贸区。如何整合多方资源，在一个不发达地域快速实现建设目标，是摆在吉布提国际自贸区面前的一道难题。首先，招商局集团发挥其港口和园区布局优势，借鉴 PPC 模式，重点推动吉布提港口的功能先行。其中，连接吉布提首都吉布提市和埃塞俄比亚首都亚的斯亚贝巴的吉亚铁路建成通车，吉布提码头也将于 2018 年竣工；新机场建设也有中国企业的身影，首个丝路国际银行，也落户吉布提。其次，为解决境外合作园区在运营过程中多方利益如何分配的问题，共同做好园区的开发与运营。该项目创新性的设立了吉方控股的资产公司和中方控股的运营公司。其中，资产公司主要负责园区资产管理，运营公司主要负责园区的建设开发、市场化运营管理。这既保障了吉方最大限度地享受资产升值收益，又能使招商局集团的管理优势得到充分发挥。

（三）斯里兰卡科伦坡码头：以点带面，在顶层设计上做好 PPC 模式的衔接

斯里兰卡科伦坡南码头（简称 CICT）是招商局围绕"一带一路"倡议，开展全球港口网络化布局的重要突破。但如何做好规划衔接，将 PPC 这种园区开发模式扩展到整个科伦坡港口，从顶层设计上处理好各方利益关系，进而在更大范围发挥 PPC 模式的优势，是摆在 CICT 面前的一大挑

战。首先，CICT采取了多样化合作以推动码头建设。在顶层规划上，招商局对整个码头的定位和发展前景进行了整体规划；在港口建设上，采取"美国监理＋英国标准＋中国速度"的ABC建设模式，既严格保证了建设质量，又加快了建设速度；在建设运营上，采取BOT（兴建、运营、转移）公共建设模式，对提高项目运作效率、培养本土化人才，以及提前满足社会与公众需求具有较大优势。其次，采取公司化运营助力码头发展壮大。双方合作建成CICT运营公司，该公司作为一个高起点的中斯合资企业，将招商局的PCC建设模式与资源很好地引用到了科伦坡码头的建设中。它综合利用招商局和斯里兰卡港务局资源，对码头建设进行了综合效益分析、严格科学论证。此外，运用本土化管理推动码头扎根当地。CICT在建设和运营期间，一直注重本土化实践，将融入当地社会和文化摆在了战略性位置。

三、思考与启示

（一）节点辐射是营造生态圈、构建"一带一路"产业发展综合体的内核

以PPC模式为核心的共建园区，强调的是代表交通功能的节点与代表城市功能的场所的共同发展。吉布提和科伦坡码头具有天然的交通优势，中白工业园也是借助其经济地理位置，建设物流园区来提升其节点质量，并通过这些交通枢纽，带动周边地区的发展。可见，在PPC模式中，交通枢纽节点是重要起点，交通可达性的提高加速人、物和信息流通，将进一步辐射和带动交通枢纽周边区域城市功能的不断完善，推动"丝路驿站"产业综合体的发展。这种以节点带动场所发展的PPC模式，需要深入挖掘"一带一路"沿线地区的地理优势，因地制宜，以提升节点质量为契机，相辅相成完善周边区域，营造产业发展生态圈，推动产业综合体的有序发展。

（二）顶层设计是推动共商共建、实现"一带一路"沿线国家共赢的保证

PPC模式的核心是构建"前港—中区—后城"的产业发展综合体，需要多方合作，从顶层规划的设计角度，共同推动"共商、共建、共赢"的理

念贯穿于项目的全生命周期。首先，要充分发挥东道国的主体作用，推动东道国从顶层到实施主体对项目给予高度重视，构建项目协同推进机制，从而及时、无误地解决项目推进中碰到的问题与困难，使得东道国成为PPC模式中的重要一环。其次，积极推动投资主体的顶层设计，需要紧密结合东道国的风土人情和产业基础，适当调整产业规划、变更产业结构、完善产业服务；通过合理可行的空间布局和时序排列，及时调整输出方案，优化合作配比，构建契合东道国实际的PPC模式。此外，要做好多方合作机制的顶层设计，推动各方主体积极参与到项目建设方式、利益获得与分成、园区运营主体与模式等的战略设计中，实现"一带一路"上PPC模式所追求的共享经济的繁荣与增长。

（三）平台集聚是加快雁阵出海、带动企业抱团"走出去"的目标

PPC模式在推动产业集聚发展、助力产能合作方面具有重要的平台性功能，这正好契合了"一带一路"所倡导的推动企业"走出去"、增强国际产能合作的共同愿景。为准确发挥PPC模式的平台性功能，一方面，需要准确发挥诸如招商局这种能够构建全产业链业务能力的龙头企业的作用，将其作为企业"走出去"的领头雁，并在"一带一路"运用PPC模式建设港口或产业集聚区，带动综合交通、港口开放、物流、房地产、金融等多项业务先行。另一方面，积极做好PPC模式平台功能与企业"走出去"的衔接，将以港口为核心的PPC模式园区作为企业"走出去"的重要集聚地，补足诸如招商局等投资主体招商引资的功能。此外，还需要注重从宏观调控、产业政策与法律法规等层面进行规范与引导，推进领头雁企业通过行业上下游整合、集群化发展、园区化经营等方式，带动国内企业抱团出海、集群式走进PPC模式园区。

专栏四

创新之路与资金融通

"一带一路"沿线国家经济合作的"共轭效应"

张昕嫱，程楠，黎文娟[❶]

摘要： 自"一带一路"倡议提出以来，我国积极推进与沿线国家的经济合作，促进道路、信息通信基础设施互联互通，并取得了积极进展。赛迪智库规划研究所认为，"一带一路"体系的建立，有利于能源、资本、技术、人才等经济要素在国家之间流动，体现了设施共建、资源共用、利益共享的"共轭效应"。基于此，为提升与"一带一路"沿线国家的经济合作提出四点建议：着力从宏观战略规划推进到具体政策落地；从单一项目签约扩大到园区产业集聚；从生产物资流通深化为高端人才合作；从产业对接合作升级为产融联动发展。

关键词： "一带一路"；国际产能合作；共轭效应

随着"一带一路"建设实践的不断深入，沿线各国通过设施共建、资源共用、利益共享，实现了能源、产业、资本、技术、人才等经济要素在多个国家之间流动，进而产生了"一加一大于二"的效果。未来，必须重视这种"共轭效应"的培育构建，加速形成面向全球的贸易、投融资、生产、服务网络，培育国际经济合作和竞争新优势。

一、"一带一路"体系的"共轭效应"初现

（一）通过设施共建，促进了沿线国家交流互动

一是交通设施共建。"一带一路"沿线有很多发展中国家，由于基础设施建设落后，难以融入全球经济圈。通过交通设施共建，打通"断头路"，

[❶] 赛迪工业和信息化研究院规划研究所。

可以建立起发展中国家与发达国家、新兴经济体之间互联互通的桥梁。例如，中欧班列的开通为内陆国家哈萨克斯坦带来"出海口"，该国农产品进出口得到极大便利，不仅大幅缩短通关时间，还可从中国过境，与东南亚市场建立密切联系。

二是通信设施共建。"一带一路"沿线国家信息化水平差异较大，多数国家信息基础设施发展程度低于世界平均水平。通过构建信息高速公路，既可提升区域信息服务水平，也可推进互联网企业发展，帮助沿线国家开辟电子商务等新的商业渠道。例如，阿里巴巴等多家互联网企业借力"一带一路"，加大海外服务，其目前服务的语言版本近20种，业务覆盖亚洲、南美、北美等200多个国家和地区，帮助各国中小企业扩大境外市场。

三是工业园区共建。合作共建工业园区是我国改革开放四十年来的重大创举和成功案例之一。当前，我国已成为世界第二大经济体，将改革的成功经验推广复制到其他发展中国家，是我国大国责任的一种具体体现。共建工业园区可以帮助企业更快地熟悉和适应环境，也可提高沿线国家贸易和投资合作水平。例如，中白工业园是我国在境外最大的工业园，也是白俄罗斯第一个全球化工业园区。一方面，企业可以获得自盈利当年开始十年内免税、之后长期税收减半等优惠政策，有利于形成主动的产业链接；另一方面，园区可促进外资与当地优势结合，将高端装备产业合作扩展至电信、电子商务、大数据等领域，完善东道国的产业结构。

（二）通过资源共用，实现了沿线国家优势互补

一是资源互补。"一带一路"沿线国家资源丰富，禀赋各异。开展跨国、跨区域层面的大规模能源合作，根据各国优势加以分工，既可帮助资源国振兴资源、能源产业，也可加快资本和技术增值，为周边国家提供广阔的经济增长空间。例如，五矿集团充分发挥重组后的全产业链优势，在"一带一路"沿线的27个国家开展业务，开展从冶金工程建设到矿产资源开发，从金属矿产品贸易到融资服务的全方位服务，串联起沿线国家的矿产品合作。

二是劳动力互补。"一带一路"沿线的发展中国家以劳动密集型产业为主，劳动力资源丰富且成本低，但技术水平不高。通过产业转移，配合技

术出海的方式，可帮助当地解决就业问题，并提升劳动力技能。例如，中石化与"一带一路"沿线的30多个国家开展合作，2016年完成项目近30个，执行工程合同近600个，年均提供工作岗位1.5万个，境外员工本地化比例超过75%，极大促进了当地的经济社会发展。

三是生产能力互补。"一带一路"沿线不少部分国家仍处于工业化中前期，产业结构单一；我国则拥有门类齐全、独立完整的产业体系，钢铁、有色、建材、机械、电子、轻纺、通信等行业具备了比较强的竞争优势。通过产能合作，有助于沿线发展中国家建立完善的产业体系，提升制造能力，实现双赢。例如，河钢集团收购塞尔维亚斯梅代雷沃钢铁厂后，通过输入先进技术和管理经验，扭转了斯梅代雷沃钢厂之前连续7年亏损的局面，带动了诸多其他产业发展，促进了东道国工业水平的提升。

（三）通过利益共享，增进了沿线国家战略互信

近年来，全球经济低迷、复苏乏力，逆全球化在西方社会逐步兴起并蔓延，贸易保护主义抬头。通过建立"一带一路"经济走廊，打造互利共赢的"共轭体系"，可引导更多新兴经济体深度参与，寻找全球化新的发展方向。一是扩大国际市场，增强经济活力。"一带一路"聚焦构建互利合作网络、新型合作模式、多元合作平台，本质上是通过提高有效供给来催生新的需求，推动更加包容的全球化，实现世界经济再平衡。例如，在"一带一路"国际合作高峰论坛召开后，我国与土耳其、泰国、巴基斯坦、波兰等多个国家签署战略协定或谅解备忘录，涉及国际运输、信息技术、计量标准等各个方面。据测算，仅在亚太区域未来十年间的基础设施投资需求就达到8万亿美元，商品、技术、服务市场潜在空间巨大。

二是提升发展中国家的国际影响力。全球化是发展中国家最大的发展机遇。过去的全球化由发达经济体主导，强调规则先行；随着"一带一路"倡议的实施，以中国为代表的新兴经济体开始深度参与、更多强调互利共赢和发展导向，为处于全球化边缘的发展中国家提供了提升自身产业水平的机会，还将扩大发展中国家在国际事务中的代表性和发言权。例如，东非吉布提自然资源贫乏，工业、农业基础非常薄弱。2017年，中国为吉布提设计并建造了多哈雷多功能港口，设计年吞吐能力708万吨；开工建设国际自贸区，将于 2018 年 5 月投入运营。此外，中国还与吉布提当地政府共同成立了丝路国际银行。这些举措有力地帮助吉布提融入欧、亚、非三大洲的贸易生态圈，使吉布提发生了天翻地覆的可喜变化。

二、强化"一带一路"体系"共轭效应"的建议

（一）从宏观战略规划推进到具体政策落地

政策方面的沟通是各方开展务实合作的基础，也是共建"一带一路"的重要保障。建议未来制定更加具体的推进措施，着力推动政策落地。一是进一步提高综合服务保障能力。加快完善信息共享制度，整合信息资源，建设综合信息服务平台，为企业"走出去"提供全方位的综合信息支持和服务。二是加强对企业的指导服务。加强企业"走出去"信用体系建设，研究建立"走出去"黑名单制度。健全境外投资风险防控体系，完善境外投资风险评估与预警机制、境外突发安全事件应急处理机制。三是积极推动"走出去"目标国家减少贸易投资壁垒。加强对重点国家相关技术性贸易措施的跟踪研究，开展及时预警和应对，减少摩擦。加快与重点国家商签投资保护协定，针对部分重点国家投资障碍，加强政策沟通，增信释疑，切实维护我方的产业利益。

（二）从单一项目签约扩大到园区产业集聚

"一带一路"旨在推动沿线各国合作共赢、共同发展，需要用实际项目、园区让沿线国家有实实在在的获得感。目前国际产能合作以项目为主，模式单一，影响较小，建议进一步发挥园区的产业集聚功能，实现营运理念、载体建设、增值服务，以及相关企业的"雁阵出海"，推动成片区域的整体发展。一是加强典型经验推广。依托中白工业园、苏伊士经贸合作区、中马"两国双园"等多种模式，对成熟的园区发展模式和管理经验进行宣传推广，鼓励国内更多具有园区运营能力和经验的企业参与海外园区建设。二是提高园区对企业的服务能力。在海外园区建设过程中，应保护企业和各部门权益，明确土地、税收、劳动政策、法律等问题，为园区建设和发展提供有力保障。三是提升海外园区的开放程度。一些海外园区为了便于管理，倾向于采用封闭式的建设方式，疏于与当地互动。建议坚

持包容、共享式发展，立足长期扎根当地，树立企业社会责任。在此基础上，进一步开放市场，把跨境经济合作区和产业园区提升为自贸区，进一步促进我国与东道国的多元合作。

（三）从生产物资流通深化为高端人才合作

目前"一带一路"建设还集中在生产物资流通上，高端人才的流动动力不足。建议关注"一带一路"沿线国家高层次人才的"引进来"与"走出去"。一是重视沿线国家人才的引进。最大限度地发挥市场机制作用，吸引沿线发达国家以及中东欧管理人才、技术人才来华开展产业及项目合作，形成跨体制、跨专业、跨区域的人才资源整合。二是培养高层次复合人才。发挥高校联盟的作用，设立"一带一路"相关专业，结合不同高校优势，联合培养高层次复合型人才，并向沿线国家派遣一定数量的留学人员，熟悉当地文化环境。三是与东道国联合培养当地人才。鼓励跨国企业"就地取材"，积极开拓和推进与沿线国家在青年就业、创业培训、职业技能开发、社会保障管理服务等共同关心领域的务实合作，培养当地人才担任相关项目的领导组织。

（四）从产业对接合作升级为产融联动发展

目前，"一带一路"建设主要由亚投行和丝路基金等多边金融机构提供融资，远远不能满足融资需求。建议将合作重点从产业合作扩展至产融协同、联动发展。一是加快金融机构的协调合作。加强国内外金融机构的协同发展，通过多边金融合作、联合融资和股权参与等多种方式，整合各方优势资源和融资产品；对接"一带一路"的专项性，发行长期债券或设立创新融资工具，以国际标准提供信贷、债券、股权投资、保险等多元化、创新性融资模式，为企业参与"一带一路"建设提供优质的金融服务。二是促进金融资本与产业资本紧密结合。建议企业积极探索以股权投资、小额参股换取大项目的建设方式，利用产融结合形成的创新融资工具，积极拓展 BOT、PPP 等投资项目，并进行海外股权投资、兼并收购等投资业务，逐渐从单一承担施工任务向资本经营方向发展，将产业优势和金融优势有机结合，推动海外业务发展。

试析"一带一路"南太平洋方向资金融通举措

马鑫[1]

摘要： 资源碎片化问题一直是阻碍南太平洋发展的一大痛点，而我国提出的"一带一路"倡议借助基础设施等的互联互通建设将有效解决南太平洋地区的资源碎片化问题。兵马未动、粮草先行，在以基础设施互联互通为引领时，资金的融通是最先需要解决的一个问题。南太平洋地区是21世纪海上丝绸之路南线重要建设区，"一带一路"倡议可有效解决南太区域基础设施建设所需要的融资困难，充分满足当地国家融资需求，实现其经济发展。应加快推进南太平洋地区金融一体化，逐步实现金融服务和资本账户自由化，同时向供应链中的中小微企业和其他商业机构提供应有的保护和更多融资机会，促进本地区贸易和投资增长。

关键词： 南太平洋地区；"一带一路"；资金融通

2013年10月习近平主席在印度尼西亚提出建设21世纪海上丝绸之路的构想，随后国家发布《推动共建丝绸之路经济带和21世纪海上丝绸之路的愿景与行动》（下称《愿景与行动》）对建设21世纪海上丝绸之路的战略走向做出了规划。根据《愿景与行动》，南太平洋成为建设海上丝绸之路的关键节点。

一、南太地区独特的战略优势

南太平洋方向优势独特，尤其具有战略性、重要性和前瞻性，是应对

---

[1] 马鑫，北京市社会科学院外国问题研究所助理研究员，博士，研究方向：中美关系；"一带一路"。

国际形势新变化的突破口，是全方位对外开放的"先手棋"，对我国延长战略机遇期、打造全方位对外开放新格局具有决定性意义。在地缘上，广义的南太平洋地区是海上十字路口和航运枢纽。在政治上，众多太平洋岛国，以及位于南太平洋方向辐射带的中北美及加勒比国家虽国小民寡，但由于有数量优势，是联合国的"票仓"，在国际事务上发挥着与其国力完全不相称的发言权，可为我国获取国际话语权助力，对维护"一个中国"原则和祖国统一大业也至关重要。在经济上，南太平洋方向是建设亚太自贸区（FTAAP）、打造"太平洋经济圈"的核心区域，事关亚太的长远繁荣。在资源上，南太平洋海洋资源丰富，也是未来科技发展的新领域。在科技上，南太平洋地区是前往南极的中转站，也因北接赤道、海域广袤而在航天领域独具优势，而南太平洋东岸部分地区更是拥有得天独厚的天文观测条件，因此在极地、航天、太空等"新疆域"具有不可替代的价值。

南太地区有着丰富的海洋资源和自然资源，但由于地质条件所限，当地资源存在碎片化和分布不均两大问题。兵马未动、粮草先行，在以基础设施互联互通为引领时，资金的融通是最先需要解决的一个问题。以资金融通为切入点，强化投资力度，充分满足当地国家融资需求，推进我国与南太地区的务实合作。

二、中国与南太地区资金融通现状

我国在南太平洋方面的资金融通进展则相对缓慢。2014年上半年，中国与新西兰元开启直接兑换并续签双边本币互换协议；2014年11月，中国人民银行与澳大利亚储备银行签署了在澳大利亚建立人民币清算安排的合作备忘录，并同意将人民币合格境外机构投资者（RQFII）试点地区扩大到澳大利亚，初期投资额度为500亿元人民币，悉尼成为大洋洲唯一一家人民币业务清算行。虽然基于客观条件限制，在南太平洋实现进行资金融通建设有较大的难度；但是印度洋方向的东盟诸国对于南太岛国的辐射效应，澳大利亚、新西兰对于南太岛国的影响，都值得我国考虑和利用。

目前，南太平洋地区的金融发展具有以下特点：

1. 发达国家金融市场相对繁荣

南太平洋地区的澳大利亚是一个后起的工业化国家，农牧业发达，自然资源丰富，是世界重要的矿产品生产和出口国。20世纪70年代以来，澳大利亚进行了一系列经济改革，大力发展对外贸易，经济保持较快增长。2008年之前的17年，经济年均增长率为3.5%，在经合组织国家中名列前茅。受国际金融危机影响，2009年经济增幅有所放缓。但由于澳大利亚金融体系稳健，监管严格，宏观经济政策调整空间大，在危机中表现好于其他西方国家。近两年来，澳大利亚的矿业繁荣明显降温，公共财政压力上升，经济增长有所放缓。金融环境方面，澳大利亚是亚太地区最大、最发达的金融市场之一。澳大利亚的资本市场是亚太地区仅次于日本的第二大资本市场，其规模是香港的3倍，新加坡的5倍，金融衍生品的发达程度居亚太地区第一位。

新西兰也是南太平洋地区高度发达的资本主义国家，其经济已成功从以农业为主转型为具有国际竞争力的工业化自由市场经济。作为全球最富有的国家之一，新西兰的金融市场秩序在全球名列前茅，金融监管机制世界领先。

2. 岛国相对落后，发达国家对岛国的辐射作用强

南太平洋岛国地区包括14个主权国家，受地理位置和小国寡民的自然属性影响显著，明显受制于周边大国。岛国地区经济规模小，经济结构单一，严重依赖进口和国际援助，金融市场极不发达。虽然目前总体发展水平落后，但海洋、森林、矿产和旅游等资源丰富，经济发展潜力巨大，国际话语权日益增强。在南太平洋地区，澳大利亚不仅是新西兰最大的投资来源国，而且对南太平洋的岛国也有很强的辐射和带动作用。

三、促进与南太地区资金融通的具体举措

《愿景与行动》报告中曾提出，"一带一路"倡议的实施周期长，涉及领域建设需要大量的资本投入。南太地区是21世纪海上丝绸之路南线重要建设区，"一带一路"倡议可有效解决南太区域基础设施建设所需要的融资

困难，充分满足当地国家融资需求，实现其经济发展。应加快推进人民币国际化、南太地区金融一体化，逐步实现金融服务和资本账户自由化，同时向供应链中的中小微企业和其他商业机构提供应有的保护和更多融资机会，促进本地区贸易和投资增长。

1. 从战略规划出发制订资金融通实施计划

首先，将资金融通与"一带一路"倡议布局结合。在南太地区的资金融通应紧密围绕"一带一路"建设的整体战略布局，并和南太区域国家自身重大经济发展规划紧密结合，资金融通实施计划应顺应澳大利亚的"北部大开发"战略、巴新的"基础设施建设"规划等当地国家规划中。

其次，在推动整体规划合作的同时，应围绕重点领域，实现重点突破。积极发挥所在国知名咨询公司、律师事务所、高校科研机构等社会力量的本土化优势，深入开展专项规划，包括基础设施、能源资源、经贸合作、产业投资、金融合作、人文交流、生态环保和海上合作等，实现点面结合的合作布局。

再次，在做好整体规划的基础上，着重加强重点领域重大项目的谋划和融资方案的策划，以基础设施、能矿资源、农业、装备制造和国际产能合作等为重点，加强重大项目储备。

2. 以与澳大利亚的金融合作为中心，构建资金融通辐射网络

首先，应重点强化与澳大利亚的资金融通建设。澳大利亚在南太经济总量绝对领先。开发性金融机构在澳大利亚设立经营性分支机构，可以起到辐射南太诸岛国的作用。应推进双边与多边合作相结合，将投贷等金融产品相结合，加大金融产品和模式的创新力度，探索投融资合作新模式，全面开展项目融资、贸易融资、国际结算、财务顾问、离岸资产证券化等综合金融业务，为南太地区的中资企业提供全方位一站式服务。

其次，以重大基础设施项目建设为突破口。在能矿等大宗商品价格暴跌的背景下，南太平洋方向沿线国家均将加大基础设施建设作为新的经济增长拉动力，如澳大利亚的北部大开发、新西兰的基督城震后重建、巴新和斐济的电力交通等领域的建设。开发性金融机构以澳大利亚基础设施的经验为样板，结合南太各政府的关注重点，引导中资企业探索"EPC+F"

（工程总承包加融资）、PPP（公私合营）、BOT（建设—经营—移交）、PFI（私营主动融资）等多种投融资合作模式，积极参与重大基础设施建设，进一步推动国际产能合作和重大装备制造业"走出去"。

再次，设立大宗商品平稳基金，股权覆盖南太平洋方向沿线国家重点能矿企业。从短中期趋势看，能矿资源等大宗商品价格还有一定的下行空间。国际大宗商品价格的进一步急剧下跌将给澳大利亚和巴新等资源型出口国带来更多问题，包括引发急剧的货币贬值、外汇短缺、通货膨胀或者削弱主权偿还外债能力等问题。但这同时也是开发性金融机构逆周期介入，支持中资企业投资境外能矿资源领域的一个战略机遇。开发性金融机构应当探索设立能矿等大宗商品平稳基金，在适当时机对澳大利亚和巴新等大宗商品出口国施以援手，支持中资企业在互利共赢的前提下，以股权投资优先的模式开展商业合作，短期帮助缓解大宗商品价格下跌对出口国经济的崩盘式冲击，长期增强中资企业在国际大宗商品定价方面的话语权甚至主导权。

3. 加强与南太各国银行同业合作，强化资金融通的支持力量

首先，应加强我国的开发性金融机构同南太本地金融机构的合作。积极推动我国金融机构与南太区内多边金融机构、中资银行、澳大利亚四大主力商业银行（包括澳新银行、国民银行、西太银行、联邦银行）以及巴新的南太银行等本地银行的合作。本地银行在南太地区深耕多年，实力较强，是南太地区金融市场的主力银行。开发性金融机构可以以银团贷款、直接授信和转贷等方式共同支持南太地区的重大项目开发建设，在产品开发、风险控制、信息技术、经营管理等方面，全面提升在南太地区的综合经营能力和影响力。

其次，为具有开发性的商业项目设计更市场化的金融品种。境外具有开发性的商业项目竞争激烈，主要体现为：一是很多赴境外投资的中资企业自有资金充足，融资需求综合化，更看重银行财务顾问等中间业务的服务能力；二是海外同业特别是外资银行的融资成本较低，融资决策较快，审批流程较高效，贷款币种较丰富，能够满足客户"子弹式"还款（贷款到期一次性还本）等不同金融产品的需要。因此，建议开发性金融机构为

境外具有开发性的商业项目创新设计出不同的金融产品，对项目的风险偏好、风险容忍度、信用结构、贷款定价、贷款品种、审批流程等制定不同的标准和要求，满足开发性金融机构在境外以市场化方式支持具有开发性的商业项目、实现"一带一路"建设整体战略布局的需要。

4.积极探索产能合作融资新模式，提升亚投行作用

首先，拓宽产能合作方式，提升资金融通空间。以贸易、投资、金融合作为动力，以能源资源、基础设施建设、农业、制造业、科技创新、信息技术为合作重点，积极探索推进产能合作新模式，借助物流、电力、信息的通道建设，拓展基金、信贷、保险等多种融资渠道。

其次，加强区域层面技术援助，拓宽资金融通的社会意义。积极推进地区经济可持续发展和区域经济一体化进程，参与区内私人和公共部门财务重组事务。中国的企业以及其他公共和私人机构可以利用本地关系网络，在拉美地区寻找到许多投资机会。

再次，扩大亚投行的放贷范围。应尽快推动南太国家加入亚投行，在当前全球经济复苏乏力、贸易低迷的背景下，为中国与南太平洋方向沿线国家关系稳步前进注入动力，也为南太地区在21世纪海上丝绸之路南线的建设发挥重要作用。

5.积极推进人民币在南太地区的国际化

南太平洋地区与中国有着极大的合作潜力。南太国家对华大宗商品贸易如果使用人民币计价计算，对双边贸易和经济增长都将产生积极的推动作用。另外，中国对南太平洋的岛国有着30多年的经济援助历史，在对外援助、对外投资和项目贷款中增加人民币产品，将使人民币有望在"一带一路"融资机制中成为关键货币，有条件成为"一带一路"基础设施融资体系的组织者和重要的资金供给者。应该积极提高人民币在南太沿线基础设施建设中的参与程度，使其逐渐成为最常用的国际货币。

21世纪海上丝绸之路南太平洋方向建设机遇巨大、前景广阔。以重大项目建设实施为推动力，以亚投行、亚金协、丝路基金等机构为金融合作平台，协同推进资金融通，运用金融手段支持"一带一路"南太方向重大项目建设，推动区域经济一体化进入新阶段。

专栏五

文明之路与民心相通

"一带一路"建设中的文化挑战与策略应对

苏娟[1]

摘要："一带一路"倡议以经济合作为基础，以人文交流为支撑，为中国文化"走出去"提供了良好机遇和开辟了重要途径。但是，"一带一路"建设中的中国文化"走出去"不可能一帆风顺，必然面临国内国外各种因素和各种势力的干扰、阻挠，必然面临各种风险、挑战。"一带一路"建设中，中国文化"走出去"将会面临着遭遇西方国家强势文化的排斥与竞争，与沿线国家互信根基不牢和文化基础设施不兼容等外在方面的挑战，还存在着文化"走出去"管理机制不够健全、文化产业影响力不够充足、文化产品输出手段方式不够丰富等内在方面的挑战。"一带一路"建设必须加大中国文化"走出去"的步伐。为此，我们要正视所面临的内外各种挑战与风险，通过尽快健全文化"走出去"机制、扭转"文化贸易逆差"局面、改进文化产品输出模式、加大对外文化交流人才培养力度等具体举措，统筹规划，多管齐下，积极施策应对，提升中国文化的吸引力和国际影响力。在促进中国文化繁盛崛起和自信自强的同时，加强与世界各国的认知认同，促进世界文化的繁荣和发展。

关键词："一带一路"；文化"走出去"；文化挑战

中共十九大报告中指出："开放带来进步，封闭必然落后。中国开放的大门不会关闭，只会越开越大。要以'一带一路'建设为重点，坚持引进来和走出去并重，遵循共商共建共享原则，加强创新能力开放合作，形成

---

[1] 苏娟，国际关系学院《国际安全研究》编辑部主编助理，副编审。

陆海内外联动、东西双向互济的开放格局"。❶"一带一路"建设不仅是中国全方位对外开放格局的必然逻辑，也是实现中华民族全面复兴的必然要求，标志着中国在全球化浪潮中从被动适应到积极主导的态势转变。❷"一带一路"倡议以经济合作为基础，以人文交流为支撑，为中国文化"走出去"提供了良好机遇、开辟了重要途径。但是，"一带一路"建设中的中国文化"走出去"不可能一帆风顺，必然面临国内国外各种因素和各种势力的干扰、阻挠，必然面临各种风险、挑战。中国古语："生于忧患，死于安乐"。忧患意识是中华民族的生存智慧，是促进国家进步、民族复兴的催化剂和动力源。在当今国际政治、经济和文化关系日趋复杂的形势下，增强忧患意识，保持清醒头脑，研究"一带一路"建设中必然会遭遇的文化挑战，积极寻求恰当的应对方略，充分做好准备，"防患于未然"，对新时代实现中华民族的伟大复兴和世界文化多样性建设具有极其重大的理论和现实意义。

一、"一带一路"建设与中国文化"走出去"

进入 21 世纪，随着世界多极化、经济全球化、社会信息化和文化多样化的深入发展，各国之间的联系日益紧密，世界人民对美好生活的向往日益强烈。但是当今世界也是一个"挑战频发的世界"，世界经济增长需要新动力，发展需要更加普惠平衡，贫富差距鸿沟有待弥合，地区热点持续动荡，恐怖主义肆虐蔓延，全人类面临着严峻挑战。2013 年，中国国家主席习近平审时度势，提出"一带一路"倡议，其核心内容即促进世界基础设施建设和互联互通，对接各国政策和发展战略，深化务实合作，协调联动发展，实现人类共同繁荣。"一带一路"倡议，是维护开放型世界经济体系，实现多元、自主、平衡和可持续发展的中国方案，是深化区域合作、

---

❶ 习近平：《决胜全面建成小康社会夺取新时代中国特色社会主义伟大胜利——在中国共产党第十九次全国代表大会上的报告》，北京：人民出版社 2017 年版，第 34—35 页。
❷ 王坤平，任俊帆：《"一带一路"背景下中国文化"走出去"面临的挑战》，《长沙大学学报》，2017 年第 4 期，第 55 页。

加强文明交流互鉴、维护世界和平稳定的中国主张,体现了中国对推动国际经济治理体系朝着公平、公正、合理方向发展的责任担当。"一带一路"建设正在逐步从愿景转变为现实,从理念转化为行动,已经迈出坚实的步伐。中国文化"走出去"是"一带一路"建设的重要内容,是中华民族复兴的基本要求,也是丰富世界文化多样性的需要。"一带一路"建设,为中国文化"走出去"打开了方便通道,让拥有五千多年悠久历史的中华文化更好地走出国门,走向世界。进入新时代,"一带一路"建设中迫切需要积极深化与沿途国家与地区的文化交流与合作,强化文化传播,扩大文化贸易,充分发挥文化交流在各国间增进了解、沟通心灵、加深理解、传播友谊、促进和谐等方面的重要作用,走出具有中国特色的文化全球化新路径。中国文化"走出去"愈发具有重要的战略意义。

"一带一路"有利于中国文化的传播,增进中国文化与沿途国家的文化交流。"一带一路"沿线许多国家对中国文化的了解还比较零散、单一,甚至有的是片面和肤浅的。只有在了解中国文化的基础上,也才能更好地了解中国。在"走出去"的过程中,运用新技术新手段,加快文化传播的国际化步伐,把中国优秀的传统文化传播到世界各地,做好中华文化的推广,展示中国风采。通过文化的交流与合作,表达中国与国际社会一道,共同建设一个美好和谐世界的愿望与主张。

"一带一路"有利于中国文化的创新,促进中国文化发展。在"一带一路"建设过程中,文化交流的双向性使传入中国的优秀外来文化与中国传统文化相结合,互学互鉴,"洋为中用"、"取其精华",择善而从,促进中国文化在民族传统基础上的创新和发展,提升创新能力和创新水平,缩小与西方发达国家之间的差距,使中国文化的发展更加适应时代潮流,更具生命活力,提升中国文化的吸引力和国际影响力。

"一带一路"有利于中国文化产业的优化升级,推动国家经济增长。随着"一带一路"建设,中国文化传播力度会逐步加大。文化传播包括文化产品即电影、电视剧、音乐、图书、期刊、动漫等的输出与传播。中国文化产品在"一带一路"沿途国家与地区的传播,不仅会把一个现代化的、富强民主文明和谐美丽的中国形象传递给世界,而且会加快转变中国文化贸易中存在的严重逆差状况，转变中国经济发展方式，拉动国家经济增长，促进经济可持续发展，提升中国的核心竞争力和综合国力。

"一带一路"中国文化"走出去"，以人类命运共同体理念为引领，倡导不同文明不同文化在平等基础上的交流互鉴。"以共建美好世界为目标，不断增进中外人民之间的思想和心灵沟通，加强中国与世界各国的认知认同"。❶ 大力弘扬中国优秀传统文化，承认各国各地区文化的独特性和共通性，在促进中国文化的繁盛崛起和自信自强的同时，促进世界文化的繁荣与发展。

二、"一带一路"建设中面临的文化挑战

"一带一路"倡议的提出，顺应时代潮流，适应发展规律，符合各国人民利益，全球已有一百多个国家和国际组织积极支持和参与；联合国大会、联合国安理会等重要决议也纳入了"一带一路"建设的内容。❷ 中国文化"走出去"，有助于提高中国文化的国际影响力、感召力和辐射力，有助于塑造具有中国气派、中国特色、中国精神的文化大国形象，有助于提升中国文化软实力和国际话语权。❸ 但是，由于与"一带一路"沿线各国的政治制度、语言文字、生活习俗、宗教信仰等存在差异，中国文化"走出去"不可避免地会遭遇政治、文化、接受心态或认知层面的种种阻挠，文化"走出去"的道路不会平坦，有诉求，有障碍，❹ 会面临诸多外在的、内在的文化挑战。

（一）外在挑战

"一带一路"建设中，中国文化"走出去"将会面临遭遇西方国家强势

---

❶ 王毅：《携手打造人类命运共同体》，人民网，http://theory.people.com.cn/n1/2016/0531/c40531-28394378.html。

❷ 《携手推进"一带一路"建设——习近平主席在"一带一路"国际合作高峰论坛开幕式上的演讲》（2017年5月14日），李军主编，《"一带一路"研究文选》，北京：当代世界出版社2017年版，第404页。

❸ 王玉玲：《中国文化"走出去"的双重挑战》，《中国社会科学报》，2017年2月23日，第8版。

❹ 高风平，刘新淼：《中华文化"走出去"：诉求与挑战》，《渭南师范学院学报》，2013年第11期，第127页。

文化的排斥与激烈竞争、同沿线国家文化互信根基不牢和文化基础设施不兼容等问题。

1. 西方国家强势文化的排斥与竞争

冷战之后，以美国为代表的西方国家在国际上一直处于文化霸权地位，掌控着国际传媒的主导权，他们拥有着最具影响力的大众传播媒介、最先进的传媒技术和数量众多的传媒专业人才。在"一带一路"沿线相关国家和地区中保持着较强的影响力。❶ "美国人口虽只占世界人口的5%，但是现在世界大部分地区80%—90%的新闻传播，都是由美国等西方通讯社所垄断。美国等西方媒体发布的信息量，是世界其他各国发布信息总量的100倍。美国控制了全世界60%—80%的电视和广播节目制作。"❷ 西方国家利用其在经济、文化等领域的比较优势，在对外输出文化产品的过程中，把自身的价值观、喜好和自我认同，通过各种方式向全球推广传播。作为全球霸权国家的美国在"一带一路"所涉及的东南亚、南亚、中亚及中东等地区，均拥有重要的战略存在以及外交运筹，在战略、政治、军事、经济和文化等各个维度，深刻影响着亚太及欧亚地区。最为明显的例证是"二战"之后，由于政治经济上的各种原因，美国文化对东南亚的影响逐渐占据主要地位。中国作为社会主义国家，在政治制度和意识形态等诸多方面与西方发达国家有很大区别，不可避免地与美国等西方国家推行的文化霸权发生冲突与博弈。"一带一路"倡议的实施，需要有文化阵地作为保障，中国文化"走出去"将会面临严峻的挑战。西方媒体对华报道中质疑声音屡见不鲜，总体呈现出一种负面态度，借"一带一路"宣扬"中国威胁论"，还有舆论批评"一带一路"倡议为中国版的"马歇尔计划"，甚至冠以中国版的"新殖民主义"，倾向于认为中国的崛起意味着其他国家在亚太地区地位的衰落，把中国的发展更多地看作是"挑战"和"威胁"，而不是发展的机遇。❸ 把中国文化"走出去"视为意识形态扩张，采取了一系列干

---

❶ 苏娟：《"带一路"与中国文化安全：挑战与应对》，《东南亚研究》，2017年第3期，第112页。
❷ 转引自童珊：《全球化背景下语言战略的政治经济学分析——基于文化霸权的视角》，《马克思主义研究》，2014年第5期。
❸ 苏娟：《"一带一路"与中国文化安全：挑战与应对》，《东南亚研究》，2017年第3期，第111页。

扰政策，极力削弱其顺利开展。"一带一路"中国文化"走出去"，还要面对来自西方等其他国家在"一带一路"沿途国家及地区的文化传播中或显或隐的竞争。比如德国的歌德学院、法国的法语联盟、英国文化协会、意大利但丁协会、西班牙塞万提斯学院等，这些机构经过数十年乃至上百年的发展，已经形成各自相对成熟的运行机制与管理模式，有的甚至有着深厚的品牌影响力。❶ 这些机构都在推广本国语言、促进文化交流以及提升本国国家软实力等方面发挥着至关重要的作用。中国文化"走出去"客观上会与这些国家在"一带一路"沿途国家与地区已经存在多年的文化传播机构产生激烈竞争。因此，中国文化"走出去"面临诸多困难。

2. 与沿线国家与地区文化互信根基不牢

"一带一路"建设离不开沿线各国的相互合作和交流互动，合作是发展的前提，信任是合作的基础。只有各国相互信任、相互帮助和相互负责，才能够使"一带一路"建设获得成功。同样，中国文化"走出去"，离不开与沿线各国文化的交流融合，离不开各国之间诚信体系的支撑，否则将寸步难行。"一带一路"包括沿线的中亚、东盟、南亚、中东欧、西亚、北非等65个国家，44亿人口，经济容量约为21万亿美元，人口与经济容量分别约占世界的63%和29%。❷ "一带一路"跨越埃及文明、巴比伦文明、印度文明，跨越佛教、基督教、伊斯兰教信众汇集地。沿线各国在体制、宗教、文化、风俗等方面都存在较大差异，地缘政治环境复杂且十分敏感，各个国家的利益交织，既有合作也存在竞争、安全风险以及不同宗教文化冲突，加之经济发展的不平衡等因素，各个国家都有各自的利益考量，很难十分信任其他国家。以东盟国家为例，其对"一带一路"的态度基本分为三类：老挝、柬埔寨、泰国积极支持；印度尼西亚、马来西亚、新加坡总体不排斥但颇为谨慎；越南则怀疑中国的背后意图，对有关合作顾虑重重。❸ 从一些国家内部来看，由于存在着民族冲突、政府权力对峙等多种不

---

❶ 李宝贵，刘家宁：《"一带一路"倡议背景下孔子学院跨文化传播面临的机遇与挑战》，《新疆师范大学学报》（哲学社会科学版），2017年第4期，第152页。

❷ 王义桅：《"一带一路"机遇与挑战》，人民出版社，2015年版第8页。

❸ 邢丽菊：《推进"一带一路"人文交流：困难与应对》，《国际问题研究》，2016年第6期，第13页。

稳定问题，使民众缺乏安全感，在参与"一带一路"经济文化交流时持保守态度，这在一定程度上限制了"一带一路"文化交流的深入发展。近期中国周边地区的一些热点事件，如南海问题、朝核问题、美国在韩国部署"萨德"反导系统等，为地缘政治环境带来了不安定因素，在一定程度上直接或间接地影响中国文化在该地区的"走进去"。同时，由于中国与沿线一些国家存在较大的地理、文化和思维等方面的差异，而且各个国家历史发展阶段也大不相同，双方文化交流所需要的相同点不容易找到，共同文化的缺失也将阻碍"一带一路"对外文化交流机制建设。

3. 沿线国家与地区文化基础设施薄弱

文化的传播需要基础设施作为载体，特别是信息化时代的文化传播需要有现代化的文化基础设施作为依托。总的看到，尽管"一带一路"沿途一些国家的文化有着较为悠久的历史，有极大的挖掘价值，但多数沿线国家由于经济发展水平相对比较低，与文化相关的交通、通信、网络等基础设施建设较为落后，"有的国家尽管有文化'软件'却缺少文化发展的'硬件'，如通信系统、交通建设、文化产业园等，还处于起步甚至空白阶段，基础设施的薄弱是阻碍'一带一路'文化交流机制构建的重要因素"。[1] 文化交流的基础设施建设是一个系统的、长期的、宏大的工程，不是一朝一夕能够完成的，健全的文化传播体系的建成还需要一定的时间。在"一带一路"倡议中中国的对外文化交流与互动相对已经做好了充分的准备，这就造成了先进的文化软件与沿线国家薄弱的文化基础设施硬件的矛盾。与此同时，由于"一带一路"倡议兴起的时间较短，沿线许多国家还没有对此做出快速的反应，还没有建立健全接受外来文化的政策、法律及相应的规则，中国文化"走出去"面临着较大的困难。由此可见，"一带一路"建设中国文化"走出去"，首先要帮助沿线国家解决文化发展基础设施薄弱的问题。

（二）内在挑战

从中国自身来看，"一带一路"文化"走出去"，与沿线国家进行文化交流，还存在着文化"走出去"管理机制不健全、文化产业影响力不充足、文化产品输出手段方式不丰富等问题。

---

[1] 郑士鹏：《"一带一路"建设中文化交流机制的构建》，《学术交流》，2015年第12期，第114页。

1. 中国文化"走出去"管理机制不够健全

中国文化"走出去"需要有与之相适应的国内配套政策和管理机制。近年来,中国在"一带一路"建设中的文化"走出去"得到了一定程度的发展,探索国际文化市场的步伐开始加快,但相比于西方发达国家而言,中国在文化产业的发展上起步较晚,还没有针对"一带一路"的特色与需求制定具有针对性的中国文化"走出去"营销和发展策略,在中国文化产品对外输出和投资方面还缺少理性科学的行业制度、指导与经验,还没有形成成熟的对外文化发展与管理机制。其中,主要原因是"中国文化产业的法律法规制定比较滞后,与现有国际规则没有很好地衔接。目前各类国际性贸易、投资规则及制度,绝大部分是由西方发达国家所主导。[1] 而中国在文化产业规范方面的法律法规却呈现出一定的滞后性,导致中国文化产业发展缺乏规范体系,容易造成无序竞争,在走出国门走向世界时经常遭受贸易壁垒,很大程度上妨碍了中国文化产业发展的国际化与全球化进程"。

2. 中国文化产业影响力不够充足

近几年,中国与"一带一路"沿线一些国家和地区已经建立起一些交流平台,"与沿线大部分国家签署了政府间文化交流合作协定及执行计划。"[2] 中国文化产业增加值迅速上升,中国文化软实力显著增强。但是,总体来看,中国文化产业"走出去"的水平还很低,在世界文化市场上仅占不到4%的份额。中国文化产业仍处于全球文化产业中低端,文化产品难以弘扬中华文化和适应"一带一路"沿线国家对文化消费市场的需求。在国际文化市场竞争中明显处于劣势。究其原因,一是文化产业原创力不足。近几年,由于文化商业气息过于浓郁,文化创作领域人心浮躁,加上国内的内容审查制度还不够完善,导致中国文化产品缺乏原创性,缺乏对自己国家文化资源的有效开发和创意利用,粗制滥造低水平拼凑重复现象较为严重,没有形成具有全球影响力的中华文化核心品牌;二是文化产品形态单一。文化产品的出口主要依靠初级加工等方式带动,对沿途国家的

---

[1] 苏娟:《"一带一路"与中国文化安全:挑战与应对》,《东南亚研究》,2017年第3期,第113页。
[2] 蔡武:《坚持文化先行 建设"一带一路"》,《求是》,2014年第9期。

文化差异把握不清，文化产品的文化表达方式国际化程度不够，核心文化产品创新和版权输出偏低，难以满足"一带一路"沿线国家多元文化需求；三是在对外文化投资上经验不足。中国大型文化企业多数由原来的事业单位转制而来，相当一批单位还处在转制过程之中，不仅缺乏开拓国际文化市场的经验，还缺乏海外营销意识，缺乏参与国际文化市场的竞争机制与营销手段，缺乏有实力的海外营销公司和有经验的营销人员。目前中国文化企业"走出去"水平较低。

3. 中国文化"走出去"手段方式不够多样

随着科技突飞猛进的发展，中国的文化产业、传播媒体也得到了长足发展，也扩展了文化"走出去"的途径和平台，但是与西方发达国家相比，仍然还有很大差距。一是文化传播缺乏战略性，导致文化传播存在很明显的功利性。如过于注重形式而忽视内容，将对外输出文化产品的数量作为竞争业绩的首要内容，而不顾其实际的收效。同时，从事对外文化传播的组织繁多，官方、半官方和民间的组织之间缺乏必要的沟通和整合。没有一个系统的文化战略机制，文化对外传播很难有序进行。二是数字传播还处于初级阶段。随着互联网的普及，数字传播已经成为当今文化传播的主流，沿线国家对中国主题的数字文化产品需求也日益多样化。但由于中国的数字传播起步晚，还没有充分发挥大数据、云计算等先进技术的作用，中国文化产品在内容、语言、制作等方面还无法满足国际市场的需要。三是文化传播渠道、形式不够丰富。文化传播的范围还有很大的局限性，广度远远不够。比如在国内开展的中国优秀传统文化进入社区、进入校园等活动，在"一带一路"沿线国家还没有大规模地开展，还没有广泛而深入地在国外开展中国传统节庆活动，等等。❶ 可见，中国文化"走出去"的渠道还有待进一步拓展，文化传播形式还需要进一步丰富。

"一带一路"建设中国文化"走出去"将会遭遇的各种文化挑战，尤其是包括以上分析的各种外在主客观因素和内在主客观因素，都不容回避，刻不容缓，亟待寻求积极有效的应对解决策略。

---

❶ 陈安娜：《中国文化企业"走出去"的挑战和对策》，《国际贸易》，2014年第8期，第43页。

三、应对文化挑战的策略选择

习近平总书记在中国共产党十九大报告中指出:"坚持对外开放的基本国策,坚持打开国门搞建设,积极促进'一带一路'国际合作,努力实现政策沟通、设施联通、贸易畅通、资金融通、民心相通,打造国际合作新平台,增添共同发展新动力。"❶ 文化承担着为政治、经济、社会发展搭台引路的任务,是实现"五通"的最重要、最基础的载体。"一带一路"建设必须加大中国文化"走出去"的步伐。为此,我们要正视"一带一路"建设中中国文化在"走出去"过程中将会面临的文化挑战,采取有效策略措施积极应对。

(一)尽快健全文化"走出去"机制

机制是指为实现某一特定功能,一定的系统结构中各要素的内在工作方式以及诸要素在一定环境条件下相互联系、相互作用的运行规则和原理。中国文化"走出去"要想做到健康有序的发展必须建立一套科学的传播机制。第一,要加强科学合理的顶层设计。要打破文化对外传播中政府部门各自为战的混乱局面,通过建立合理创新的机制协调好官方和民间的关系,形成以政府为主导、大力支持民间团体、非政府组织、跨国企业以及个人对外交流活动的体系。要鼓励国有龙头文化企业提高跨国经营管理和贸易能力,吸纳广泛的民间力量投入到"一带一路"的建设发展之中;第二,要加快对外文化产业立法进程,尽快与国际社会接轨。目前,中国文化产业方面的立法主要集中在行政法规、部门规章和地方性法规,而且主要属于文化管理方面,真正由全国人大及其常委会制定的基本法律较少。因此,"中国政府应加强文化产业的基本立法,从法律层面,对文化产业的法律地位和基本规范用立法形式加以明确"。❷ 同时要加大法规惩罚力度,对文化产业损害较大的行为要及时进行处罚;第三,要建立健全文化走出去的投资机制。文化产业投资是文化产业资本长足发展的根本动力。

---

❶ 习近平:《决胜全面建成小康社会 夺取新时代中国特色社会主义伟大胜利——在中国共产党第十九次全国代表大会上的报告》,人民出版社 2017 年版,第 60 页。

❷ 杨积堂:《文化产业发展的产法现状与法律构建》,《北京联合大学学报》,2012 年第 2 期。

当前，中国政府对文化产业投资力度不足，文化产业缺乏担保制度，银行贷款水平低，致使文化产业发展缓慢。要在遵循文化产业市场经济规律的基础上，按照文化产业自身发展的规律，根据文化产品的特点，制定文化产业投资政策。其中，最为主要的是加大政府的投资力度，发挥政府投入的主导作用。2014年3月17日中国国务院已经发布了《国务院关于加快发展对外文化贸易的意见》，❶确立力争到2020年培育一批具有国际竞争力的外向型文化企业的战略目标，制定了在加大财税支持、强化金融服务、完善服务保障等方面的政策措施，搭建多元文化产业投融资平台，扩大筹集文化产业发展所需要的资金。鼓励民营资本进入，合理引进外资，建立有利于培育充满生机和活力的文化产业投资经营机制。

（二）尽快扭转"文化贸易逆差"局面

文化贸易逆差指一个国家在与其他国家的文化交流中输入的文化产品和服务的数量大于输出的数量，即外来文化对本国的影响要大于本国文化对其他国家的影响，最终可能导致本国文化在世界文化交流中失语。❷目前，中国在包括影视、剧院、舞台、出版、动漫、音乐等文化贸易出口少于进口，❸文化对外交流中呈现出严重"入超"态势，与"一带一路"建设的需求不相适应。作为一个拥有丰富文化资源的文明古国、一个正在飞速发展的大国，必须多管齐下，奋起直追，在"一带一路"建设中，文化"走出去"应与基础设施、经济、金融协调发展并先行一步。一是要提高文化产业的创新能力。只有创新才能把文化产业做强做大，才能提高中国文化的传播力和影响力，提高中国文化在国际文化市场的竞争力。重点要打造具有世界影响力的中国文化品牌。要对中国文化的内涵进行深入地挖掘，把传统元素与时代元素相结合，把民族特色与世界潮流相结合，实现"文化制造"向文化创造转变，生产出更多反映中国文化精髓又符合外国人审美品位的文化产品。二是要大力输出满足沿线国家与地区文化消费需求的文化产品。要把满足沿线国

---

❶ 《国务院印发〈关于加快发展对外文化贸易的意见〉》，中国军网，http://www.81.cn/gnxw/2014-03/17/content_5814198.htm。
❷ 周桂英：《扭转中国文化交流逆差的文化输出战略研究》，《人民论坛》，2013年第18期，第66页。
❸ 见《2016年全国新闻出版业基本情况》，《中国新闻出版广电报》，2017年7月25日。

家与地区文化产品需求作为"一带一路"建设中文化"走出去"的首要标准。加强对沿线国家差异性文化调研,"从宗教信仰、人文历史等方面进行深入了解,并分析其价值观念、思维方式和生活习惯。在微观层面,可以借助对当地华人居民和留学生工作生活情况的调查数据,分析不同文化背景下沿线国家居民与中国居民行为方式的异同。在宏观层面,可以通过沿线国家与中国过往国际合作情况,分析其参与国际合作模式。"❶ 在此基础上制定出中国文化产业供给规划,优化中国文化产品,为沿线国家提供广受欢迎的文化精品,适应沿线国家的文化需求。三是构建中国特色话语体系。坚持马克思主义的立场、观点和方法,结合中国特色、中国风格和中国气派,用恰当的话语和方式在国际上表达中国的观点和立场,以自信和开放的心态与不同文明合作交流,增强中国特色的创造力和感召力,展现中国为推动建设和平发展、共同繁荣的和谐世界的大国形象,把中国的真实情况和发展状况展现在全世界面前,让全世界人民真正了解中国,从而改善中国的国际形象,提高国际话语权,增强中华文化影响力。❷

(三)尽快改进文化产品输出模式

先进的模式能够促进文化产品输出高效、有序的运作,从而提高文化传播的效率。目前,对"一带一路"沿线的文化产品输出模式还不够丰富,传播的渠道不够丰富,快速发展的数字传播还没有广泛运用等。改进文化产品输出模式是当前"一带一路"建设的重要任务。一是要改进市场营销策略和手段。成功的市场营销策略和手段有利于文化产品赢得市场,文化产品赢得市场将会增强文化的吸引力和感染力。美国的文化传播能够在全世界迅速扩张主要得益于其庞大的营销网络。在"一带一路"沿线国家的文化交流之中,中国需要进一步拓展对外交流交往的领域,打造全球化的营销渠道。要广泛建立如孔子学院等中国文化域外基地,依托与有关国家开展的中外文化年以及汉语桥等文化交流模式,开辟丝绸之路的特色旅游路线,建立完整的旅游产业链条,使"一带一路"沿线国家的经典文化经由旅游路线实现全面的融合,促进各国人民的相互了解,增进民众情

---

❶ 《"一带一路"倡议下我国文化产业发展探析》,《商业经济》,2017年第5期。
❷ 刘子毓:《全球化背景下中华文化复兴的机遇、挑战及对策》,《科教导刊》,2014年9月3日。

感；二是加大数字传播的力度。通过互联网、数字媒体，及时有效地报道中国当代的政治、经济、文化、科技成就，展现中国真实的国家形象和民族形象，传达国家意志和民族精神。要在数字传播内容建设上下功夫，加快文化产品出口模式的转型升级，打造中国出版国际品牌。要构建中国版权贸易国际化平台，畅通中国数字出版对外营销推广的渠道。要强化语种多、受众广、信息量大、影响力强的"中国内容"的国际一流数字化传播体系，提升中国文化国际传播能力。要建设面向全球的"中国学"数字化交流多维平台，推进中国哲学社会科学的国际交流。要发挥博客、微博、播客等自媒体在对外传播中的作用，树立和维护中国良好的国际形象。三是改变重经济轻文化的"走出去"模式。文化"走出去"要与经济"走出去"形成"双轮驱动"相辅相成的局面。在大力加强"一带一路"基础设施建设、经济贸易交流的同时，要把经济"走出去"的每个企业、每个自然人都视作中国文化的传播者，把所有国际经贸交往活动、项目都作为中国文化的载体。要积极提升"走出去"的企业和个人的文化素质，在境外很好地履行社会责任，为中国形象和中国文化加分。文化活动要为经济活动搭台，经济活动也要助推中国文化传播。要把在境外举办的经贸活动与文化活动很好地统筹结合起来，架文化之桥，拓经济之路。❶

（四）加大对外文化交流人才培养力度

做任何事情，人的因素都是重要因素。人才是"一带一路"建设的支点和关键。《中共中央关于制定国民经济和社会发展第十三个五年规划的建议》提出："要推进'一带一路'建设，广泛开展教育、科技、文化、旅游、卫生、环保等领域合作，造福当地民众。"❷ 在推进"一带一路"建设过程中，无论是解决"一带一路"倡议的理论问题，还是推进实施的实践问题，关键都在人才。只有大力培养一批具有国际交往能力、社会影响力与社会声誉，往来于各国间的专家学者、文化使者，通过学术研究、文化

---

❶ 万季飞：《大力实施文化"走出去"战略》，2012年1月4日，人民网，http：//dangjian.people.com.cn/BIG5/16790598.html。

❷ 《中共中央关于制定国民经济和社会发展第十三个五年规划的建议》，新华网，http：//news.xinhuanet.com/mrdx/2015-11/04/c_134781010.htm。

交流等方式进入到沿途各国社会的肌体中，才能实现"民心相通"。可见，加强对外文化交流人才培养是当前推进"一带一路"建设的重要任务。在文化交流人才的国内培养教育方面：一是加强国内人才的培养。要重视语言翻译人才的培养。中国的文化源远流长，中国的文学艺术在世界文化艺术之林中独具魅力，但由于缺少高水平的翻译人才进行对外传播，目前中国的精品文化并未在国际上产生应有的较大影响。2012年莫言先生的作品能获得诺贝尔文学奖，优秀的翻译具有很大的功劳。"一带一路"沿线国家和地区的官方语言超过40种非通用语，培养造就一批小语种的语言人才已经迫在眉睫。国家应该做好总体规划，建立语言人才的培训体系。逐步增加语种数量，当前尤其是要加强"一带一路"沿途国家和地区相关语种的教育，解决当前非通用语语种人才匮乏的问题；要重视高端复合型人才培养，发挥高校主渠道的作用，实现"一带一路"方向的多学科高层次人才培养。二是加强来华留学人员的培养教育。在这方面，从中央到地方都给予了高度重视。如中央三部委联合发布的《推动共建丝绸之路经济带和21世纪海上丝绸之路的愿景与行动》中指出，"扩大相互间留学生规模，开展合作办学，中国每年向沿线国家提供1万个政府奖学金名额"。[1] 从2018年至2020年，超过30个北京市"一带一路"国家人才培养基地将落成，预计吸引"一带一路"沿线国家900名硕博研究生和博士后、1800名高层次研修人员来北京学习交流。这也是全国首个落地的培养基地项目。[2] 在文化交流人才的国外培养教育方面：一是要进一步提升孔子学院的办学规模和办学水平，讲好中国故事。截至2016年年底，中国已在140个国家建立了511所孔子学院，[3] 培养出汉语人才，为"一带一路"建设发展提供人才保障和智力支持。二是要重视海外华人华侨人才的培养。据国务院侨办数据显示，目前中国海外华侨华人已超过6000万人，分布在全球198个国家和

---

[1] 《推动共建丝绸之路经济带和21世纪海上丝绸之路的愿景与行动》，新华网，http://news.xinhuanet.com/world/2015-03/28/c_1114793986.htm。
[2] 《北京市将建"一带一路"国家人才培养基地》，中国首都网，http://beijing.qianlong.com/2017/0827/1976011.shtml，2017年8月27日。
[3] 李宝贵，刘宏宁：《"一带一路"倡议背景下孔子学院跨文化传播面临的机遇与挑战》，《新疆师范大学学报》(哲学社会科学版)，2017年第4期，第148页。

地区。另外，还有 3000 多万归侨侨眷生活在中国各地。海外华人华侨既熟悉所在国的社会、法律、文化与风土人情，同时又极其关心和了解祖国、家乡的情况，是连接中国与"一带一路"沿线国家的天然桥梁和纽带，是中国现代社会经济发展的重要智力资源，应充分培养、教育和发挥海外华人华侨在开拓国际文化合作等方面的巨大作用。三是鼓励出国留学和海外实践。"一带一路"沿线国家社会发展模式各异、历史文化传统多样，中国政府应鼓励派遣愿意了解、有志学习、积极投身于"一带一路"建设的留学生与访问学者到沿线国家和地区长期生活和学习，同时国家相关部委应联合制定措施加大对高校学生到海外实践的支持力度，深入了解当地的社情民意、风土人情，才能更好地服务"一带一路"中国文化"走出去"建设。

通过尽快健全文化"走出去"机制、扭转"文化贸易逆差"局面、改进文化产品输出模式、加大对外文化交流人才培养力度等应对举措，统筹规划，多管齐下，加快"一带一路"建设中国文化"走出去"步伐，不仅能够更好地为中国"一带一路"建设提供理论支持和智力保障，增强中国的综合国力，而且切实提升中国文化软实力，提升中国文化国际影响力。

四、结论

在全球秩序变动、国际挑战突出的大背景下，2017 年 5 月 14 日，习近平在"一带一路"国际合作高峰论坛开幕式上强调："坚持以和平合作、开放包容、互学互鉴、互利共赢为核心的丝路精神，将'一带一路'建成和平之路、繁荣之路、开放之路、创新之路、文明之路。"[1]"一带一路"倡议传承了古代丝绸之路精神，顺应当今世界和平、发展、合作、共赢的新潮流，彰显了人类社会的共同理想和美好追求，[2] 展现了中国作为世界大国的责任担当和自觉自信。"一带一路"建设为中国文化"走出去"提供了重要

---

[1] 习近平：《携手推进"一带一路"建设——在"一带一路"国际合作高峰论坛开幕式上的演讲》，《人民日报》，2017 年 5 月 14 日。

[2] 邢丽菊：《推进"一带一路"人文交流：困难与应对》，《国际问题研究》，2016 年第 6 期，第 5 页。

的历史机遇和巨大动力。"凡事预则立,不预则废"。要以习近平新时代中国特色社会主义思想为指引,以"人类命运共同体"理念为引领,尊重人类文明多样性,促进不同文明不同发展模式的交流对话,在竞争比较中取长补短,在交流互鉴中共同发展。❶ 要正视"一带一路"建设中中国文化"走出去"将会遭遇的外在与内在的各种文化挑战,抓住当前全面推进"一带一路"建设的发展机遇期,从宏观到微观,多层次、多侧面、多渠道、多路径,采取各种措施稳妥应对,积极推进中国文化"走出去",努力赢得国际社会的广泛认同,实现"美美与共,天下大同"的互利共赢和可持续发展,为中国文化走向世界创造更加广阔的空间。

---

❶ 仇华飞:《十九大报告中的世界元素》,《大众日报》,http://theory.gmw.cn/2017-12/14/content_27098844.htm,2017-12-14。

"一带一路"背景下我国会展诚信法治建设

张万春[1]

摘要：我国诚信法治建设在我国目前各行业和领域正在如火如荼地进行。会展业也不例外。然而会展诚信法治建设不仅仅体现在会展业中，更是体现在会展活动平台和媒介中。"一带一路"倡议不仅仅是国家战略，也是新型国际化战略。"一带一路"倡议对于国际化的要求和诚信的国际化要求是吻合的，这就对会展诚信法治化建设提出了更高要求。针对会展业诚信中存在的重复办展、侵害消费者权益和会展知识产权侵权等突出问题，从诚信专门立法和规范性文件、反不正当竞争法、产品质量法、消费者权益法和知识产权法等多方位法律着手，坚持"红名单"等激励机制、"黑名单"等惩戒机制、信用恢复、信息和隐私权保护等制度，不仅成就我国会展业的诚信法治建设，而且有利于推动"一带一路"倡议。

关键词："一带一路"；会展；会展法；诚信；法治

一、"一带一路"倡议对于诚信与会展的特别要求

"一带一路"是个大命题，新命题，大战略，是国家战略，国际战略。诚信建设是一个老问题，是很多人眼中微不足道的小问题。这二者似乎不是一个范畴，不太关联或者关联甚为勉强。实际上，诚信诉诸于个人、团体、民族和社会，如同石子和水滴构筑了陆路和水路，成就着"一带一路"。

---

[1] 张万春，北京联合大学副教授，研究方向为会展法、经济法和国际经济法。

(一)《愿景与行动》对于诚信与会展活动的要求

1. 对于诚信的要求

2015年3月,国家发展改革委、外交部、商务部联合发布了《推动共建丝绸之路经济带和21世纪海上丝绸之路的愿景与行动》(以下简称《愿景与行动》)。

《愿景与行动》在第一部分、第三部分和第四部分都谈到"互信"和"信用"。特别是第四部分,该部分"合作重点"中写道,资金融通是"一带一路"建设的重要支撑。深化金融合作,推进亚洲货币稳定体系、投融资体系和信用体系建设……深化中国—东盟银行联合体、上合组织银行联合体务实合作,以银团贷款、银行授信等方式开展多边金融合作。支持沿线国家政府和信用等级较高的企业以及金融机构在中国境内发行人民币债券。符合条件的中国境内金融机构和企业可以在境外发行人民币债券和外币债券,鼓励在沿线国家使用所筹资金。加强征信管理部门、征信机构和评级机构之间的跨境交流与合作。

《愿景与行动》最后总结道:"一带一路"是一条互尊互信之路,一条合作共赢之路,一条文明互鉴之路。

2. 对于会展的特别要求

《愿景与行动》对于展览、节庆、会奖旅游、论坛和赛事等会展活动也专门提出要求:"扩大相互间留学生规模,开展合作办学,中国每年向沿线国家提供1万个政府奖学金名额。沿线国家间互办文化年、艺术节、电影节、电视周和图书展等活动。"❶"加强旅游合作,扩大旅游规模,互办旅游推广周、宣传月等活动,联合打造具有丝绸之路特色的国际精品旅游线路和旅游产品,提高沿线各国游客签证便利化水平。推动21世纪海上丝绸之路邮轮旅游合作。积极开展体育交流活动,支持沿线国家申办重大国际体育赛事。"❷"欢迎沿线国家智库之间开展联合研究、合作举办论坛等。"❸

《愿景与行动》在第五部分"合作机制"中,对于充分发展会展所具有

---

❶《推动共建丝绸之路经济带和21世纪海上丝绸之路的愿景与行动》,第四部分"合作重点"。
❷《推动共建丝绸之路经济带和21世纪海上丝绸之路的愿景与行动》,第四部分"合作重点"。
❸《推动共建丝绸之路经济带和21世纪海上丝绸之路的愿景与行动》,第四部分"合作重点"。

的平台和合作机制有专门要求：强化多边合作机制作用，发挥上海合作组织（SCO）、中国—东盟"10+1"、亚太经合组织（APEC）、亚欧会议（ASEM）、亚洲合作对话（ACD）、亚信会议（CICA）、中阿合作论坛、中国——海合会战略对话、大湄公河次区域（GMS）经济合作、中亚区域经济合作（CAREC）等现有多边合作机制作用，相关国家加强沟通，让更多国家和地区参与"一带一路"建设。继续发挥沿线各国区域、次区域相关国际论坛、展会以及博鳌亚洲论坛、中国—东盟博览会、中国—亚欧博览会、欧亚经济论坛、中国国际投资贸易洽谈会，以及中国—南亚博览会、中国—阿拉伯博览会、中国西部国际博览会、中国—俄罗斯博览会、前海合作论坛等平台的建设性作用。支持沿线国家地方、民间挖掘"一带一路"历史文化遗产，联合举办专项投资、贸易、文化交流活动，办好丝绸之路（敦煌）国际文化博览会、丝绸之路国际电影节和图书展。倡议建立"一带一路"国际高峰论坛。

《愿景与行动》在第七部分"中国积极行动"继续写到会展的平台作用：发挥平台作用。各地成功举办了一系列以"一带一路"为主题的国际峰会、论坛、研讨会、博览会，对增进理解、凝聚共识、深化合作发挥了重要作用。

（二）最高院"一带一路"司法文件对于诚信法治的要求

2015年6月，最高人民法院发布《关于人民法院为"一带一路"建设提供司法服务和保障的若干意见》（法发〔2015〕9号）。该文件有两处专门提到诚信法治：在"一带一路"建设中，法治是重要保障，司法的作用不可或缺。要全面贯彻法律平等原则，坚持平等保护中外当事人的合法权益，有效维护公平竞争、诚实守信、和谐共赢的区域大合作环境。要注意沿线不同国家当事人文化、法律背景的差异，适用公正、自由、平等、诚信、理性、秩序以及合同严守、禁止反言等国际公认的法律价值理念和法律原则，通俗、简洁、全面、严谨地论证说理，增强裁判的说服力。

（三）习近平"一带一路"讲话中关于诚信和会展

自从2013年秋天在哈萨克斯坦和印度尼西亚提出共建丝绸之路经济带和21世纪海上丝绸之路（"一带一路"）倡议来，全球100多个国家和国际组织积极支持和参与"一带一路"建设，联合国大会、联合国安理会等重要决议❶也纳入"一带一路"建设内容。❷40多个国家和国际组织同中国签署合作协议,"一带一路"的"朋友圈"正在不断扩大。中国企业对沿线国家投资达到500多亿美元,一系列重大项目落地开花,带动了各国经济发展。❸如此多国家和国际组织的支持和参与,以及联合国重要决议,无不昭示着"一带一路"的全球性和国际化。

更重要的是,伴随着2017年5月北京"一带一路"国际合作高峰论坛的成功举办,中国将设立"一带一路"国际合作高峰论坛后续联络机制,成立"一带一路"财经发展研究中心、"一带一路"建设促进中心,同多边开发银行共同设立多边开发融资合作中心,同国际货币基金组织合作建立能力建设中心。中国将建设丝绸之路沿线民间组织合作网络,打造新闻合作联盟、音乐教育联盟以及其他人文合作新平台。❹

二、诚信立法的全球确认

诚信不仅是道德范畴,而且属于法律范畴。诚信不仅在国内法中体现,而且更加体现在国际法领域。诚信与信用并不完全同义,有区别有联系,学者多有论述。❺在法律意义上,诚信即为诚实信用,从某种意义上来说,包括信用。因此,本文后面使用的"信用",属于"诚信"的范畴。❻

诚实信用原则是世界各国普遍承认的民商事原则,含有该原则的合同条款常称为"帝王条款"。大陆法系多在民法典中确立,而英美法系国家也普遍在合同法中确立了该原则。

《法国民法典》第1134条规定:"契约应以诚实和信用的方式履行。"《德国民法典》第157条为"合同的解释","合同必须斟酌交易习惯,依照诚实信

---

❶ 2016年第71届联大会议首次写入"一带一路"倡议。
❷ 2017年5月14日国家主席习近平"一带一路"国际合作高峰论坛主旨演讲。
❸ 习近平在世界经济论坛2017年年会开幕式上的主旨演讲《共担时代责任 共促全球发展》。
❹ 2017年5月14日国家主席习近平"一带一路"国际合作高峰论坛主旨演讲。
❺ 例如,宋希仁:《诚信与信用之辨析》,《西华师范学院学报》(社会科学版),2003年第6期,第3页;翟学伟:《诚信、信任与信用:概念的澄清与历史的演进》,《江海学刊》,2011年第5期,第107—114页,239页。
❻ 本文目的不在于在学术上严格区分"诚信"与"信用",尽管二者的确存在区别。

用原则交易之。"❶第242条规定:"债务人有义务斟酌交易习惯,依照诚实信用原则履行给付。"❷《日本民法典》第1条也明确规定,权利行使及义务履行必须遵守信义,以诚实为之。❸2008年欧盟《消费者权益法案》第32条第1款规定,如果合同条款违反了诚实信用的要求,导致合同项下当事人的权利义务明显失衡,损害了消费者的权利,各成员国应确保其被认定为不公平条款。

不能简单认为诚信原则在英美法系国家的接受程度如同发达国家一样高。实际上,英美法系对于诚信的接受是相对偏弱的。直到20世纪末,英国才开始承认诚信是合同法上最重要的原则。英国制定法上的"不公平合同条件"是指与诚信要求相抵触,导致当事人在合同项下的权利和义务重大失衡(Significant Imbalance),使消费者受到损害的任何条件。❹当然,加入欧盟本身对英国的诚信影响也较大,尽管欧共体的《消费者合同不公平条款法》曾在英国法曾引起激烈争论。《美国统一商法典》(UCC)规定,履行或执行每一个合同或本法典规定的义务,都应遵守诚信原则。❺然而UCC对普通人和商人在诚信上的要求并不一致,实行双重标准,对于商人的标准比普通人更严格。普通人在诚信上的要求是在相关行为或交易中事实上的诚实和善意;❻而商人不仅要求主观上的诚实和善意,还要求其遵守公平交易的合理商业标准。❼

1980年《联合国国际货物买卖合同公约》中也确定了诚信:"在解释本公约时,应考虑到本公约的国际性质和促进其适用的统一以及在国际贸易上遵守诚信的需要。"❽2004年《国际统一私法协会国际商事合同通则》规定:(1)每一方当事人在国际贸易交易中应当依据诚实信用和公平交易的原则行事。(2)当事人各方不得排除或限制此项义务。❾此外,该通则还有

---

❶ 陈卫佐译注:《德国民法典》(第2版),法律出版社,2006年版第51页。
❷ 陈卫佐译注:《德国民法典》(第2版),法律出版社,2006年版第84页。
❸ 渠涛编译:《最新日本民法》,法律出版社,2006年版第3页。
❹ 学东:《论欧盟及英法两国对消费者合同不公平条款的认定》,《时代法学》,2012年第1期第116页。
❺ 《美国统一商法典》,第1—203页。
❻ 《美国统一商法典》,第1—201页。
❼ 《美国统一商法典》,第2—203页。
❽ 《联合国国际货物销售合同公约》(1980年),第7条(1)。
❾ 《国际商事合同通则》(2004年),第1.7条。

多处直接或者间接诚实信用原则,某种程度上,该原则已经成为通则的一项基本理念。

3. 诚信原则在我国立法的普遍确认

我国在民商法中也确认了该原则。2017年《民法总则》第7条规定:"民事主体从事民事活动,应当遵循诚信原则,秉持诚实,恪守承诺。"我国1999年《合同法》第60条规定:"当事人应当按照约定全面履行自己的义务。当事人应当遵循诚实信用原则,根据合同的性质、目的和交易习惯履行通知、协助、保密等义务。"如果当事人之间并无交易之先例,则互不了解,此时诚信应为交易之基础。

我国2013年修订的《消费者权益保护法》第4条确定了诚实信用的原则:"经营者与消费者进行交易,应当遵循自愿、平等、公平、诚实信用的原则。"第16条第3款规定:"经营者向消费者提供商品或者服务,应当恪守社会公德,诚信经营,保障消费者的合法权益;不得设定不公平、不合理的交易条件,不得强制交易。"

除了民商法和消费者权益保护法外,我国在银行法、证券法、投资基金法、广告法、拍卖法、网络安全法和民事诉讼法中都确立了诚信原则。

三、会展业诚信建设中的突出问题和成因分析

在国际会展活动中,不诚信的典型也比比皆是。当然,我国目前会展业在诚信建设中存在诸多问题,但以下问题比较突出。

(一)重复办展

随着举办展会行政审批权的放开,我国会展市场呈现出巨大的办展活力。当然,伴随着这股办展高潮,也出现了同类展会重复乃至恶性竞争、展会参差不齐乃至骗展的大量案例。对于展会欺诈或者骗展行为,由于违法行为比较明显,因而可以根据刑法合同法等法律进行维权。但是对于同类展会的重复办展行为,一般认为没有相应的法律可以遵循。

所谓重复办展,或者重复办会,是指在相同或者相近的时间或者空间范围内,以相同或者相似名称或者主题举办相同或相似内容的会展活

动。这里的重复办展并不仅仅限于展览会，而是泛指一切会展活动，包括展览、会议、节庆和赛事活动等。重复办展涉及时间、空间、名称或主题以及内容等要素。第一，相同或相近时间。如果时间间隔足够大，即使是内容相似的会展活动，如果不存在模仿知名展会这种知识产权侵权问题，一般也不认定为重复办展。第二，相同或相近空间。相同空间，可以是同一个场馆，也可以是同一个城市。相近空间可以是同一个城市内的不同场馆，也可以是同一个国家内的不同场馆。这种空间的相同或相近性判断还要依据会展活动本身的规模和影响力。例如，奥运会或世博会就应当是全世界范围这样一个空间，而普通啤酒节活动则可能限制在某个省或者某个城市这样的地域。所以，如果空间不同或者不相近，则不认为是重复会展。例如，在夏季，同时或者前后举办啤酒节或者类似活动的情形常见，不宜认定为重复办展。第三，相同或者相似名称与主题。名称或主题相同或相似，则非常容易认定为重复办展。当然，同一展会在不同的时间重复举办恰恰是会展活动生命力所在，不属于重复办展。这里的相同或者类似名称是会展组织者并不相同，但是名称或主题相同或相似。往往比较有名的品牌会展活动容易遭到这种模仿。第四，相同或相似内容。在实践中，名称不同而实际展会主题或者内容相似的重复办展情形也不少。为了避免侵权或者引起纠纷，会展组织者有时候会将名称或主题加以变通，以掩盖重复办展之实。

　　重复办展并非是对展会活动的有益借鉴，而往往是简单粗暴的抄袭和拷贝。它违反了诚信原则，严重干扰了市场，造成了不公平竞争。重复办展带来的负面影响很明显：知识产权遭到侵犯，品牌展会遭到恶意抄袭，劣币驱逐良币效应导致优质展会萎缩，"山寨展""傍名牌展"严重阻碍了创意会展，甚至恶意招展、展会欺诈等骗展现象也屡见不鲜。

　　重复办展的成因，有的认为是我国会展业起步晚，法律法规不健全；有的认为是政府取消了行政审批权；有的认为是国家工商总局取消"商品展销会登记项目"，❶ 展会门槛降低；有的认为是我国目前的会展管理体制混乱而缺乏统一的管理机关；有的认为是缺乏统一的全国性会展协会。这些或多或少都是造成重复办展的原因。实际上，我国会展业法律法规不健全的观点站不住脚。❷ 而会展活动行政审批权的下放不仅是我国行政改革的必然趋势，也是活跃我国会展经济的必然前提。行政审批权下放的同时，也就意味着会展业自由竞争的展开。需要指出的是，造成重复办展的重要原因不是我国会展法治不健全，而是法治观念淡薄，守法意识薄弱。难道重复办展的组织者不知道是侵犯别人的权益？利益驱使和违法成本低使得重复办展者容易忽略会展法律的存在。因而，从某种程度上说，重复办展是自由竞争过程中的必然现象。当然，由于我国会展业发展起步较晚，统一的会展业协会的指导以及自律约束机制还没有形成，这就使得不遵循公平竞争规则和诚信原则的恶意重复办展无法根治。

（二）展品质量和消费者权益保护问题

诚信原则不仅是市场交易的原则，而且与消费者的自主选择权、公平交易权、知情权等消费者权利密切相关，是消费者权益保护的基本原则。

消费类展会中购买商品或者服务的观众，演出活动中购买门票的观众，赛事活动中购买门票的观众，以及旅游中的旅游者，这些主体都属于《消费者权益保护法》中的消费者，因而享有消费者的权益，也可以依据消费者的权益保护途径来维护自己的权益。大型会展活动中的商品经营者或者服务提供者，往往资质都是经过审核的，侵害消费者权益的可能性较小。例如，奥运会或者世博会中的饮料或者食品经营方，往往都是比较可靠的大公司企业。但在消费类展会中，因为现实中存在诸多展会招展困难等问题，所以参展方也参差不齐，甚至很多参展方的资质还存在问题。这种情形下，展品质量往往比较差，侵害消费者权益的情形也较多。而且，消费类展会的展商一般不给提供票据，消费者也很难索要到票据，这时消

---

❶ 2010年7月22日，国家工商行政管理总局办公厅下发《关于取消商品展销会登记等行政审批项目的通知》。该通知指出："根据《国务院关于第五批取消和下放管理层级行政审批项目的决定》（国发〔2010〕〔21号〕，取消了国家行政管理总局行使和参与行使审批职责的'商品展销会登记'"。
❷ 参见张万春编著：《会展法》，清华大学出版社，北京交通大学出版社，2015年版第17页。

费者的维权便存在取证难问题。例如，节庆活动中商品经营者，由于人流和顾客较多，让经营者提供有关票据不太现实。这也就给消费者维权带来很大障碍。因此，活动主办方对于经营者的资质审核和保证金缴纳就非常必要，而消费者应当保存好活动门票，在遭受权益损害时可以保护自己权益。

（三）会展知识产权侵权严重

2014年11月出炉的《全国地方知识产权战略实施总结评价报告》显示，自2008年国家知识产权战略实施以来，各地知识产权创造、运用、保护、管理水平全面提升，全国83%的省份达到预定目标。我国已经成为名副其实的知识产权大国。发明专利申请量和商标注册量连续保持世界首位，版权、著作权等均创新高。❶ 伴随着我国知识产权大国地位的崛起，我国的知识产权侵权案例也越来越多。在此背景下，我国会展活动的知识产权侵权也呈现出同样高发乃至常态化情势。一种误区在于：我国乃至全世界用完善的知识产权立法和司法措施来绞杀或消灭这种侵权现象。但是，这种知识产权侵权和争议如同顽症，自其发生之日起就从来没有彻底消灭过。2005年中国企业格拉斯哥展会侵权事件❷和2008年德国电子展中国企业遭查抄事件❸就是鲜明体现。不仅是国外展，就是国内的国际展也不例外。

我国会展业知识产权侵权情形比较严重，除了很多参展商对于知识产权保护的法治观念比较淡薄外，这种处罚力度上的欠缺也是重要原因。问题在于，如果加大惩罚力度，主办方在现实中能否执行也是问题。因为现在的会展业面临的最大问题之一是普通展会中参展方的买方市场地位问题。当然，对于品牌展会而言，参展方的责任力度理应加强。如果参展方侵权行为成立的，展会管理部门除了给予公告外，还应当载入诚信记录，将其列入观察名单。如果再次侵犯，则应当列入黑名单，禁止其参加展会

---

❶ 韩霁：《知识产权战略助燃"创新驱动"》，经济日报，2014-11-26（001）。

❷ 参见《中国企业格拉斯哥被逐事件始末》，http：//news.sina.com.cn/c/2005-11-24/11128392068.shtml，2017-5-10；或参见http：//www.people.com.cn/GB/paper53/16560/1459012.html，2017-5-10。

❸ 洪宾：《50深企德国撞上"搜查门"》，《深圳商报》，2008-12-16（A05）；窦媛媛：《德国电子展中企遭查抄》，http：//finance.sina.com.cn/g/20080903/12472407323.shtml，2017-5-12。

资格。在禁止参加展会的问题上，是禁止参加一届还是连续几届，这方面的权利应当赋予主办方。例如，第102届广交会对连续两届涉嫌侵权的5家企业取消连续六届广交会的参展资格。

四、我国会展诚信法治建设的加速：诚信机制的确立

我国会展企业的诚信建设不能仅仅依赖于具体企业自身的约束，而必须依赖整个国家和社会形成的信用建设体系和诚信机制。这种信用体系的建设必须以法律为依据，而这些信用体系建设的规范性文件也成为我国会展企业诚信机制建设的宏观法律环境。近年来，尤其是伴随着2012年行政法规《征信业管理条例》的颁布，中央和地方在很短的时间内迅速推出了一批关于诚信法治建设的法规、规章和规范性文件，这些文件比较全面地确立了我国诚信机制的建设。

（一）有关专门立法和规范性文件

目前最早最重要的信用体系建设法律文件为2012年《征信业管理条例》。《征信业管理条例》是我国信用体系建设的第一个行政法规。社会信用体系以法律、法规、标准和契约为依据，以健全覆盖社会成员的信用记录和信用基础设施网络为基础，以信用信息合规应用和信用服务体系为支撑，以树立诚信文化理念、弘扬诚信传统美德为内在要求，以守信激励和失信约束为奖惩机制，目的是提高全社会的诚信意识和信用水平。《征信业管理条例》的出台标志着我国信用体系建设告别了无法可依的时代。此后，一批信用体系建设的规范性文件相继出台。

2014年6月，国务院发布《社会信用体系建设规划纲要（2014—2020年）》（国发〔2014〕21号）是我国首部国家级社会信用体系建设专项规划。我国将建立以公民身份证号码和组织机构代码为基础的统一社会信用代码制度，从政务诚信、商务诚信、社会诚信、司法公信建设四个方面推进信用体系建设，实现社会信用的全面覆盖。信用体系平台建立后，企业间互相合作之前便可先查询对方的信用评价，评价高者一定程度上可避免合作中的欺诈行为，同时也更有利于合作的双赢。若企业信用评价已经进

入黑名单,不但可以约束其商业行为,其在银行信贷方面的评级也会下降。《纲要》还对会展业的信用建设专门提出要求。在会展、广告领域信用建设方面,推动展会主办机构诚信办展,践行诚信服务公约,建立信用档案和违法违规单位信息披露制度,推广信用服务和产品的应用。加强广告业诚信建设,建立健全广告业信用分类管理制度,打击各类虚假广告,突出广告制作、传播环节各参与者责任,完善广告活动主体失信惩戒机制和严重失信淘汰机制。

2015年3月国务院《关于进一步促进展览业改革发展的若干意见》(国发〔2015〕15号)专门提到展览业诚信建设。该意见提出要加快建立覆盖展览场馆、办展机构和参展企业的展览业信用体系,推广信用服务和产品的应用,提倡诚信办展、服务规范。建立信用档案和违法违规单位信息披露制度,推动部门间监管信息的共享和公开,褒扬诚信,惩戒失信,实现信用分类监管。

为了加强政务诚信建设,充分发挥政府在社会信用体系建设中的表率作用,国务院发布《关于加强政务诚信建设的指导意见》(国发〔2016〕76号)。该意见将建立政务领域失信记录和实施失信惩戒措施作为推进政务诚信建设的主要方面,将危害群众利益、损害市场公平交易等政务失信行为作为治理重点,不断提升公务员诚信履职意识和各级人民政府诚信行政水平。

国务院办公厅还从个人诚信的视角颁布《关于加强个人诚信体系建设的指导意见》(国办发〔2016〕98号)。该意见以培育和践行社会主义核心价值观为根本,大力弘扬诚信文化,加快个人诚信记录建设,完善个人信息安全、隐私保护与信用修复机制,健全守信激励与失信惩戒机制,使守信者受益、失信者受限,让诚信成为全社会共同的价值追求和行为准则,积极营造"守信光荣、失信可耻"的良好社会氛围。

国务院各部门也纷纷推出了相应的诚信建设的规范性文件。除了中央政府和有关部门的规范性文件外,地方政府也纷纷颁布了相应的规范性文件。

这一系列有关诚信建设的法规、规章以及规范性文件,细化了我国诚信建设法律中的有关规定，自上而下形成了比较规范和完整的诚信法治建设机制。这种诚信建设法治环境的形成，无疑对于会展诚信法治建设是有力的保障和推动。

（二）会展专门立法和规范性文件中确定的诚信建设机制

1. 守信奖励机制

国务院专门规定过会展活动可以作为重点推荐诚信企业的媒介和通道。❶ 对于列入"红名单"的会展主体，除了在新闻媒介上予以宣传、给予荣誉称号等精神奖励外，还可以提供物质奖励和支持。在实施财政性资金项目安排、招商引资配套优惠政策等各类政府优惠政策中，优先考虑会展诚信市场主体，加大扶持力度。在教育、就业、创业、社会保障等领域对诚信个人给予重点支持和优先便利。在行政许可过程中，可根据实际情况实施"绿色通道"和"容缺受理"等便利服务措施。

2. 失信惩戒机制

对于企业失信行为，在国家信用体系建设背景下，无论是会展活动组织方，还是有关主管单位；也无论是在会展活动现场还是会展活动前期或后期，都应当在当事人提出争议并且明晰责任后，载入相应的经营异常名录、场馆黑名单或者其他有关不良记录档案并且建立会展企业诚信经营承诺制度和违法违规单位信息"黑名单"制度，推动部门间监管信息的共享和公开，惩戒失信，实现信用分类监管。对于重点领域实施失信严重程度分类管理和严重失信联合惩戒制度。建设经营异常名录库和严重违法失信企业名单库。加大失信联合惩戒工作，加强官方媒体对失信行为的曝光力度。

3. 信用恢复

会展企业的"黑名单"和不诚信记录不能滥用，会展企业和个人的有关权利必须限定在特定的范围内。如果任意扩大惩戒机制，不仅不能起到

---

❶《国务院关于建立完善守信联合激励和失信联合惩戒制度加快推进社会诚信建设的指导意见》（国发〔2016〕33号）规定：大力推介诚信市场主体。各级人民政府有关部门应将诚信市场主体优良信用信息及时在政府网站和"信用中国"网站进行公示，在会展、银企对接等活动中重点推介诚信企业，让信用成为市场配置资源的重要考量因素。

相应的惩戒作用，而且会侵犯会展企业和个人的基本权利。所以，一旦会展企业失信后，建立健全信用修复机制就非常必要。惩戒部门应按照明确惩戒实施的程序，明确各类失信行为的期限。严格按照法定的程序实施并接受社会监督。在规定期限内失信行为和不良影响消除的，不再作为联合惩戒对象，其企业或个人信用也得到恢复。

4. 信息公示和监督机制

应当建立会展主办单位、承办单位和会展场馆方、参展方、展台搭建单位及其他会展从业单位的信用档案，定期向社会公布违法和失信的会展从业单位及其负责人名单。当这种信息系统构建完毕，在会展企业当事方交易之前，就可以通过检索这种信用信息公示系统❶，以便决定是否可以进一步交易。在这种信息体系和信用信息公示系统下，对于每一个企业的监督都是一种公众监督，是一种多对一的严格监督。在这种背景下，企业如果不遵守诚信规则，代价将会非常高昂。而也正是这种违法交易的高成本监督机制，可以促成社会诚信机制和信用体系的良好循环。

五、会展诚信法治建设的思路与方向

我国会展诚信法治建设需要从微观着手，落到实处。目前比较可行的会展诚信机制主要体现在失信负面惩戒机制，守信正向激励机制，信息公示、隐私权保护和监督机制，以及失信惩戒后的信用恢复机制。这些会展业诚信机制的建设，共同构成一个完整的诚信机制建设链条。但是这些不同的诚信建设机制，需要在多维法律框架中体现。

（一）重复办展的法治完善

重复办展，很多场合涉及知识产权侵权，但有时也与知识产权无关。涉及知识产权，如果可以纳入知识产权法保护的范畴，例如，利用其他展会的商标权、著作权等知识产权进行重复办展，则可以运用知识产权法来

---

❶ 我国目前的这种信用信息公示系统较多，例如国家工商总局的"全国企业信用信息公司系统"（http://gsxt.saic.gov.cn/），另外还有金融信用体系、税收信用体系等。只有将这些众多的信息公示系统进行共享或信息交换，这种信用体系的威力才可真正体现出来。

保护。如果重复办展不涉及知识产权侵权的情形，这时的法律维权会比较困难。由于重复办展的责任主体在于会展组织者。因而，竞争法对于重复办展的调整对象重点在于会展组织者。会展组织者进行重复办展可以利用的手段或者方式有：第一，实施会展混淆行为。会展组织者假冒他人的展会商标，假冒他人展会名称或主题，假冒他人展会标志等。第二，假冒其他组织者名义。尤其是借助于品牌会展的组织者名义，或者对会展组织者名称加以改动，恶意招展和办展。第三，实施虚假宣传行为。通过虚假广告，任意扩大展会的面积、规模、出席嘉宾、会展活动的国际性及会展的交易额等，吸引不明商家参展。另外，有的会展组织者还通过侵犯其他企业商业秘密而重复办展的。

（二）数据保护和消费者权益保护

对于展品质量和消费者权益保护问题，还可以用我国的产品质量法、消费者权益保护法以及有关数据保护和隐私权保护的有关立法来解决。

在进行诚信机制建设的过程中，无论是政府有关部门，还是行会、协会以及从事会展业的公司企业，凡是能够收集、使用有关参展商、参会者以及消费者等主体的信息的各方，都有数据保护义务。在方便场馆和主办方收集、利用和保管数据的同时，也应保护消费者的隐私权等权益，保证会展业的健康生态。对个人资料进行收集、使用、披露和保管都应该有严格的规定。消费者个人有权保护其被收集的个人资料，包括获得权和修改权，但也应承认会展企业或机构基于合法合理目的收集、利用或披露个人资料。而会展公司或企业也可以根据国家的数据保护和隐私权法律制定自己的个人数据保护规则。对于个人数据的收集、使用、披露、更改、撤回以及保护办法等方面进行了详细规定。

（三）会展知识产权法调整

针对会展知识产权侵权严重的问题，其解决当首推知识产权有关立法。

地方会展诚信立法比较典型的是2012年《广东省展会专利保护办法》。该办法第五章为"展会专利诚信档案管理"，详细规定了专利行政部门针对专利侵权和假冒专利等违法行为建立和管理专利诚信档案。专利行政部门应当建立展会专利诚信档案，将下列情形列入档案：（1）违反本办法

第十二条有关情形的；（2）被认定为专利侵权、假冒专利或者重复侵权的；（3）专利权人及利害关系人以现有技术或者现有设计申请专利并获得专利授权后，向展会主办方投诉或者专利行政部门提出处理请求的。专利行政部门应当将展会诚信档案信息纳入行政部门企业信用信息系统，实现部门之间的企业信用信息资源共享，有效监控和防范专利侵权和假冒专利。专利行政部门对纳入展会专利诚信档案的参展商，在展会期间巡查时应当对其进行重点检查，对其相关专利权利证明材料进行审查。专利行政部门应当对在展会期间的专利侵权和假冒专利行为向社会公布。

六、小结

　　会展企业诚信建设是我国目前在行政审批改革和行政许可放宽的情况下迫不及待应当重视的问题。会展企业的诚信建设不仅在国内会展活动中十分必要，在国际会展活动中更加重要。而"一带一路"作为我国的新战略以及我国倡导的新兴国际化战略，无疑对于会展企业的诚信建设提出了更高的标准和要求，不容有任何忽视。无论是中央还是地方，无论是人大还是政府，都在密集出台法律、规范性文件和一系列标准。会展业的诚信建设与其他行业或领域有所不同，会展业属于第三产业中的服务业，同时会展活动本身也属于诚信建设的重要平台和媒介。会展企业的诚信建设法治环境不断在优化，诚信建设的激励机制、惩戒机制、信用恢复机制、数据保护和隐私权制度等也需要保证实施。此外，知识产权法、反不正当竞争法、产品质量法、消费者权益法等法律也是会展诚信法治建设的重要方向。认真遵循和实践这些措施以及法律，不仅仅会有益于会展业的诚信法治建设，同时对于我国"一带一路"的建设也是有力地推动。

"一带一路"背景下中国文化产业"走出去"的伦理思考
——以游戏产业为例

柴冬冬 [1]

摘要： 在"一带一路"倡议驱动下，中国游戏产业在寻求新发展机遇的同时不可忽视跨文化运营所带来的伦理问题。面对伦理危机，产业自身首先要廓清伦理失范表征、结构向度、建设困境与建设导向等问题。游戏产业的"走出去"在产品、企业、行业等层面存在着爆发伦理危机的可能，其结构则包含了产业伦理、游戏伦理与跨文化伦理三个层面。而这些层面又暗含着资本和公益、技术和人文、主体性和对话性等三个方向的矛盾。因此，游戏产业"走出去"的伦理建设导向应从总体原则、问题判断、理论支撑、本体策略等层面综合考量。唯此，伦理问题才能为检视、纠正文化产业"走出去"的弊病提供有效支撑。

关键词： 文化产业伦理；游戏产业；文化"走出去"；伦理构建；"一带一路"

引言

"一带一路"倡议的实施为中国文化产业"走出去"提供了新的发展机遇。一方面，"一带一路"倡议的实施需要仰望人文高点才能实现更深一

---

[1] 柴冬冬，中国人民大学文学博士，广东外语外贸大学外国语言文学博士后流动站博士后，主要从事艺术理论与文化产业研究。

层的民心相通，文化互通是其中的关键。另一方面，借助"一带一路"倡议，文化贸易则能实现既有互通范式的转换。但长期以来，由于中国文化产业自身的规范意识不够致使德失范、运营不规范、盲目追求利益、过度开发等伦理问题日益突出，对产业"走出去"产生了消极影响，直接影响到了中国文化产品乃至整个中国文化产业在国际上的认可度。因此，必须要以一种系统性的维度去纠正这些发展中的不健康因素，驱动产业本身的变革，进而为中国文化产业构建一种良好的跨文化传播氛围，从而在基础上提升中国文化产品和理念的接受度和需求度。同时，这个问题的解决亦关乎着中国文化产业是否能够在"一带一路"倡议所带来的机遇期实现自身发展范式的转变。文化产业伦理作为文化产业发展的限度意识和道德水平监督形式，就成为纠正跨文化运营活动（本文主要指文化产业的"走出去"或者对外文化贸易）不良倾向的一个最基本维度。

　　文化产业伦理研究就是要从各个层面展开对文化产业自身弊病的考察。目前学界对文化产业伦理问题的考察多集中在一般意义上的本体结构层面，即讨论企业、行业、消费者等层面的道德失范（如欺诈、侵犯隐私、恶意攻击）、发展不规范（如盗版、侵犯知识产权、盲目追求效益、过度开发）等层面的问题，其讨论的基本范围也主要是针对国内文化产业的发展乱象，而尚未将文化产业"走出去"单独列为考察对象。文化产业伦理要在最普遍层面上为文化产业的良性发展服务，虽然表面上看包含了对贸易活动所产生的伦理问题的考察，但事实上，在对外文化贸易活动中，由于一开始就涉及一个文化差异问题，而每一种文化系统又存在着各自的伦理体系，因此这种跨文化运营事件本身就极具文化伦理意味。很显然，这种文化伦理必然会通过各种途径（如从业者、价值观念、产品内容）影响到文化产业的发展，而文化产业伦理问题的产生也必然与此有潜在关联。在跨文化的理论视域下考察文化产业伦理，就是要在考量文化贸易活动经济利益的同时，引入更广阔的社会、文化乃至政治层面的考察，充分考虑到文化差异在伦理建设中的重要作用，进而将文化产业"走出去"纳入一个更加健康的轨道。特别是，在新的依托数字技术与互联网传播的国际文化产业发展背景下，文化产业伦理将包含更为复杂的伦理结构，其间题也更加具有融合性。应该说，文化产业"走出去"的进一步发展必须充分统筹跨文化运营和文化产业伦理两个问题。本文尝试以中国游戏产业的"走出去"为例，在充分认识中国游戏产业对外文化贸易现状的基础之上，剖析出其中所蕴含的伦理问题，并试着从学理角度初步梳理出跨文化活动中的文化产业伦理所涉及理论问题域，以对相关问题展开理论思考。

一、中国游戏产业"走出去"的伦理失范表征

作为中国文化产业"走出去"的主力军，借助新的数字技术变革的机遇，中国游戏产业近年来在海外市场增长迅速，在市场分布、产品结构、产业效益、产品附加值、受众认可度、运营方式等层面都有不同程度的提升。在某些领域或者对某些企业来说，海外市场的收益早已超过国内市场。但在快速增长的同时，游戏产品开发、市场规模、政策服务体系、人才培养等却一直是中国游戏产业在海外市场所面临的老问题。由于这些问题直接关乎企业在海外市场经济效益的实现，因此长期以来无论是企业还是政府的政策制定都将这些问题列为基本的"痛点"并加以诊治。问题在于，确保经济效益固然重要，但经济效益的实现却不能以牺牲产业的良性健康发展为代价。随着国际文化产业格局以及世界文化发展方向的转变，一味以经济效益为最终目标和参照系的文化产业发展方式已经显得不合时宜，这就要求我们要转换思维，在强调"走出去"硬性指标的同时，还要关注人文关怀、产业形象、可持续性等软性层面。换言之，要强调游戏产业"走出去"的伦理维度，为中国游戏产业在海外真正"融进去"而不是简单"走出去"提供保障。

强调文化产业"走出去"的伦理维度目的就是要增强中国文化产业在海外的健康、有序、有效发展。目前看来，由于长期没有从顶层设计和发展观念层面关注文化产业发展的伦理维度，中国游戏产业在国际市场凸显出了众多伦理问题。总的来看，这些问题的产生主要是由产品、企业、行业三方所导致的，具体如下：

（1）过于追求经济价值、娱乐价值，忽略游戏的人文关怀。在实际

的游戏出口中，大多数中国企业多以经济利益为主，在产品的开发上，注重游戏的可玩性、易传播性、酷炫性等娱乐价值。更严重的是，有些企业为了赢得市场，不惜将产品开发的重点放在暴力、色情方面，而忽略了产品内容、价值观念、形象设计、玩法等层面的人文性。如不加规制不仅将会损害中国游戏在海外的形象，亦会破坏文化产品之经济效益与人文效益的统一性。同时，我们还必须注意到，作为一种天生的具备跨文化传播能力的产品，游戏产品对他国消费者而言具有易接受性，相较于其他文化产品，游戏也最难体现文化特殊性。而其天生的娱乐性也为人文性的凸显带来了困难。因此，对游戏人文关怀的强调并不是说完全抛弃游戏的娱乐性，转向说教、工具，而是说人文性要成为新的产业发展阶段企业的一个先导理念。

（2）文化资源开发不当，影响产品的可持续开发性。中国传统文化是游戏产品开发的重要资源，而带有鲜明中国文化特色的游戏产品（特别是移动和网页游戏）则在国际市场具备独特的竞争力。但是在跨文化传播中，中国文化资源的产业化开发其实并非是无限的，在游戏产业中的开发必须由具体的技术条件、文化语境、市场需求、企业运营水平乃至世界政治经济形势来决定。如果相关的条件不具备就去盲目无限制开发以中华历史文化为资源的游戏，那么既容易丧失受众基础，又会给整个中国游戏（文化）产业在海外的形象造成不良影响。

（3）产品竞争力与市场评估不当，盲目寻求"走出去"。在国家文化"走出去"战略的指引下，一些企业在自身的产品、技术、运营、销售、市场等条件都尚未成熟的条件下就盲目寻求走出去，试图在走出去的大潮中分一杯羹。而一些相关的政府部门，看到游戏产业在国内强劲的发展势头，在不了解国际市场的情况下，就盲目放行这些企业。不仅如此，在产品的投入方面也存在片面化，即当看到某类产品在市场上大受欢迎以后，在不考虑市场容量、接受度和企业自身的研发、运营实力就盲目跟风。这种态势表明的只能是中国游戏产业"走出去"的粗放型增长，其结果只能是拉低中国游戏产业的整体国际竞争力。

（4）文化理念传达与处理不当，造成海外受众误读、误解。尽管游戏产品最注重的是可玩性，但如果在实际的内容中注入过多不利于跨文化传播的理念（如破坏文化生态、文化平衡性等），特别是一些包含对他国文化、历史、人物恶意的攻击、丑化、蔑视的理念，那么将会增加潜在的文化冲突风险，进而违背文化产品最基本的"至善"理念。而且对文化多样性和意义共享的破坏，又会违背跨文化传播的无限可循环性要求。

（5）山寨、抄袭、盗版横行，影响游戏产业的国际形象。长期以来，由于国内知识产权保护机制的不完善与游戏市场（技术、资本、市场、运营）的相对不成熟，很多企业为了短时间内获取巨大的经济利益，不惜去山寨、盗版国外游戏产品。这种侵权问题不但扰乱了市场秩序，更在无形中拉低了中国游戏产业的总体形象。在竞争激烈且知识产权、监察体系严格的国际市场，固有的山寨、抄袭、盗版形象不但成为中国游戏企业走出去的强大阻力，亦有可能引发法律纠纷，无疑不利于中国游戏产业在海外的内生性和内涵式发展。

（6）依托相对资源优势，扰乱"借船出海"秩序。在游戏产业"走出去"的初级阶段，部分企业存在海外经验运营经验不足、目标市场不大等问题，多数采取的是"借船出海"的形式，需要借助其他企业或者国家的海外平台和项目"走出去"。这种形式固然有利于资源的优势整合，但也极其容易造成资源的垄断。部分企业借助资金、技术和平台的优势，挤压弱势企业的生存空间，扰乱正常的"走出去"秩序。当然，企业借助自身的优势取得发展空间本无可厚非，问题在于，如果以搭建平台为幌子却暗行控制行为，则无异于恶性竞争。

（7）本地化过程运作不当，影响海外市场扩展。相较于其他文化产品，游戏产品的文化折扣率相对来说是最低的，但是在产品内容选择、形象设计、价值理念、宣传方式、发行方式、后期服务等众多方面，游戏产业仍需要在国外市场实行本地化运营。但不管采取的是独立运营方式，还是联合运营方式，本地化的过程都会面临一个文化的碰撞问题。如果企业在本地化过程中不遵循当地的市场环境、文化语境、政策法规，而盲目按照自我意志运营，那么不但会导致文化碰撞，甚至还会影响当地的产业秩序。

（8）借"走出去"之名，暗行其他谋利活动。游戏产业作为最大的文化产业"走出去"门类，已经成为众多资本竞相涌入的区域。然而，如果资本的注入只是想借"文化之名"谋取利益，却不行"文化之实"，暗行欺诈、信息出卖、电子盗窃、网上洗钱、色情交易等危害产业和消费者的不良行为（当前中国手游和页游在国外市场的强势发展更是为这种活动提供了便利），无疑会使产业"走出去"的航向偏离轨道。

这些问题仅仅只是游戏产业"走出去"伦理维度缺失的主要层面，它们的出现与我国文化产业在顶层设计、产业实践中长期以来对伦理问题的忽视有着直接关联。随着"走出去"规模的不断扩大和层次的不断提升，初期由经济效益所掩盖的一系列问题会逐渐凸显出来，以追求规模化、市场占有率的粗放型增长模式将让位于可持续性的集约型增长方式。而这就需要我们不仅要正确认识到跨文化活动中建构游戏产业伦理的理论和实践价值，还要从学理上阐明所涉伦理本身的内容、结构、路径等问题。

二、中国游戏产业"走出去"的伦理结构向度

道德失范和伦理问题的凸显，一方面与长期的伦理忽视有关，另一方面又与跨文化所面临的复杂伦理态势有关。伦理观念与民族、地域、国家、时空等因素有着密切关联，而跨文化的传播活动首先必须要面对的就是由这些因素所主导的伦理差异。从学理上讲，作为一种跨文化活动的游戏产业"走出去"，在伦理结构层面大致包含了三个层次：其一，产业伦理层次；其二，游戏伦理层次；其三，跨文化伦理层次。

本质上，伦理问题涉及的还是善的问题，而这种善正是人的诸种技艺与研究、实践与选择的目的。❶ 伦理不等于道德，但伦理却是对"道德的哲学研究，是对人的道德信念和行为的理性审视"。❷ 从这个角度来看，产业伦理指的就是产业经济发展过程中所涉及的道德关系，是传统伦理在经

---

❶ ［古希腊］亚里士多德：《尼各马可伦理学》，廖申白译，商务印书馆，2003年版。
❷ ［美］迈克尔 J. 奎因：《互联网伦理：信息时代的道德重构》，王益民译，电子工业出版社，2016年版第4页。

"一带一路"背景下中国文化产业"走出去"的伦理思考——以游戏产业为例

济领域的深化。它关注的就是大多数人认为正确的或者错误的行为，还包括对这些行为进行调整与控制的规则，以及这些行为中体现并包含的价值理念的总和。❶ 其最终目的也是为了达到"善"的要求，使产业既达到一种良好的秩序和合理的发展态势，又能符合社会公认的价值和道德理念。文化产业区别于一般产业门类的最大特征在于它是以审美性为主要特征的生产，其最终目标是使消费者获得精神层面的愉悦。因此，文化产业的伦理一方面要符合道德尺度，另一方面还要符合人文尺度。也就是说，发展文化产业不能过度市场化、娱乐化、商业化，从而丧失了人文关怀与自然和谐的维度，而文化资源的产业转换并不是无限的，要受到具体的市场环境、时间、空间和文化资源自身的禀赋的制约；❷ 在具体的产业运营中，对从业者、生产与传播技术、产品内容、消费主体等多个环节，也不能包含任何欺诈、侵权、垄断、诚信、隐私、攻击、暴力等行为。这两个层面是游戏（文化）产业伦理的最基本要求，无论在国内市场还是在国外市场，缺失了其中任何一环，产业也将丧失基本的制约。

游戏产业的基本逻辑就是对文化内容的技术化改造最终生产出精神性的消费产品，它满足的是人的娱乐性需求，这是游戏产业之所以成为一种文化产业的最基本原因，但游戏却不同于一般的文化产品，游戏向来具有普适性，对不同文化背景的消费者来说，即便不具备产品所呈现的文化背景，依然可以顺利地操作游戏。事实上，游戏拥有这种属性的根本原因并不在于它具有一种以消遣性为目的的可操作属性，而在于更深一层的关乎人的存在本身的价值。只要回顾西方哲学的发展史我们就可以看到，游戏其实一直都是理论家们所关注的重要问题。在古希腊哲人那里游戏成为一种寻求快乐（通过竞赛）的方式，甚至游戏本身也是快乐，而快乐则成为一种"善"（亚里士多德）。因此，游戏从一开始就被赋予了一种伦理学内涵。这种观点在席勒那里得到了发展，在古希腊完整人格的参照下，席勒认为当代人被感性、理性冲动所分裂，前者受制于官能感觉，指向并欲望着对象的实际存在、造就自然人，后者受意志等因素影响，指向对象的结

---

❶ ［美］理查德·T. 德·乔治：《经济伦理学》，李布译，北京大学出版社，2002年版第27页。
❷ 范玉刚：《文化产业发展的伦理维度》，《学习时报》，2012年8月13日，第9版。

构与形式、造就理性的人,二者之间的不可通约造成了伦理现实的分裂状态。借助于"活的形象"的游戏,人得以将两种冲动融合,因此以游戏为主要内涵的审美教育乃是通往解放的大道。正如他所言:"当人成为真正意义上的人的时候,他才游戏,只有当人游戏的时候,他才是完整的人。"❶在他那里,游戏是关乎人性的,但游戏却分为"审美的游戏"和"非审美的游戏",而只有审美的游戏才是真正的游戏,才能真正抵达审美自由。可以说,这种游戏观恰是审美伦理化的结果,也就是说,游戏成为审美伦理建构的重要一环。在20世纪的哲学家伽达默尔那里,康德、席勒的游戏观则成为一种主观论,在通过理论上的清算之后,伽达默尔发展出一种本体论游戏观,认为游戏的主体不是游戏者,游戏的存在就是为了表现自身,而游戏则是艺术的存在方式,游戏开始具有了一种本体论内涵,进而与艺术的关联更加紧密。简要梳理可以看到,不管理论家们出于何种角度论述,游戏的自由和超功利性这一点是越来越清晰的,这表明游戏精神可以解放人的思想并在一定程度上完善人自身的发展。当然,这种理论上的结论并不能作为当今游戏产业发展的重要推动因素,其背后的直接推手仍然是经济利益的驱动。但至少可以表明,从潜在的思想层面,游戏产业的发展有其人类学和伦理学基础。尽管当今社会娱乐性让游戏看似与审美自由走向了相反的层面,甚至反过来成为限制审美自由的因素,但游戏却借此与伦理的关联更加紧密了。

如果说游戏伦理关涉的是基于共性基础的人的精神自由层面,并且正是这个层面为游戏的跨文化传播奠定了基础,那么跨文化伦理所要面对的就是游戏伦理所没有解决的差异性层面。历史地看,跨文化交流活动往往伴随着政治、军事、经济活动的展开而展开,工具性和功利性是其基本特点,也就是说这种交流活动在背后是由利益所驱使的。实际上,利益所驱动的跨文化交流的确比主动性的跨文化交流要更加有效,但是一旦发生一方强加于另一方的行为,往往容易造成不同文化之间的对抗。因为,文化首先表现为特定的人的文化,群体不同、地域不同都会导致文化的不同,

---

❶ [德]席勒:《美育书简》,徐恒醇译,中国文联出版公司,1984年版,第90页。

进而生成一种文化的边界,于是不同的文化体系就会拥有特定的人群,反过来,它也将会使特定的人群去拥有这种文化体系的属性。如果不以这种文化体系为参照,反而以别的文化体系为参照去进行意义编码并开启解读程序,那么势必会造成文化的冲突,从而致使跨文化传播事件成为一种与人的文化性生存相关的伦理事件。但需要指明的是,导致这种事件发生的最根本原因在于文化自身的伦理性。文化对自身系统内的人具有保护性和指引性,通过在道德、精神等层面确定一个路标使文化中的人具有认同意识和限度意识,而一旦文化中的人超越边界进入另一种文化体系之中,如果未能跨越文化障碍就极有可能形成文化生存危机,造成方向的迷失与身份的漂浮。因此,跨文化所造成的文化冲突还只是一个表面,其隐在的文化生存危机才是文化伦理问题产生的根本。由此可见,文化与伦理之间的关联是相互生成的,伦理产生于特定的物质、精神与制度文化之中,而伦理价值又作为一种核心因素引导人类文化的方向。当游戏依其普适性而在不同文化之间快速传播时,伦理问题的凸显就成为必然,更不用说产业介入游戏之后,经济利益因素会加速跨文化传播的进程。特别是在实际的跨文化活动中,尽管产业的"走出去"直接目的在于获取经济利益,但是由于产业从业者具有一种潜在的文化价值观或者某些从业者直接受到文化中心主义、种族中心主义等观念的影响,某些跨文化传播活动本身就带有鲜明的文化优越,乃至文化霸权意识,这势必会对既有的文化伦理生态造成破坏。

经理论分析可以看到,产业伦理、游戏伦理、跨文化伦理三个层面是紧密联系在一起的,它们当中的每一方又会有复杂的内部结构,游戏产业"走出去"所涉及的伦理问题有其特殊性,也具备一般文化产业"走出去"的伦理特征,但总体上对其所涉伦理结构的分析将是一个系统的问题,而这种结构层面的复杂又为伦理的建构带来了困难。

三、中国游戏产业"走出去"的伦理建构困境

从学理上分析游戏产业"走出去"的结构向度目的是为了应对现实情

境中的伦理问题，上述分析表明，产业、游戏、跨文化三个层面与伦理的紧密关联对产业从业者和监督者、引导者来说都是一个必须关注的问题，跨文化传播中的文化产业伦理问题实际上是难以避免的，而想要去建设"走出去"的伦理就必须正视这些困境。结合上述分析，中国游戏产业"走出去"的伦理建构至少需要面对三重困境。

（一）文化伦理：主体性还是对话性？

无论是单纯的民间、国家间的文化交流传播还是伴随着产业行为的文化互通，跨越不同的文化体系首先带来的就是一种文化的认同问题，文化认同不畅的直接结果就是身份认同的危机。社会学家西美尔将处于这种认同危机的人称作"陌生人"，即处于某种体系之中的漫游者，既游离于自身原有的文化体系，又不属于此刻所寄居的文化体系。❶这种陌生人的出现意味着某个文化体系的保护、指向、规定功能受到其他文化体系的质疑和挑战，其最直接的结果就是文化主体性的危机。事实上，这种主体性的危机是极具有当代性的。在当代数字技术与移动智能设备迅速发展的情况下，游戏的传播和普及速度是历史上任何时期也不能比拟的，而且问题的关键还在于现在意义上的游戏形式也不同于古代，它主要以数字技术为媒介，而非人与人之间的在场性游戏。正是借助数字技术为生产媒介、传播媒介、消费媒介，游戏所造成的主体性危机在当代才更加凸显。因为现代数字媒介的传播速度和范围早已远远超过古代的纸媒和物质性媒介，它在建构和形塑思想、身份层面的能力也远非后者所能匹敌。正如斯图亚特·霍尔对英国BBC广播公司传播能力的论断："BBC远非仅仅'反映'在其之前存在的民族的复杂构成，它是一种工具、机构、机器，由此它构成了民族。它生产了它所针对的民族，它以表现其受众的方式构建他们。"❷

除此之外，我们还必须看到背后强大的经济利益的驱动正在不断改变游戏的形式和内容，使游戏在跨文化传播中不断消解文化折扣，从而为进一步的价值认同创造了机会。正是这两种因素的共同作用，才导致了主体

---

❶ Georg, Simmel. The society of George Simmel, London&New York: Free Press: Collier MacMillan, 1950.

❷ Stuart Hall: Which public, whose service? In W. Stevenson (ed.) All our Futures: The Changing Role and Purpose of the BBC, London: British Film Institute, 1993, p.32.

"一带一路"背景下中国文化产业"走出去"的伦理思考——以游戏产业为例

性的危机。然而悖论的是，现代社会和现代文明的发展恰恰发展了人的交往理性，特别是在经济全球化时代，尊重文化的多样性与他者文化的主体性已经成为一种跨文化传播表面上的共识。但实际上，文化帝国主义、种族中心主义、异己中心主义等违背文化对话性的观念却一直存在，真正的跨文化平等对话难以实现，而媒介、资本等因素的潜在作用更是为此增加了障碍。当然，一定程度上的共识和理解并非不可达成，困难的是如何以平等对话的姿态达成文化的互构和接受。恰是这一点构成了中国文化产业"走出去"最基本的困境，即便游戏产业最具有接受度且文化特色最不突出，但这一潜在的困境仍是无法避免的，更何况在媒介和资本的驱动下最基本的目标就是跨文化的接受和消费。

（二）产业伦理：资本还是公益？

跨文化的主体性和对话性之间的矛盾还与产业密切相关。一方面，尊重他者文化主体性是文化产业走出去的前提，只有在保持对话性姿态的基础上才能被顺利接受；另一方面，产业"走出去"的目的在于获取市场和效益，并不是做公益性交流，也就说，希望他者文化主体完全接受自身的产品才是目的，而这个过程就不可避免造成对他者之文化主体性的破坏。因此，当文化以产业性的方式进行传播时也十分容易造成主体性和对话性之间的矛盾。应该说，这个矛盾对企业来说也是模棱两可且难以平衡的。这就涉及文化产业自身的问题，对国内市场来说，由于文化体系的相对一致性，文化产品的消费并不会去破坏文化主体性，也不存在文化折扣的问题，但是在对外文化贸易活动中却不得不去消减文化折扣，并努力扩大文化增值。产业的伦理性还不仅仅体现在对文化伦理的影响，更进一步来看，由于受制于资本的控制，文化产业正在日益丧失公益精神。目前，国内市场总体上注重的还是经济效益，而且资本借文化产业之名所暗行的圈钱现象已屡见不鲜。这种现象在国外市场同样值得警惕。相对于文化旅游、影视、艺术品等场外资本已经重度介入的行业，在中国游戏产业中场外资本的介入目前还并不强烈。但是游戏产业自身只重资本而轻视文化价值的缺失现象也是十分明显的。很多企业迎合部分消费者的低俗需求，以暴力、色情为导向设计开发游戏。不仅如此，部分企业为了获取短暂的效益在经营方式上缺乏诚信，恶意坑害消费者，甚至不惜侵犯知识产权。

因此，对游戏产业来说，资本对产业秩序的扰乱主要体现在两个层面：其一，来自场外资本的恶意圈钱行为；其二，游戏产业内部对资本的一味追求。文化市场的繁荣和广阔的增长空间为场外资本的介入提供了机会，资本的投入固然是好事，但如果以牺牲文化产业的审美性与人文性为代价，或者干脆借文化之壳行非文化之事，那么对文化产业的伤害将是久远的。如果文化产业"走出去"也是唯资本至上，以投资游戏之名暗自获取经济利益，或者产品的开发只讲经济利益不讲审美性、人文性等公益性层面，在面对复杂的国际市场态势（知识产权的保护、行业的监察更严，人文要求也更高）时，势必将丧失长远的竞争力。因此，中国游戏企业在"走出去"的过程中必须平衡好这两者之间的关系。

（三）技术伦理：工具还是人文？

如果说产业伦理关注的是资本和公益之间的冲突，那么技术伦理所表达的工具和人文之间的冲突则是产业伦理的进一步深化。作为一种文化产业门类，游戏产业在产品生产、产品形态、产品营销、后期维护等方面均与技术不可分割，而且这种技术与传统制造类技术不同，它是代表最近科技成果的数字技术。从目前来看，由数字技术的进步所引发的伦理问题已经在众多语境之下被讨论，问题的焦点主要在数字技术对人类对主体性的压抑和身份认同的挑战、对道德体系的破坏、数字技术制造的现实与真实世界距离的消逝等层面。美国学者尼葛洛庞帝甚至以"数字化生存"去称谓数字技术对人类工作、学习、传播、交流的重大影响，其最大的特点就是自由化、虚拟化、全球化。也就是说，它不受时间、空间、地域的限制，能够分散权力和赋予权利，并使主体能够在虚拟世界中自由的进行人际交流和体验情感，而不受现实规则的限制。事实上游戏也具有类似的特点。美学家康德认为游戏是无功利、自由和自发的行为，席勒也强调游戏是人类对过剩精力的自由支配，历史学家赫伊津哈更是直接将游戏界定为："在某一个特定时空中进行的自愿活动或事业，依照自觉接受并完全遵从的规则，有其自身的目标，并伴以紧张、愉悦的感受和有别于'平常生

"一带一路"背景下中国文化产业"走出去"的伦理思考——以游戏产业为例

活'的意识。"❶

但即便人类可以享受技术与游戏的工具性所带来的自由,如果不加以警惕和控制这种工具的负面作用,对人类而言最终不一定会获得真正的自由。在数字游戏中,人类既能享受自由,又能体验虚拟的社会,因此其中所蕴含的伦理维度是十分明显的。事实上,游戏一直登不上大雅之堂,在文化产业中的地位也是相当微妙的。其中的最重要原因就在于游戏所造成的严重社会问题,以及由之而来社会所产生的潜在抵触情绪。如果说数字技术以虚拟化形式为人类所提供的自由化空间可能会导致人对的数字依赖与网络成瘾的话,那么游戏则以数字技术为基础可能会致使游戏者对权力和金钱的崇拜、对暴力的追求和生命的漠然、对社会结构和人际关系的中错误认知,以及诚信的缺乏。可见,人文性的丧失是游戏产业所要面临的最大问题。因此,反思工具性,进而呼唤人文性就是中国游戏产业在新的发展阶段所不得不做的。特别是在跨文化市场,人文性应该成为中国游戏实现经济效益和社会效益的一个新的突破口。如此不仅能提升中国游戏产业的总体形象,实现差异化竞争,以进一步开辟市场。当然,呼唤人文并不意味着要以牺牲经济利益为代价,毕竟后者是产业赖以存在的基础,更何人文关怀的丧失并非仅仅与游戏产业本身有关,因为数字技术本身优劣并存的悖论和游戏主体自身知识素养与道德水平也是引发伦理危机的重要因素。

四、中国游戏产业"走出去"的伦理建设导向

跨文化活动中的文化产业伦理问题既难以避免,又存在着复杂的内部结构,产业伦理的建构也是一个十分困难的问题。但反过来,如果不去剖析产业运行中的伦理问题和结构,明确建构所遇到的困境,问题就不能最终解决。伦理问题事关文化产业的良性健康发展,因此必须正视问题,找出解决思路。对游戏产业来说,由于涉及媒介、技术等问题,其伦理的建构也是十分复杂的,这就需要们明确建设导向,进而在这个导向之下展开

---

❶ [荷]赫伊津哈:《游戏的人》,中国美术学院出版社1996年版,第30页。

具体问题的解决。本文在此仅尝试从四个方面对中国游戏产业"走出去"的伦理建设导向进行分析。

从总体原则上来说，应当坚持经济效益和人文效益的统一，去维护产业"走出去"的良性发展，并借此建构中国文化产业的国际形象。在传统的对外文化贸易模式中，中国游戏企业由于自身在技术水平、运营能力上的不足而迫切需要资本的助力，因此往往只注重经济效益的实现问题。但随着中国文化"走出去"层次的不断提升和程度的不断推进，就迫切需要在经济效益之外寻求人文效益。特别是，中国经济的飞速发展和综合国力日渐的提升，却招致恶意抵制和诋毁，背后隐藏的某种不良意识形态严重阻碍了中国文化"走出去"的深入发展。而对比之下，中国游戏产业也的确忽视了人文效益，进而导致了自身的伦理危机。因此，提倡人文效益就显得十分必要。这种人文效益是指中国游戏产业既要开展一场自净运动，逐步解决产业运行中的道德失范现象；又是指中国游戏产业要以人文性的内容和人文化的手段改善、提升自身的形象，以消除海外市场对中国文化产业和中国文化、经济的误读和误解。

在问题判断上，要坚持情境分析为判断的参照。不同的文化体系伦理规则是不同的，而且同一套伦理规则在不同的时间和空间之中的阐释也会发生变化，更何况同一个主体还有可能身处多个社会。这种复杂的情况既容易产生道德困境，又不容易评判，必须引入一种方法论以便于合理掌握伦理原则。按照伦理学的思路，伦理原则是对社会行为的合理性进行分析的重要概念，它既是历史的又是社会的，不同时期、不同社会制度与社会群体以及不同民族的伦理原则都不尽相同。尽管对伦理问题的分析有着不同的标准（如相对主义、神命论、康德的"绝对命令"、罗尔斯的"无知之幕"、功利主义、利己主义、社会契约论等），❶但它们的思路都是先确立一种阐释标准，再进行是非判断。可见，对于一种行为是否引发了伦理问题必须要首先明确其阐释标准与具体的产生语境。换言之，要以情境分析成为主要的方法参照。情境分析就是要在问题发生的具体现实条件下去判断

---

❶ 陈月华，田雨琪，刘瑛：《游戏设计中的伦理考量》，《自然辩证法研究》，2016年第3期。

"一带一路"背景下中国文化产业"走出去"的伦理思考——以游戏产业为例

其是否符合当时的伦理准则,而不是要以绝对化和单一的视角对问题进行评判,这一点对跨文化传播尤为适用。

在理论支撑上,要在吸收国际文化产业伦理建设研究的成果之上,结合中国传统伦理观去思考游戏产业的伦理建构。相较于我国而言,西方发达国家的文化产业发展已经相对成熟,对产业伦理问题也关注的较早。目前国际文化产业伦理研究在知识产权的保护与盗版问题、文化产业发展与非物质文化遗产保护、文化产业媒介伦理、文化产业与环境保护等方面进行了有益的探索。众多结论和准则对国内文化产业伦理研究和建设都具有借鉴意义。然而,单单吸收国外的思路还不够。因为,国内和国际文化产业伦理问题的产生语境和问题域不同,分析和解决问题的伦理话语也不同。尽管游戏产业在很多方面已经实现了全球化运营,但是产品的设计和开发多数还是以中国文化资源为主。事实上,这种以中国文化资源为内容依托的游戏产品在国际市场恰恰也是最受欢迎的。这就涉及一个问题:以中国文化资源为依托的游戏产品在内容上是否也要依托中国传统伦理?更进一步,如果这些产品在国际市场引发了道德问题,那么要以什么为参照系去处理问题呢?因此,从中国传统文化的伦理观念入手去讨论其之于当代游戏产业的借鉴意义就十分必要。在跨文化传播活动中,中国传统伦理观念既有可能推动游戏产品在国际市场的推广,又可能起到限制作用。面对跨文化语境,游戏产业从业者仅仅依靠中国传统文化伦理观念去解决产生的伦理问题也未必完全合适。因此,引入国外文化体系的伦理观念以及文化产业伦理建设经验就显得十分必要。当然,这并不意味着全盘接受和盲目滥用,而是说要根据具体的情境选择:或者直接运用,或者进行中外伦理观念的综合。

在本体策略上,游戏产业的伦理建设要关注四个层面的问题。其一,企业要在游戏产业链的整体开发中注意协调好人文性和工具性之间的矛盾,避免陷入只追求经济利益而不讲人文关怀的怪圈中。其二,主要关注内容设计伦理。一方面,在"走出去"的过程中要防止侵犯知识产权、盗版、暴力、欺诈、色情等影响产业健康和中国游戏产业形象的现象发生。另一方面,在产品内容的呈现上要注重价值理念的传达,要以市场环境为参照建构产品内容和价值理念，在不产生冲突的基础上讲好中国文化。其三，在运营环节上要实现良性发展，既要避免与国内企业或者当地企业之间的恶意竞争、市场的垄断、一哄而上的投资、无限制开发等乱象；又要遵循不同市场的规则，处理好与所在市场的关系。这一点的实现需要企业的自觉与政府、行业的共同监督。其四，要关注传播过程的媒介伦理。媒介关乎产品的营销和消费，但如果传播策略不当也会引发伦理问题。游戏企业在传播活动中要警惕不良信息的随意传播、意见领袖的过度引导所导致的产品评价的极端化与产品的过度消费等问题。

五、结语

跨文化语境增加了中国文化产业在"走出去"过程中爆发伦理危机的可能性，而且亦增加了肃清伦理问题的困难。从某种程度上讲，建构跨文化视域中的文化产业伦理似乎是一个自相矛盾的问题。但"一带一路"所驱动的文化互通趋势已经不可阻挡，一种新的文化发展格局也正在形成，而文化产业的跨文化运营不仅是国内产业深入发展的需求，也与世界市场的需求密切相关。在"一带一路"倡议驱动下，文化产业的世界性互通已成为必然趋势。新的丝路市场的开拓使中国文化产业所面临的文化语境更加复杂，同时市场策略也相应需要更具针对性。因此，跨文化运营中的文化产业伦理就是一个不得不去处理的问题。游戏产业在"走出去"所遭遇的伦理问题表明，只有清楚地认识到产业在"走出去"过程中所发生的伦理问题和建构合理伦理秩序所要遭遇的困境，才能为伦理建构以及新的市场的开拓和稳定提供一个合理的基础。同时还必须充分认识到，这是一个复杂的工程，涉及产业、企业、行业、国家、消费者等多个维度，在这种态势下做好顶层设计就成为必要条件，而伦理问题应当成为文化产业进行跨文化运营的常态性维度，需要持续关注。因为，它不仅能助力对外文化贸易的良性发展，而且亦能促进世界文化在新文化、经济语境下的互通，从而成为世界文化治理的一个重要维度。

"一带一路"倡议中文化相通的问题与实施路径研究

张世贵,赵苏阳[1]

摘要: 从"一带一路"建设的现实来看,文化相通建设的风险主要体现为文化差异、文化隔阂引发文化冲突概率上升、不良文化扩散引发的文化安全威胁以及各国文化产业发展水平的不平衡等。为应对文化良性互动与交流中所面临的干扰,在建设"一带一路"过程中要做到:弘扬丝路精神,寻找文化认同;寻求文化共生,共同防范文化安全威胁;弘扬中国优秀文化,增强中华文化的感染力;健全与完善文化交流合作的平台机制,支持文化产业发展,充分发挥人才、技术等要素在文化交流中的作用。

关键词: "一带一路";文化交流;民心相通;风险

近年来,"一带一路"沿线国家之间的文化交流越来越密切,这不仅增强了各国之间的民心相通,同时还对彼此政治互信的提升以及经贸合作的扩大产生了积极影响,文化交流的重要性日益凸显。但存在的现实问题是,大范围的跨国性文化交流仍会受到一些风险的干扰。对于这些风险若是不加以认知与应对,那么很可能会影响"一带一路"倡议背景下文化交流活动的深入开展及其积极作用的发挥。本文拟结合对于文化交流持审慎态度的相关国际关系理论研究,在此基础上对"一带一路"沿线文化交流的风险展开考察和分析,并尝试给出一些应对文化交流风险的措施。

---

[1] 张世贵,中共中央党校(国家行政学院)报刊社编辑,法学博士,研究方向:马克思主义理论与思想政治教育。赵苏阳,北京市社会科学院外国问题研究所助理研究员,主要研究方向为国际教育。

一、"一带一路"倡议背景下文化相通存在的主要问题

"一带一路"倡议主张以开放包容的心态推进不同国家之间的合作与交流，期望在更广阔的空间范围内形成有效的文化交流网络。而在当前世界文明的进程中，文化的跨区域交流已打破以往平面式的交流方式，国家与国家、民族与民族、个人与个人以及他们相互之间全方位立体化交互式的联系方式正在逐步形成，不同文化与文明既相互交融，同时也相互碰撞。虽然中国以自身的发展带动世界发展中国家的进步，并与世界上绝大多数发展中国家保持良好合作关系，但中国"一带一路"倡议的实施必然伴随中国文化的向外传播，文化互动的增多也不免会与其他文化产生碰撞，带来文化交流风险的增加。

首先，"一带一路"沿线经过不同的文化圈，相互之间的文化认同并没有达到一个较高的水平，不同文化之间所固有的价值观念差异容易导致文化冲突概率上升。亨廷顿在《文明的冲突与世界秩序的重建》中将世界分为七大或八大文明，而"一带一路"沿线几乎经过所有的文明区，文化断层线之间巨大的文化差异必然增加文化交流的成本，文明冲突的风险是不得不考虑的现实。在"一带一路"途经的多是多民族、多宗教的国家或地区，不同文化或文明之间存在隔阂与差异，单一文化或文明内部也存在纷争与矛盾。文明的冲突可能并不是文化互动进程之中的主流，但这种现象的真实存在也值得注意。文化在国际交往中的作用越来越重要，共同的文化是民族认同的基础，而由文化差异导致的国际冲突也随之增多，特别是在"一带一路"沿线民族与民族、国家与国家之间文化价值观念存在巨大不同的情况下，导致文化冲突的概率上升。沿线国家之间存在尚未解决的民族宗教纠纷，导致文化版图支离破碎，这些都与文化价值观念的差异有千丝万缕的联系。从当前来看，和亨廷顿的预言相似的是，西方文明与伊斯兰文明之间的对立程度愈演愈烈，新仇旧恨交替重叠。文化价值观念的差异导致的冲突，势必对"一带一路"建设产生消极影响，甚至严重阻碍合作水平的提高。

其次，沿线国家文化隔阂由来已久，"一带一路"建设下文化交流推翻

文化的藩篱，不良文化的传播引发的文化安全担忧上升。"一带一路"建设实施之后，打破了以往地区文化交流的障碍，各民族国家文化受到外来文化冲击，原有的生活习惯、思想观念、价值体系受到挑战，文化在碰撞之中激荡，引起相关国家的文化安全担忧。而中国优秀文化强劲的张力使其他国家文化处于下风，引发沿线部分国家关于文化霸权主义的担忧。阿尔文·托夫勒认为，随着经济体系为第三次浪潮文明而转变，民族国家"不得不放弃它们的部分主权而接受相互间日益增长的经济入侵和文化入侵"。而国外"三股势力"却借助"一带一路"建设干扰中国，与中国的民族分裂主义、暴力恐怖主义和宗教极端主义"三股势力"相互勾结，严重影响我国边境安全与稳定。西方霸权主义与强权政治思维惯性强大，借助"一带一路"打破文化壁垒的有利时机，对我国进行意识形态与价值观念渗透，宣扬西方腐朽思想，支持中国颜色革命。美国等西方国家，由于在世界话语权上还掌握着一定的相对优势，暂时不会轻易退出由西方文明所搭建的精神市场，会借"一带一路"宣扬"中国威胁论"，负面宣传中国文化，以达到为其文化上霸权护持的目的。随着"一带一路"文化交流的推进，中国与其他沿线国的宗教交流会越来越频繁。宗教是人类社会历史发展到一定阶段的文化现象，作为社会意识形态的重要组成部分，在增进相互理解的同时，共同抵制宗教极端主义的任务愈加艰巨。[1]

最后，由于各国文化产业发展水平不同，人们的文化需求不同，文化产品出口与市场需求之间存在矛盾。文化产品的出口，对于增强国家软实力具有重要意义，美国通过体系化文化产品的输出，成为全球软实力最强的国家，文化的吸引力与感召力无形中增加了美国的整体实力。美国学者约瑟夫·奈将美国的软实力分为美国普世价值观的传播、美国文化借助流行文化在世界受到欢迎以及美国的文化政策。他更是直言道，"当一个国家的文化涵括普世价值观，其政策亦推行他国认同的价值观和利益，那么由于建立了吸引力和责任感相连的关系，该国如愿以偿的可能性就得以增强"。美国通过文化产业所获得的文化软实力回报巨大，其他国家目前还无

---

[1] 蔡尚伟，车南林：《"一带一路"上的文化产业挑战及对中国文化产业发展的建议》，《西南民族大学学报》（人文社会科学版），2016年第4期，第159页。

法企及。"一带一路"沿线形成了巨大的文化需求市场，但由于中国往往由政府主体进行政策性、公益性文化宣传，文化项目多为外交服务，互利性文化产业、文化产品之间的交流不够，不能充分调动民间对中国文化的了解。"一带一路"为中国文化走出开辟了道路，但由于"我国总体上'文化走出去'战略确立的时间不长、路径理念还不够成熟、处于文化产业全球分工链的低端等原因，我国还没有能够培育出享誉世界、参与国际竞争的文化产业群和大型跨国文化企业"。这严重制约着中国文化贸易的增长。同时中国在文化贸易中，重视有形文化产品的贸易，对中国文化内涵、价值观的挖掘不够，没有形成具有全球影响力的文化品牌。"一带一路"沿线国家存在程度不一的文化保护主义，中国的文化产品与当地风俗、文化偏好联系不够密切，很容易造成文化产品受到抵制，阻碍我国文化产业走出去的步伐。

二、"一带一路"文化相通建设的路径举措

"一带一路"建设避免文化交流风险带来的挑战，需要提高中国智慧，讲好中国故事。不管在历史上，还是在当今，丝绸之路都是多元共存，各种文化相互交融的舞台。"在相当长的时期内，还不会出现一种全世界都认同的'普世文明'。即使到了未来的理想社会，也不可能只有'同'而没有'异'，世界不可能只有一种文明。""一带一路"作为多元文化交流的平台，文化交流必须注重双重效应，避免庸俗化，必须承认世界文化的多样性，尊重差异、理解个性，使各个民族文化在交流开放中互赏互鉴，共同弘扬丝路精神，增加沿线各民族之间的文化认同感。

首先，弘扬丝路精神，唤起沿线国家共同的历史记忆，增加沿线国家之间的文化认同，注重文化交往的双重作用，减少因文化差异引发的冲突，让各民族文化在"一带一路"建设中大放异彩。习近平在中阿合作论坛开幕式上指出，"丝绸之路承载的和平合作、开放包容、互学互鉴、互利共赢精神薪火相传"。通过弘扬丝路精神，促进不同文明互鉴，尊重各国道路选择，坚持合作共赢，倡导对话和平，削弱文化冲突生长的土壤，促进

沿线文化交融。欧洲国家通过文化交融产生互利合作的强烈冲动，避免了相互之间对抗的升级。跨越文明的断层线，让各文明在建设"一带一路"中找到互通的基因，促进与沿线国家的沟通与理解。弘扬丝路精神，需要有关机构加大对"一带一路"沿线国家历史的研究，建立丰富的丝路文化储备系统，增强相互之间的学习能力，注重文化交流的双重效应，避免庸俗化。丝路精神的传播需要借助一定的物质载体，增强沿线经济发展的能力是唤起共同记忆，弘扬丝路精神的物质基础。沿线国家在进行经济交往时应树立现代经济精神，将庸俗化的重商主义转变为一种务实的实业精神，重视实现经济效益与社会效益的统一，让沿线国家在互通有无的过程中加强文化交流，同时推动当代中国价值观有效的国际传播。

其次，寻求文化共生，追求全球文化的最大公约数，共建共享丝路文化，反对文化霸权主义以及极端宗教主义，维护文化安全。建设"一带一路"要创造不同文化互融共生的生态环境，在沿线各国发展自身文化的同时，着重建设文化共同体，让各民族文化竞相争放。中国的快速崛起与融入世界，引发了西方国家对中国的担忧。西方传统文化霸权主义会利用各种手段，借助各种国际机制，阻碍中国文化影响力的提升。中国只有追求与沿线国家文化的最大公约数，才能凝聚力量，抵消西方文化霸权主义的影响。打造"一带一路"文化共生平台需要沿线国家共筑"一带一路"文化长城，加强对文化交往与交流风险的应对，维护文化安全。由于"一带一路"沿线很多国家发展落后于中国，需要中国以平等、友善、谅解的精神来提供帮助。通过共建，达到共享丝路文化的目的。同时我国要提高对外来文化的鉴别能力，外来文化渗透的复杂性、多样性以及"文化霸权主义"的长时性、针对性，我国需要同时在战略与战术两个层面共同制定文化安全威胁对策，系统化维护文化安全。一方面是树立文化安全战略观与构建文化安全战略体系，打造文化安全维护的系统工程，宏观把握文化安全威胁的演变趋势。另一方面则是利用多种手段战术遏制文化安全威胁，比如应用网络信息技术阻遏外部不良思想通过互联网传播，加大对民众的

文化安全教育宣传，打击宗教违法犯罪活动等。❶

再次，中国必须彰显大国气度，发挥示范作用，用规范性力量来传播当代中国价值观念，增强软实力，提高中国国际话语权，赢得沿线国家的文化认同。"如果一种文化能帮助别国人民加速经济发展和提高生活水平，那么这种文化就应当为所有人类社会所共享，应称为人类共享的文化。对于人类共享的文化，没有必要再问其成分是属于社会主义还是资本主义，是属于西方还是东方。"中国在进行"一带一路"建设时所宣扬的丝路精神，当代中国价值观念，以及中国的发展道路都具有全球示范作用，对维护人类和平与发展、搭建国家之间交流互信平台、促进国际正义与公平具有重要意义。在"一带一路"建设过程中，把当代中国价值观念贯穿于国际交流和传播的方方面面，在宣扬中国传统文化的同时，着重介绍当代中国，改变沿线国家对中国固有的偏见，以中国现代化建设取得的巨大成就来增强感召力。通过整合媒介资源，不断更新内容，完善文化发展机制，增加优秀文化的创建以及对外传播，运用新载体转化新思维，用沿线国家能够听得懂的方式讲述中国故事。在大力弘扬中国优秀文化的同时，要避免单向输出中国文化，避免灌输式宣传，要通过文化双向交流，潜移默化地影响沿线国家人民，也要注重研究沿线优秀文化，让他们的优秀文化在中国化传播，进行双向交流，增加沿线人们的彼此了解，形成共建丝绸之路的民意基础。

最后，要健全与完善文化交流合作的平台机制，加强文化产业人才队伍建设，注重新媒体技术的应用，大力培育优秀民族文化品牌，推动中国文化走出去。健全文化交流合作机制、完善文化交流合作平台是《文化部"一带一路"文化发展行动计划（2016—2020年）》中所提出的重要任务，是进一步提升"一带一路"文化交流水平的保障。"一带一路"文化交流合作的平台机制建设主要包含三大层面，一是国际组织层面，二是政府层面，三是民间层面，这三大层面的平台机制建设还需进一步健全与完善。人才队伍建设对文化产业的兴衰成败有着至关重要的影响，我国迫切需要

---

❶ 双传学：《"一带一路"视阈下的我国文化开放战略》，《东岳论丛》，2016年第5期，第30页。

加强文化产业人才队伍建设,进一步满足迅速发展的文化产业的人才需求,以发挥高水平人才优势来促进文化产业升级与文化产品创新。

三、结语

在"一带一路"倡议中,沿线各国需要直面文化交流的各种风险,针对这些风险,本文所提供的只是一些关于化解与应对风险的思路,但同时也须认识到,文化和文明的复杂性很难消解,随着时间的推移,未来的"一带一路"文化交流会面临着各种不同的新局面、新问题、新挑战,怎样进一步应对文化交流的潜在风险、如何更好地实现多元文化并存和共同发展会是一项值得深刻研究的长久命题。对此,"一带一路"沿线各国应当形成共同的战略性考量,将推进文化交流视为"一带一路"建设中矢志不渝的根本性工作,在此基础上共同决心应对各项风险与挑战。

专栏六

国内沿线省市

"一带一路"建设中我国地方省份对外合作的实与策
——以安徽与中东欧国家务实合作为例

戴维来，王重斌[1]

摘要：在"一带一路"倡议中，中国与中东欧国家合作空间大、潜力强。作为快速发展的中东部省份，安徽近年来加快内陆开放新高地建设奋发有为，尤其是在"一带一路"建设中表现积极。积极发展与"一带一路"沿线国家的经贸往来，已成为安徽省开放经济发展战略、城市国际化的重要路径。安徽深度参与"一带一路"建设成绩亮眼，不过还需面向中东欧国家增扩新的合作区域空间，现实当中，还存在对这些国家了解不够、企业投资较少、合作平台不多、相关专业人才缺乏、投资风险估计不足等问题。应充分研究，多措并举，加快安徽在中东欧国家合作布局，扩展"一带一路"沿线市场的新增长极。

关键词："一带一路"；安徽；中东欧；经贸合作

中东欧地区是"一带一路"建设沿线的重要节点区域，直接连接沟通东西方贸易通道，加之中东欧国家在欧盟内的重要地位，在我国外交布局中格外重要。同时，中东欧国家的区位优势及产业特点，中国—中东欧合作将在基础设施建设、清洁能源开发、农产品加工、高新技术转移与应用等领域具有广阔机会。因此，安徽在加快"一带一路"沿线布局中，对中东欧国家的各领域合作大有可为，搞好对中东欧国家的友好合作，对安徽

---

[1] 戴维来：同济大学政治与国际关系学院副教授，本文系国家社科基金一般项目阶段性成果（项目编号：17BGJ038）；王重斌：合肥学院外语系讲师。

开创对外经济合作、开拓贸易市场的新局面大有裨益。

一、我国与中东欧国家合作现状

中国与中东欧国家合作由来已久，特别是近年来中东欧地区对中国越来越重要。党的十八大以来，以习近平同志为核心的党中央，高度重视与中东欧国家的紧密合作。

一是政治互信不断提升。近年来，习近平主席、李克强总理等中国领导人的高访足迹遍及中欧、东南欧、波罗的海地区等中东欧三个重要的次区域，显示出了当前中东欧地区在我国外交布局中的重要性。2012年形成的"16 + 1"框架是一个精心设计的策略，在"软外交"方面为中国建立更强大的影响力，并为扩大经济合作提供平台。双方搭建了"16+1"合作机制，已建立领导人会晤机制以及政策协调、经贸、文化、教育、农业、交通、旅游、科技、卫生、智库、地方、青年等各领域合作平台。合作机制启动五年多来，共取得了200余项具体成果，主要涵盖政策沟通、互联互通、经贸、金融、人文5大类。❶ "16 + 1"是"一带一路"倡议重要部分，后者在中东欧国家也广受欢迎，在匈牙利被誉为"东方开放"，塞尔维亚政府认为这是"可靠友谊"的胶水，而波兰政府将其描述为"巨大的机会"。❷

二是经贸合作持续深化。中国正在成为全球经济的大外国投资者，占全球对外投资的12%。据联合国贸发会议《世界投资报告》称，2016年中国对外投资达到1830亿美元，增长44%，首次成为全球第二大对外投资国，比吸引外资多36%。中国还一跃成为最不发达国家的最大投资国，投资额是排名第二位的国家的3倍。❸ 巨大的对外投资需要既安全又稳定的市场。而中东欧地区作为欧洲与中国之间的一个连接点，经济地理位置很好。正因

---

❶ 《中国—中东欧国家合作五年成果清单》，中华人民共和国外交部，http: //www.fmprc.gov.cn/web/zyxw/t1514537.shtml。

❷ James Kynge and Michael Peel,"Brussels rattled as China reaches out to eastern Europe", Financial Times, November 27, 2017.

❸ "World Investment Report 2017", p.14. http: //unctad.org/en/PublicationsLibrary/wir2017_en.pdf.

为如此，中国—中东欧经济合作逐步加强。李克强总理多次主持"16+1"合作论坛，达成了高达数百亿美元的众多协议，中国与中东欧国家的互惠关系在"16+1"机制框架下极富成效。2016年中国与中东欧16国进出口贸易额为587亿美元，中国企业在中东欧国家投资超过80亿美元，涉及机械、化工、电信、家电、新能源、物流商贸、研发、金融、农业等领域，投资形式更加多样化。中东欧16国在华投资超过12亿美元，涉及机械制造、汽车零部件、化工、金融、环保等多个领域。

三是"一带一路"协奏曲越唱越响。"一带一路"倡议提出后，中东欧国家积极响应。中东欧16国在发挥中国通向欧洲的桥梁的作用上，也扮演着不同的角色，中东欧国家在基础设施、旅游、金融、教育、文化等各领域积极参与"一带一路"建设。中国、欧洲和相关各方正在积极探讨加强欧亚间在交通运输和互联互通方面的合作，包括扩大基础设施建设、促进商品、服务、资本和劳动力自由流动以及促进贸易投资便利化、政策交流和文化交流等。通过"一带一路"建设，中国同欧亚各国能够加强联系，激发出双方的发展潜力、互利共赢，使中国与欧亚各国进行优势互补。目前，我国已与匈牙利、捷克、波兰、塞尔维亚、斯洛伐克、保加利亚等13个中东欧国家签署了共同推进"一带一路"建设合作文件。同时，中国与中东欧国家又在更多具体领域设立了协调平台或机制。中国与中东欧经贸合作的广度与深度不断延展，强劲的双方关系给中欧关系发展注入新动能。

应当说，中国与中东欧合作是一个双赢的过程。"16＋1"框架下的16个国家中有11个是欧盟成员，中国在基础设施和能源项目方面的投资将大大缓解欧盟的财政投入和支出需求，尤其是英国"脱欧"后的预算缩水。同时，中国资本将改善所需的基础设施，以促进中东欧一体化和经济发展。当然，随着中国在欧洲经济足迹的扩大，尤其是在2016年和2017年中国进行了一系列高调收购之后，包括对瑞士化工公司先正达和德国机器人集团库卡在内的一系列高调收购，欧盟一些官员对中国活动感到担忧。中国对中东欧地区参与度的增加，也被视为对欧盟的潜在威胁，后者认为中国在分化欧洲大陆。比如2016年7月，匈牙利、克罗地亚和希腊阻止了一

项欧盟就所谓"国际仲裁法庭"针对南海事项所做裁决的应对声明。❶

二、安徽与中东欧国家合作情况及不足

近年来,作为国家"一带一路"建设的重要参与者和节点区,安徽积极发展与"一带一路"沿线国家的经贸往来,深入推进与非洲、东盟地区、南亚以及俄罗斯等国家务实合作,尤其是安徽深度参与中俄"长江—伏尔加河"地方合作理事会等合作机制,已取得了显著成果,与沿线国家经济贸易合作成为安徽"走出去"的支撑点。

作为参与国家战略的一个重要省份,安徽在中东欧国家的"一带一路"沿线布局中还处于新兴区域,双方合作方兴未艾,合作空间和潜力巨大。一定程度上,安徽对中东欧的合作反映了中国与中东欧国家合作的基本面貌,以贸易和经济合作为主,重点加强政治关系,投资基础设施和农业等。从面上看,体现在如下几个方面。

一是注重顶层设计。政府在宣传推介、加强协调、建立机制等方面发挥主导性作用,推进对中东欧的交往合作上,顶层推动发力,企业跟进唱戏,针对安徽省外资、技术、人才、客源来源地和"走出去"目的地,高质量谋划服务高层出访,精心策划安排省级团组出访了中东欧、东盟、非洲等"一带一路"沿线国家和地区,❷ 主动拓展与中东欧、东盟、非洲国家交流合作,努力为安徽省优势产业"走出去"牵线搭桥,扩大安徽省国际交往和发展空间。

二是注重经贸拉动。从现状来看,我国地方政府对"一带一路"的参与主要集中在经贸领域。2017年以来,安徽省对"一带一路"沿线国家进出口总值同比连续10个月保持20%以上的增长幅度。其中,2018年1—2月对"一带一路"沿线国家进出口160亿元人民币,比去年同期增长

---

❶ By Laurence Norman, "EU Issues South China Sea Statement Ending Discord Within Bloc", the Wall Street Journal, July 17, 2016.

❷ 《安徽多举措加快融入"一带一路"建设》,商务部驻上海特派员办事处,http://www.mofcom.gov.cn/article/resume/n/201609/20160901392133.shtml。

21%。❶ 贸易基础设施的互联互动十分重要，尤其是从安徽省会合肥出发的中欧班列（合肥—德国汉堡）贯穿中国东西部，连通欧亚大陆两端，依靠其比空运成本低、比水路更有效率（只需 15 天）、可以承担大宗货物的一站式运输等优势，打造出丝绸之路上的"钢铁驼队"，为合肥市乃至安徽省直接与中亚、欧洲发生经贸关系开辟出重要通道。2017 年，中铁合肥货运中心累计发出中亚班列 19 列，中欧班列 48 列，近 3000 车太阳能光伏、液晶面板、机械设备等产品踏上了"新丝绸之路"。❷

三是注重交流互动。目前，安徽与中东欧国家合作已有现实基础，相继组织了"安徽与外国驻沪总领馆新闻文化官员对话会""白俄罗斯投资环境暨中白工业园推介会""西班牙投资机会"推介会、"安徽—中东欧合作机遇与展望对话会"，促进安徽和中东欧等地区的交流合作。在保加利亚举办"中国安徽—保加利亚"经贸合作恳谈会，20 多家大型企业和保加利亚近 50 家公司和机构代表进行洽谈对接，省贸促会、江淮分别与保有关方面签订合作协议。2017 年 9 月，捷克"中国安徽日"系列活动分别在捷克布拉格市、乌斯季州成功举办。中国驻捷克使馆，捷克教育部、投资促进局、外商投资协会、乌斯季州政府及有关高校、企业等共计 200 人左右参加活动。❸ 安徽还与捷克共和国乌斯季州建立了友好省州关系，并共同设立了"三角"工业开发区。2017 年 9 月，安徽与波兰下西里西亚省政府共同举办"中国安徽日"活动，除了经贸论坛，企业一对一的交流，同时还举办"魅力安徽"图片展，还有"留学安徽"对外交流，以及中医药学的讲座和体验。同时，有 40 多家企业到波兰开展机械制造、农业、商贸、物流和智能化等方面的合作。❹ 匈牙利是中东欧重要的国家，对中国"一带一路"倡议持有正面的态度。安徽将匈牙利作为合作重点，并且与其索尔诺克州建立友好省州关系，进一步密切双方的合作往来。

总的来看，安徽对中东欧合作积极性高，无论是官方还是企业等民

---

❶《前两月安徽对"一带一路"沿线国家进出口 160 亿》，《安徽日报》，2018 年 3 月 25 日。
❷ 席静玉，赵强：《安徽合肥中欧、中亚班列首次实现四列连发》，中新社，2018 年 3 月 7 日。
❸《捷克"中国安徽日"系列活动成功举办》，中国新闻网，2017 年 9 月 30 日。
❹《"中国安徽日"系列活动在波兰弗罗茨瓦夫市举行》，国际在线，2017 年 9 月 23 日。

间，对"一带一路"以及中国中东欧"16+1"框架下的参与热情日渐高涨。当然，尽管安徽与中东欧国家合作发展很快，但仍存在对这一区域重要性认识不足、对这些国家了解不够、企业投资较少、合作平台不多、相关专业人才缺乏、投资风险估计不足、市场调查不够充分等问题。同时，安徽经济发展水平相对于东南沿海等临海开放地区较为落后，经贸合作的吸引力和竞争力还需要进一步提升。比如，缺乏技术先进、国际知名的龙头企业，在拓展经贸空间、寻找合作伙伴、资金技术运用等多方面还有短板，这些都制约安徽在"一带一路"包括中东欧国家合作的深度和广度。基础设施建设、经济战略以及地缘政治方面的变动和发展一定程度上成为安徽参与中东欧地区"一带一路"合作影响因素。

安徽更高水平、更宽领域、更深层次推动"一带一路"建设合作，就是要多措并举，加快在中东欧国家合作布局，扩展"一带一路"沿线市场的新增长极。着力加强安徽省与"一带一路"沿线国家及友好省州在经贸、文化、教育、卫生、农业等领域务实合作，推动安徽省更好地"走出去"，助力安徽打造内陆开放新高地。

三、推动安徽与中东欧国家合作的着力点

安徽加强与中东欧国家合作，应在扩大经贸合作、推动交流互动、加强战略对接、夯实合作平台、加强智库研究、强化政策保障以及做好风险评估上做足文章、狠下功夫。

一是企业前行，拓宽经贸合作、推动互联互动。借助国家层面"16+1"平台效应，采取组团发展和自主拓展等方式，积极走进中东欧国家，加强农业、汽车、家电、生物工程、装备制造等领域的互利合作，推动达成一批合作项目并尽快启动建设。如支持安徽省农垦集团赴中东欧进行农业合作开发，开展粮食、蔬菜、农产品加工等领域合作。鼓励外经集团、水安建设等企业，参与中东欧国家重大基础设施建设。推进境外经贸合作区建设，鼓励骨干企业牵头保加利亚、捷克、波兰、罗马尼亚、白俄罗斯等中东欧国家建设境外经贸合作区，形成机制化合作平台。强化保税

区建设和互联互通，提升"合新欧"国际货运专列运力，实现与中东欧国家铁路互联互通，构筑连接安徽与中东欧国家铁路货运主动脉。

二是社会参与，加强交流联系、涵养各类资源。深入推进人文交流互动，注重高等院校、文化、艺术、旅游、科技等方面合作交流，支持安徽学生前往中东欧国家进行学习交流，设立奖学金吸引中东欧国家学生来皖留学。发挥皖南国际文化旅游示范区生态优势，积极推介安徽优质丰富的旅游资源，提升文化旅游在中东欧国家中的影响力。不断加强与中东欧国家及其地方政府合作，有针对性地建立友好城市网络，加快建立地区间常态化联系机制，畅通联系通道，涵养友城资源和企业人脉资源。鼓励与中东欧国家智库间的交流合作，支持举办安徽—中东欧合作发展论坛，扩大社会和国际影响，发挥智库的桥梁和纽带作用。

三是政策保障，加强政策沟通、深入实地研究。强化政策支持和服务保障体系建设，积极与中东欧国家驻华使领馆签署经贸合作备忘录，组织高等院校、科研院所、政府部门、有关企业等力量，深入中东欧国家实地进行针对性研究，掌握目的国经贸状况和需求，特别是外国企业投资等方面政策、立法和执法监督情况，为安徽省企业"走出去"投资和开展合作提供参考。强化相关领域智库建设，加大涉外人才培养力度，支持省内外涉外智库对中东欧国家等区域与国别研究，提出操之有径、行之有效的政策建议。

四是未雨绸缪，做好风险评估、确保投资安全。目前中国—中东欧国家合作中存在的如对华贸易逆差较大、中国企业的绿地投资不足等问题，中东欧国家对于外来资本收购本国资源、资产具有敏感性和警惕性，安徽企业赴中东欧进行绿地投资需要做好逐步适应新环境和面临竞争压力的长期准备，特别需要对当地法律法规、民风习俗、社会发展等情况有深入了解，谨慎开展行动。

五是政府引领，加强顶层设计、健全工作机制。成立相关省级工作领导小组及办公室，指导和协调安徽参与"一带一路"建设。积极争取国家层面支持，对接中央有关部委，争取更多基建项目进入"一带一路"互联互通综合交通体系。密切关注国家丝路基金和亚洲基础设施投资银行的投资动向，为企业参与中东欧国家经贸投资争取融资便利。设立"一带一路"综合信息服务平台，在信息共享、市场分析、重点项目、中介服务、风险防控等方面，提供权威可靠、统一规范、反应迅速的优质、专业信息，让更多企业准确了解沿线国家的招商、投资、政策法律、承包工程、劳务合作等方面信息，及时提供专业化咨询服务。

"一带一路"倡议是百年大计，既是国家层面的宏观谋划，也是各个地方经济发展的难得机遇。在新的历史机遇面前，谁能抢得先机，谁就可能在加快经济发展、扩大对外开放中迎浪潮而上。安徽作为内陆省份，通过"一带一路"加快建设内陆开放的新高地，通过加强与中东欧国家经贸合作拓展对外合作的新空间，通过"走出去"国家战略的快速轨道释放外向型经济的新潜能。这需要久久为功、不懈努力。

青岛对接"一带一路"倡议研究
——新发展理念与同类城市视角

王新和[1]

摘要： 研究青岛对接"一带一路"倡议阶段性成果不仅有个体城市价值，也有滨海城市共同价值。选择新发展理念与同类城市视角，本文阐述"一带一路"带给青岛的机遇与挑战，分析其对接"一带一路"的政策水平，着重评估过去四年的发展成效——包括综合实力相对水平、重要发展指标优劣、市委（府）引导与企业"走出去"相互协调等。在此基础上，进一步探究青岛作为国家海洋战略支撑与海洋型国家中心城市对接"一带一路"目标的优化必要、空间及建议。

关键词： "一带一路"；新发展理念；同类城市；海洋战略；国家中心城市

2013年以来，随着不断开拓与探索，"一带一路"倡议不仅成为国内重大发展战略，还成为举世公认亚非欧区域性甚至全球性发展机遇。对国内城市而言，不同节点面临不同的机遇与挑战——部分"新一线城市"（如西安、成都、武汉、重庆、南京、杭州等）综合实力因此获得大发展。相比之下，青岛对接"一带一路"的成效并未凸显，相关问题值得深入研究。鉴于此，"如何看待'一带一路'给青岛带来的机遇与挑战？如何评估青岛对接'一带一路'阶段性成效？如何优化未来发展目标与路径？"等系列重大问题既是青岛也是国内其他沿海同类城市决策者的共同关注。本文选择新发展理念与同类城市视角探究问题答案。

---

[1] 王新和，青岛市社会科学院国际问题研究所助理研究员，主要研究方向为中国外交。

一、"一带一路"带给青岛的机遇与挑战

当今世界,城际竞争是国际竞争的重要形式,高水平国际城市是国家参与国际竞争的中观载体与中流砥柱,因此承载中国"新时代"使命的国内城市参与国际竞争的意义不言而喻。由此观之,"一带一路"倡议既是以建设国际城市为目标的青岛必须抓住的重大机遇,也是须克服的严峻挑战。

(一)青岛迎来重大机遇

"一带一路"带给青岛的重大机遇主要源自"国家定位"与"山东布局"。

首先,国家定位主要涉及三点:一是发改委、外交部与商务部2015年联合发布的《推动共建丝绸之路经济带和21世纪海上丝绸之路的愿景与行动》提出:加强上海、天津、宁波—舟山、广州、深圳、湛江、汕头、青岛、烟台、大连、福州、厦门、泉州、海口、三亚等沿海城市港口建设……形成参与和引领国际合作竞争新优势,成为"一带一路"特别是21世纪海上丝绸之路建设的排头兵和主力军。❶ 二是中共十九大报告强调"坚持陆海统筹,加快建设海洋强国"。❷ 三是习近平总书记在山东代表团参加审议时强调,海洋是高质量发展战略要地,要加快建设世界一流的海洋港口、完善的现代海洋产业体系、绿色可持续的海洋生态环境,为海洋强国建设做出贡献。❸

其次,山东布局主要涉及三点:一是总体强调全省"全面融入'一带一路'建设",积极对接京津冀协同发展、长江经济带等国家战略,深度融入环渤海经济合作区……拓展对内对外发展空间,还强调"胶东半岛要

---

❶ 中华人民共和国商务部:"《推动共建丝绸之路经济带和21世纪海上丝绸之路的愿景与行动》发布",2015年3月30日,http://zhs.mofcom.gov.cn/article/xxfb/201503/20150300926644.shtml。

❷ 中华人民共和国中央人民政府:"习近平:决胜全面建成小康社会夺取新时代中国特色社会主义伟大胜利——在中国共产党第十九次全国代表大会上的报告",http://www.gov.cn/zhuanti/2017-10/27/content_5234876.htm。

❸ 青岛新闻网:海洋强国建设:深耕高质量发展战略要地,2018年3月9日,http://epaper.qingdaonews.com/html/qdrb/20180309/qdrb1170666.html。

充分利用沿海的独特地理位置,努力争创对外开放新优势"。❶ 二是支持青岛建设国家中心城市。❷ 三是强调青岛要"突出海洋科学城、战略母港城、国际航运枢纽和国家沿海重要中心城市综合功能,以西海岸新区、蓝谷核心区、高新区、胶东临空经济示范区为引领,以胶州湾青岛老城区有机更新示范带和胶州、平度、莱西等县域经济转型升级示范园区为支撑,构筑'四区一带多园'的核心布局"。❸

综合以上,国家定位突出两点:一是特别成为"一路"排头兵和主力军;二是成为海洋强国战略的重要支撑,发展重点是海洋港口、产业、生态环境。山东定位突出三点:一是争当国家中心城市;二是引领胶东半岛对外开放;三是打造海洋核心布局。再结合青岛的海洋潜力(集中全国30%多海洋教科研机构、50%涉海科研人员、70%涉海高级专家和院士)研判,"一带一路"倡议带给青岛的重大机遇是:建设成为支撑中国海洋战略的"海洋型国家中心城市"。

(二)青岛面临严峻挑战

"一带一路"倡议带来的严峻挑战主要源自城市实力与外部环境两方面。

首先,青岛综合实力支撑青岛建设海洋型国家中心城市存在较大不确定性。它具体表现在三方面。

一是建设国家中心城市竞争激烈,青岛海洋优势萎缩。据称,国家中心城市数量或为12个。❹ 迄今为止,已确定8个(北京、天津、上海、广州、重庆、成都、武汉与郑州)。剩余潜在竞争者至少有8城——沈阳、南京、西安、长沙、深圳、杭州、青岛与厦门。❺ 从形势看,能支撑起国家海

---

❶ 山东省人民政府:"政府工作报告(省十三届人大第一次会议2018年)",2018年2月2日,http://www.shandong.gov.cn/art/2018/2/2/art_2463_233121.html。

❷ 山东省人民政府:"政府工作报告(省十三届人大第一次会议2018年)",2018年2月2日,http://www.shandong.gov.cn/art/2018/2/2/art_2463_233121.html。

❸ 山东省人民政府:"山东省人民政府关于印发山东省新旧动能转换重大工程实施规划的通知",2018年2月22日,http://www.shandong.gov.cn/art/2018/2/22/art_2477_234419.html。

❹ 人民网:国家中心城市数量或为12个入选标准有哪些?2017年2月1日,http://politics.people.com.cn/n1/2017/0221/c1001-29095124.html。

❺ 《国家中心城市数量或为12个入选标准有哪些?》,人民网,2017年2月1日,http://politics.people.com.cn/n1/2017/0221/c1001-29095124.html。

洋战略的主要有4城：上海、天津、深圳与青岛。若其全部入选，就形成8个内陆型与4个沿海型国家中心城市的整体格局。在海洋世纪，建设适量沿海型国家中心城市能正确反映国家海洋强国战略需求。虽然以此优化青岛对接"一带一路"建设目标更能突出城市特色与彰显优势，但青岛面临严峻挑战：海洋经济产值（2909亿元❶）占全国（77611亿元❷）比重过低——3.75%。

二是青岛国际化水平相对于建设国家中心城市支撑不足，主要表现为"当期处于达标边缘，远期不达标"。前一结论的根据有二：一是从国内"环境、社会与经济"指标看，青岛居多数潜在竞争者之后——排名由2016年的第14位降到2017年第16位，被厦门赶超❸；二是从国际"经济活动、人力资本、文化体验与政治参与"指标看，青岛在中国大陆20城市中的国际化当期（2017年）水平居12位——苏州、西安、重庆、杭州与东莞都排其后❹。此外，国际著名咨询公司科尔尼（ATKearney）的远期数据表明，青岛2026年的国际化水平或将退居中国城市第20位。❺

三是东亚地缘政治经济环境不确定的现实与未来。从区位看，青岛处于"一带一路"的陆海交会处，具有同时对接"一带"与"一路"的地理特征，且对接后者具有更大优势。在对接"一路"方面，日、韩方向是青岛对外开放的重点，东南沿海则是青岛走向东南亚、南亚、欧洲与非洲的海上必经通道，因此，和平的东亚地缘政治经济环境是青岛对接"一带一路"（尤其是"一路"）的重大前提。但是东北亚因危机四伏的朝核问题已

---

❶ 青岛海洋经济生产总值达2909亿元占GDP比重26.4%，青报网，http：//news.dailyqd.com/2018-03/01/content_420895.htm，2018年3月1日。

❷ 国家海洋局：2017年中国海洋经济统计公报，http：//www.soa.gov.cn/zwgk/hygb/zghyjjtjgb/201803/t20180301_60485.html，2018年3月1日。

❸ 吴静："2016中国城市综合发展指标发布，北上深位列三甲"，中国网，http：//news.china.com.cn/txt/2016-11/29/content_39810016.htm，2016年11月29日。

❹ ATKearney：Global Cities 2017：Leaders in a World of Disruptive Innovation，p.11，https：//www.atkearney.com/documents/10192/12610750/Global+Cities+2017+—+Leaders+in+a+World+of+Disruptive+Innovation.pdf/c00b71dd-18ab-4d6b-8ae6-526e380d6cc4.

❺ ATKearney：Global Cities 2017：Leaders in a World of Disruptive Innovation，p.p.11-12，https：//www.atkearney.com/documents/10192/12610750/Global+Cities+2017+—+Leaders+in+a+World+of+Disruptive+Innovation.pdf/c00b71dd-18ab-4d6b-8ae6-526e380d6cc4.

成为世界安全局势最危险、最复杂、最紧迫的地区之一。东南沿海水道安全（尤其是台海与南海局势）可能因"大国博弈"而再次吃紧。此外，个别大国针对中国挑起"贸易战"有可能给已经不确定的东亚地缘政治经济环境雪上加霜。

二、青岛对接"一带一路"的政策水平

本文研究青岛对接"一带一路"的政策水平主要选择两个维度：总体布局与建设重点。前者反映的是城市战略设计水平，后者反映的是政策实施水平。

（一）总体布局

青岛对接"一带一路"的政策布局主要分四层。首先，核心是"以建设海陆综合枢纽城市支撑国家战略"。其形成大约经历三个阶段。2015年，《青岛市落实"一带一路"倡议规划总体实施方案》从政策设计上明确了对接"一带一路"的定位、理念、重点与目标。其中，定位为新亚欧大陆桥主要节点城市和海上合作战略支点；理念是坚持世界眼光、国际标准，发挥本土优势；重点是建设海陆双向开放桥头堡、海上战略支点、经贸合作枢纽、服务保障基地和文化交流中心；目标是建设成为"一带一路"综合枢纽城市，争当落实国家战略的排头兵和先行区。[1]2016年，《青岛市国民经济和社会发展十三个五年规划纲要》宏观上把握"一带一路"倡议方向，微观上落到实处（包括从交通联运、物流、海洋经济、互联网+等方面量化规划部署）。此外，还强调五点：强化青岛战略支点功能；突出海、陆、空港和信息港多岗联动；创新自由贸易体制机制；提升国际大通道功能；建设海陆综合枢纽。2017年，《中共青岛第十二次代表大会上的报告》明确"三带一轴"发展思路，其中"三带"直接与青岛对接"一带一路"相联系，即辐射山东、服务海洋强国的滨海海洋特色发展带，面向东北亚、融入"一带一路"的烟威青协同发展带，联通欧亚、辐射沿黄流域的

---

[1] 青岛新闻网：青岛"一带一路"布局：在建16个境外经贸合作园区，2017年5月12日，http://news.qingdaonews.com/qingdao/2017-05/12/content_12037319.htm。

济潍青协同发展带。❶

其次,注重"蓝黄"交融。所谓"蓝"是指发挥青岛海洋优势,全面深化海洋国际合作与交流;所谓"黄"是指把加强与沿黄流域城市的合作作为融入"一带一路"的主线,发挥好沿黄流域最大出海口的优势,推动"沿黄经济带"成为"一带一路"的主线。以此发挥山东经济龙头作用,当好山东省对外开放的"桥头堡"。再次,注重获得中央支持与地方(含港澳台)合作。最后,注重"智囊"建设。主要推动青岛与国内外高校在经济发展、科学研究、产业升级、创新创业、人才培养、国际交流、医疗服务、城市管理创新等方面开展深入合作,助推青岛城市转型发展。

(二)建设重点

青岛对接"一带一路"的重点建设领域主要有六方面:一是完善交通基础设施——建设国际铁路枢纽,构筑区域性航空枢纽,建设国际信息港;二是提升经贸合作水平——加强与沿线国家经贸合作,加强与国内省份的经济协作,深化与日韩、欧洲的经贸合作,争创国家自由贸易港区;三是扩大双向投资——推动国际产能和装备制造合作,设立研发中心和营销服务网络,推动能源资源开发合作,提升引进外资质量;四是深化金融合作——进一步集聚金融资源,提升国际金融贸易服务水平,拓展金融开放合作局面,重点突出财富管理特色;五是推动海上合作——推动建设东亚海洋合作平台,极具国际海洋高端要素资源,保护海洋生态环境;六是加强人文交流——推进文化旅游合作,推进科技教育交流,加强国际友好合作交流。❷

三、青岛对接"一带一路"成效评估

虽然青岛市委(府)的政策布局与建设重点在设计上基本满足建设"一带一路"国家定位与山东布局的战略需要,但阶段性(2013—2017年)成效评估更具现实意义。迄今为止,国内尚缺乏一套针对国内城市对接

---

❶ 青岛政务网:践行新理念新思想新战略为建设宜居幸福创新型国际城市而奋斗,2017年3月29日,http://www.qingdao.gov.cn/n172/n1530/n32936/170407084758179347.html。
❷ 杨善民主编:《青岛:"一带一路"城市行动(2017)》,社会科学文献出版社,2017年版,第43页。

"一带一路"的普适性评价指标体系。鉴于此，本文基于"新发展理念"与"同类城市"进行创新性评估。该模式重点评估内外两维度：前者是青岛综合实力在同类城市中相对水平；后者是市委（府）外联、企业在沿线布局与外贸状况。

（一）新发展理念与同类城市视角评估

第一，新发展理念已成为建设中国城市的认知理论与发展路径。它涵盖五维度：创新、协调、绿色、开放与共享。对中国城市而言，它作为认知理论与发展路径主要体现在：一是战略性——对中国布局全球、确立优势与胜势产生战略决定作用；二是整体性——内容不能割裂，"创新"解决发展动力，"协调"解决发展不平衡，"绿色"解决人与自然和谐，"开放"解决内外联动发展，"共享"解决社会公平正义。

第二，同类城市视角有助于清晰定位青岛综合实力相对水平。本文所谓同类城市指城市规模与发展水平与青岛相近的国内城市。为确保科学性，本文以国内外权威研究成果作为判定依据。其中，国内选择"第一财经"发布的《2017中国城市商业魅力排行榜》——为中国338个城市分等级；国外选择"即时思考全球创新机构（2thinknow Global Innovation Agency）"发布的"2016—2017年全球创新城市指数（Innovation Cities™ Index 2016—2017：Global）"——以162个指标评估全球城市。国内对"新一线城市"与国外对中国大陆"节点城市"的判定基本吻合（均含青岛），因此两者交集作为同类城市具有科学性。于是，同类城市包括12城：南京、天津、杭州、成都、重庆、东莞、大连、苏州、武汉、宁波、西安、青岛。其中，南京、杭州、西安等"新一线城市"以及尚未入选的深圳（一线城市）都是青岛建设国家中心城市的强力竞争者（见表1）。

第三，以新发展理念为基础指标建立"同类城市评价指标体系"（见表2），并以同类城市平均水平作为参照评估青岛。突出特点是：将新发展理念五维度作为一级指标；精选权威研究成果相近指标作为二级指标；以同类城市平均水平评估青岛优劣。不足之处有：二级指标的数量与权重有待完善；科学性有待实践进一步证明。尽管如此，其实用价值突出。

表 1 同类城市与国家中心城市及竞争者的对应关系

| 国内研究 ||| 同类城市 || 国家中心城市 || 国际研究 |||
编号	城市	等级	编号	城市	是	竞争者	编号	城市	等级
1	成都		1	南京		是	1	南京	
2	杭州		2	天津	是		2	天津	
3	武汉		3	杭州		是	3	苏州	
4	重庆		4	成都	是		4	成都	
5	南京		5	重庆	是		5	重庆	
6	天津		6	东莞			6	东莞	
7	苏州		7	大连			7	大连	
8	西安	新一线	8	苏州			8	杭州	C（节点级）
9	长沙		9	武汉	是		9	厦门	
10	沈阳		10	宁波			10	武汉	
11	青岛		11	西安		是	11	宁波	
12	郑州		12	青岛			12	西安	
13	大连						13	青岛	
14	东莞						14	无锡	
15	宁波						15	哈尔滨	

资料来源：第一财经新一线城市研究所的《2017中国城市商业魅力排行榜》与"2thinknow Global Innovation Agency"的"Innovation Cities™ Index 2016-2017：Global"。

表2 同类城市评价指标体系

编号	一级指标	编号	权重	二级指标	数据来源
1	创新	1		科教	华顿经济研究院《2017中国百强城市排行榜》
		2		智力资本	普华永道《机遇之城2017》
		3		技术成熟度	
		4		高附加值区位商	米尔肯研究院《2017年度中国最佳表现城市》
		5		综合创新	2thinknow Innovation Cities™ Index 2016-2017
2	协调	6		文化	华顿经济研究院《2017中国百强城市排行榜》
		7		经济影响力	普华永道《机遇之城2017》
		8		区域重要性	
		9		未来可塑性	第一财经新一线城市研究所《2017中国城市商业魅力排行榜》
3	绿色	10	均权	环境	华顿经济研究院《2017中国百强城市排行榜》
		11		卫生	
		12		可持续发展	
4	开放	13		成本	普华永道《机遇之城2017》
		14		宜商环境	
		15		商业资源集聚	第一财经新一线城市研究所《2017中国城市商业魅力排行榜》
		16		外国直接投资/地区生产总值（FDI/GRP）❶	米尔肯研究院《2017年度中国最佳表现城市》
		17		国际城市指数❷	Maxxelli, China International City Index Report 2017
5	共享	18		储蓄	华顿经济研究院《2017中国百强城市排行榜》
		19		居民生活	普华永道《机遇之城2017》
		20		白领满意度	智联招聘2017研究报告
		21		健康与安全	普华永道《机遇之城2017》
		22		交通与规划	

资料来源：据互联网公开数据整理。

❶ FDI：外来直接投资；GRP：地区生产总值。
❷ 只针对中国27座城市：广州、深圳、成都、天津、武汉、重庆、杭州、南京、西安、苏州、青岛、厦门、大连、沈阳、哈尔滨、长沙、宁波、昆明、济南、郑州、长春、福州、无锡、合肥、常州、乌鲁木齐、石家庄。

第四，测算过程（略）与结果表明，青岛综合实力居同类城市下游，但各领域表现不尽相同——协调与绿色较好，共享、开放与创新滞后（见图1）。

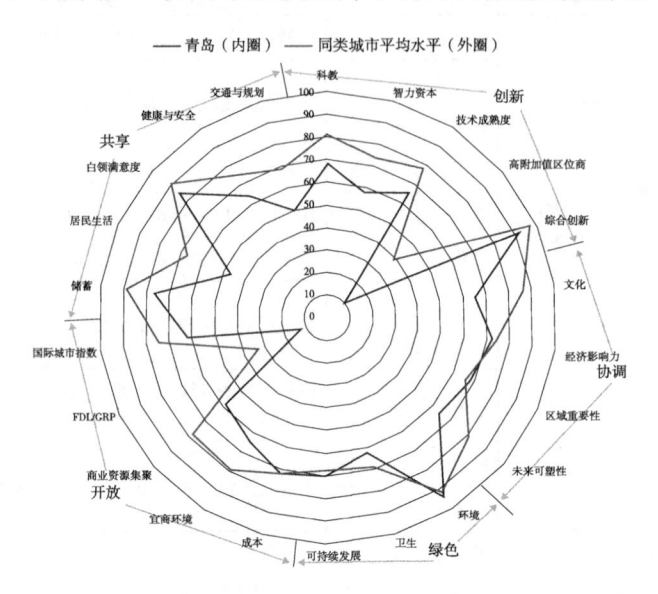

图1　2017年青岛与同类城市建设国际城市平均水平比较

资料来源：根据国内外权威机构最新研究成果编制。

其中，在协调方面，青岛居同类城市中游。"经济影响力"与"区域重要性"可圈可点，皆高（等）于平均水平，但"文化"支撑与"未来可塑性"明显低于平均水平，表明经济影响力未及时转化为文化软实力，未来协调难度上升。在绿色方面，青岛居中游。"环境"等于平均水平，"卫生"与"可持续发展"低于平均水平，表明尚有潜力可挖。

在开放方面，青岛居下游。"国际城市指数"与"成本"等于平均水平，"宜商环境""商业资源集聚"与"FDI/GRP"明显低于平均水平，突出表明开放优势已被同类城市赶超。在共享方面，青岛居下游。所有指标均低于平均水平。"白领满意度"接近平均水平，"健康与安全"与"储蓄"与平均水平存有差距，"居民生活"与"交通与规划"与平均水平存较大差距。在创新方面，青岛居下游。其中，"综合创新"与同类城市平均水平实际差距不大，但在支撑创新的关键领域，比如"科教、智力资本、技术成熟度与高附加值产业"等方面，与平均水平差距明显。

第五,青岛的发展成效在同类城市中"优少劣多"特点明显。各指标根据优劣程度可分5类:一是明显优势——区域重要性;二是优势——经济影响力、环境、卫生、可持续发展、成本与国际城市指数;三是轻微劣势——综合创新与白领满意度;四是劣势——科教、智力资本、技术成熟度、高附加值区位商、商业资源集聚、储蓄、健康与安全;五是明显劣势——文化、未来可塑性、商业环境、FDI/GRP、居民生活、交通与规划。简言之,青岛优势以上指标7项,占总数(22项)31.8%;轻微劣势2项,占9.1%;劣势及以下13项,占59.1%(见表3)。

表3 青岛综合实力相对同类城市平均水平优劣指标分布

一级指标	编号	二级指标				
		明显优势	优势	轻微劣势	劣势	明显劣势
创新	1				科教	
	2				智力资本	
	3				技术成熟度	
	4				高附加值区位商	
	5			综合创新		
协调	6					文化
	7		经济影响力			
	8	区域重要性				
	9					未来可塑性
绿色	10		环境			
	11		卫生			
	12		可持续发展			
开放	13		成本			
	14					宜商环境
	15				商业资源集聚	
	16					FDI/GRP
	17		国际城市指数			

179

续表

一级指标	编号	二级指标				
		明显优势	优势	轻微劣势	劣势	明显劣势
共享	18				储蓄	
	19					居民生活
	20			白领满意度		
	21				健康与安全	
	22					交通与规划
指标数量		1	6	2	7	6
比例		31.8%		9.1%	59.1%	

资料来源：根据前文相关数据编制。

（二）政府与企业布局视角评估

中国城市对接"一带一路"倡议，政府与企业必须形成某种良性互动关系：企业是建设主角，政府要发挥战略引导与统筹协调的作用。2013—2017年，反映青岛市委（府）与企业良性互动水平的参照有二：一是双方在沿线国的引导与布局；二是青岛对沿线国家的投资方向、贸易规模与结构特征。本文将依据上述参照进一步评估青岛对外经贸水平（见表4）。

由上可知，青岛市委（府）与企业在"一带一路"沿线国积极作为，且后者步伐明显快于前者——前者联络国34个，而后者进驻国43个，建立园区、中心及其他67个；从投资分布看，亚洲最多（32个）；非洲次之（16个）；欧洲第三（11个）。从投资方向看，主要涵盖港口、运输、建筑、电力、家电、冶金、橡胶、渔业、食品、农业、纺织与天然气等领域。从外贸规模看，青岛处于同类城市中等水平，但低于平均水平（见表5）。从外贸构成看，青岛依然依赖传统主要市场。其中，欧盟、美国和日本是其前三大出口市场，并且对欧、美、日、韩、东盟的进出口总值占总额59.4%；东盟、韩国、澳大利亚、美国、巴西和欧盟是主要进口市场。此外，青岛与部分"一带一路"沿线国家进出口快速增长。其中，自东盟与俄罗斯的进出口增长明显。

表 4 青岛对接"一带一路"市委(府)引导与企业布局状况 [1]

区域		政府引导 国家数	政府引导 国家	企业布局 国家数	企业布局 项目	企业布局 国家(项目) [2]
亚洲	东北亚	2	韩国、日本	2	2	韩国(釜山工商中心)、日本(东京工商中心)
	东南亚	4	印度尼西亚、柬埔寨、泰国、越南、新加坡、马来西亚	8	18	柬埔寨(中柬合作青岛产业园、中启控股斯努经济特区、青建工业园)、青岛港与西哈努克港签友好港协议、即发成安、印度尼西亚(亚佰顺众昇拉苏印度尼西亚美娜多海洋产业园、太平洋国际资源投资橡胶综合工业园、中海洋印度尼西亚美娜多海洋产业园)、泰国(森麒麟罗勇府自治省立盛橡胶工业园)、马来西亚(北方农渔业产业设工业区、即发成安)、新加坡(恒顺众昇拉苏、关丹港签友好港协议、关丹港投资项目)、越南(赛轮金宇)、缅甸、菲律宾
	南亚	3	巴基斯坦、斯里兰卡、印度	2	6	巴基斯坦(海尔-鲁巴工业园、劳德普青岛工业园、青岛港瓜达尔港签战略合作框架协议、山东电建三公司)、孟加拉(青岛水务集团)
	中亚	2	吉尔吉斯斯坦、塔吉克斯坦	2	4	哈萨克斯坦(中哈农牧产业科技示范园、阿拉木图工业园)、吉尔吉斯斯坦(比什凯克工业园)
	中东	1	以色列	4	4	以色列(特拉工商中心)、约旦(青岛双星与约旦合作伙伴签合作协议)、沙特(山东电建三公司)、阿曼(山东电建三公司)

---

[1] 杨善民主编:《青岛:"一带一路"城市行动(2017)》,社会科学文献出版社,2017年第1版,第50—64页。

[2] 青岛新闻网:青岛经贸融入"一带一路"示意图,2017年5月12日,http://epaper.qingdaonews.com/html/qdrb/20170512/qdrb1091695.html;杨善民主编:《青岛:"一带一路"城市行动(2017)》,社会科学文献出版社,2017年第1版,第179—208页。

续表

区域		政府引导		企业布局	
	国家	国家	项目	国家	国家（项目）
欧洲	东欧	2	俄罗斯、乌克兰	1	2	俄罗斯（圣彼得堡保税区、鞑靼共和国海尔工业园）、
	西欧	11	英国、法国、比利时、西班牙、德国、罗马尼亚、冰岛、波兰、捷克、比利时、意大利	5	9	欧洲（青岛欧亚经贸合作产业园）、德国（慕尼黑工商中心、青岛港与威廉港签战略合作框架协议、青岛康原药业投资生物制药、青岛市机械工业总公司收购KW公司）、英国（青岛华通集团与DNVGL能源部签谅解备忘录、中欧商贸物流中心）、罗马尼亚（康斯坦察港口）、法国（圣元投资婴儿奶粉厂）、匈牙利
美洲	北美	2	美国、加拿大	2	4	美国（圣阿塞工商中心、青岛港与迈阿密—戴德港签友好港备忘录，与著名邮轮公司皇家加勒比游轮、嘉年华集团签战略合作备忘录）、加拿大（加中清洁能源加中天然气工业园）
	南美			1	1	巴西（青岛港与淡水河谷签战略合作备忘录）
非洲		7	津巴布韦、毛里求斯、塞舌尔、阿尔及利亚、赞比亚、摩洛哥、加纳	15	17	南非（海信开普敦亚特兰蒂斯工业园、恒顺众昇与非洲煤业有限公司签收购谅解备忘录）、赞比亚、端昌棉业农产品加工合同）、肯尼亚（川山国际硅藻土工业园、马里、安哥拉、纳米比亚、利比里亚、科特迪瓦、博茨瓦纳、苏丹、马拉维（青岛端昌棉业设厂）、莫桑比克（青岛端昌棉业设厂）、津巴布韦（青岛海丰投资渔业项目）、毛里求斯
大洋洲		1		1	2	澳大利亚（青岛出版集团签2项目）
合计		34		43	67	

资料来源：杨善民主编：《青岛："一带一路"城市行动（2017）》，社会科学文献出版社，2017年第1版；互联网公开资料。

表5　2017年青岛外贸总额与同类城市平均水平比较

序号	城市	对外贸易额（亿元）绝对值	均值
1	苏州	21395	
2	东莞	12300	
3	天津	7647	
4	杭州	5085	
5	宁波	5085	
6	青岛	5034	6479
7	重庆	4508	
8	南京	4143	
9	大连	4132	
10	成都	3942	
11	西安	2545	
12	武汉	1936	

资料来源：根据互联网公开资料编辑。

（三）评估结论

综合研判，青岛对接"一带一路"既取得积极成果，也存在不足、瓶颈与困境。成果主要有三：一是辐射面较大，与青岛有经贸合作关系的国家（43个）约占已签共建"一带一路"政府间合作协议国家（约70[1]）60%；二是外贸规模处同类城市中位，既表明青岛对外经济交往的中坚地位，也显示青岛与"一带一路"沿线国的良好经贸关系；三是"亚欧非"国家是青岛对外投资合作项目集中区，与"一带一路"沿线国基本吻合。不足主要有二：一是以发达国家（欧、美、日）为主，以发展中国家为辅（东盟、非）的传统外贸格局并未改变；二是对外投资行业虽多，尚存弱项甚至空白——金融、技术、化学、公用事业、旅游、娱乐等。瓶颈主要有二：一是企业如何进一步拓展尚未涉足的40%沿线国；二是如何扩大与沿线发展中国家的经贸规模，降低传统外贸格局可能带来的弊端——美国对

---

[1] 中国社会科学网："'一带一路'倡议下中国海外园区建设与发展报告（2018）"发布，2018年2月26日，http://fund.cssn.cn/zx/bwyc/201802/t20180226_3857895.shtml。

华"贸易战"以及亚洲地缘政治经济风险或将直接影响青岛与发达国家贸易。困境主要在于：外贸规模低于青岛的同类城市与国家中心城市竞争者（西安与南京）综合实力都已超过青岛的事实表明，中国无外贸优势内陆城市赶超外贸发达沿海城市的态势已形成，而改善城市指标品质已经成为青岛对接"一带一路"扩大外贸规模之外的必然选择，也是青岛进而寻求成为国家中心城市的必然选择。

四、应对建议

从评估结论看，青岛对接"一带一路"存在三大优化方向：一是实质增加青岛对海洋强国战略的权重；二是改善城市指标品质（尤其是劣势指标）；三是开发、扩大、深化与沿线发展中国家（尤其是未触及的40%）经贸联系。上述难题对青岛具有系统性要求，因此本文建议采取"固本培元"——"本"是城市指标品质，"元"是海洋强国权重。具体而言，有以下几个方面。

（一）强化新发展理念与同类城市竞争意识

青岛新发展理念与同类城市竞争意识对深入对接"一带一路"倡议，成为国家中心城市的内在要求，主要包括转变官本位思想、夯实以人为本、提升政府服务意识、紧盯同类城市、对标国际一流城市、创新城市治理制度等。现阶段，可借鉴的主要路径有二：利用先进技术与汲取国际经验。前者指建设"城市大脑"谋求对政府与企业的"倒逼"效应；后者是包括：明确政府责任，划清人口、社会与环境承载边界，明确差别性价值。明确政府责任是政府需主动承担起管理与服务等非市场责任，如人口流动、住房短缺、城市环境、公共卫生、贫困救济、社会治安等。划清承载边界指明确城市人口总量和密度超过某一限度将导致所有治理措施流于治标——政府治理缺位是主因；明确差别性价值指突出有别于同类城市的青岛核心价值——宜居幸福。

（二）建立"城市大脑"提高城市治理效率

虚拟科技快速发展使得中国城市建立"城市大脑"变得可能与紧迫。所谓城市大脑是利用综合通信平台（ICP）将大数据、机器学习和人工智能相结合，收集城市信息数据用于规划城市、应对紧急事件，保障城市安全、方便城市交通以及管理和决策城市的其他服务领域。从新发展理念研判，五维度在"城市大脑"中得到不同程度体现。在可预见的未来，单纯依靠人脑应对日益复杂的国际城市问题日渐力不从心，而以"互联网+大数据+机器学习+人工智能"等为主要内容的"城市大脑"优势凸显。目前，国内"城市大脑"技术有"华为模式"与"阿里云ET模式"。其中，"华为模式"已在40个国家的120多个城市部署，国内主要有北京、上海、广州、合肥与潍坊等城市，"阿里云ET模式"目前仅在杭州部署。本文建议青岛引进"华为模式"，既可为政府决策提供直观依据，也可让对接部门实时自我跟踪，明确优劣，倒逼改进行政效率，还可共享城市建设水平，间接培养城市文化认同。

（三）整合战略精准对标海洋强国战略支撑

整合战略包括国家、省与市三层次。国家层次侧重对接"'一带一路'与'京津冀协同发展'"；山东层次侧重对接"新旧动能转换试验区"；青岛层次侧重"海洋型国家中心城市"与"宜居幸福创新型国际城市"。此外，青岛作为"一带一路"综合（海陆）枢纽应"以支点（海）为主，以节点（陆）为辅"，进而突出作为"海洋强国"领军城市的特定身份。于是，整合战略可分三步：一是以"山东半岛港口一体化"为目标整合山东半岛港口城市。二是引领山东融入"环渤海湾港口协同发展"，进而融入"京津冀协同发展"。三是运筹对接"冰上丝绸之路"——未来西欧与东北亚的最短、最安全航线（西欧—东北航道—白令海峡—北太平洋—青岛港），其开通将极大提升青岛在国际海洋贸易中的枢纽地位。2018年，《中国的北极政策》白皮书明确提出与"各方共建'冰上丝绸之路'"[1]，青岛宜积极提升与俄罗斯及北欧国家的合作水平。

（四）着力改变海洋金融、法律、科技与环境短板

虽然青岛在国内沿海城市中具有良好的海洋资源环境、较完善的海洋基础设施、雄厚的海洋科技实力、较齐全的海洋产业体系以及规范的海洋管理机制等海洋优势，但与支撑海洋强国战略与建设国际海洋名城（主

---

[1] 外交部：中国的北极政策，2018年1月26日，http://www.fmprc.gov.cn/web/ziliao_674904/tytj_674911/zcwj_674915/t1529258.shtml。

要包括海洋航运、海洋金融与法律、港口与物流、海洋科技四维度）相匹配的高标准尚存不小差距。其中，青岛在海洋航运、港口与物流等方面表现良好，但在海洋金融与法律、海洋科技方面存在短板——前者是建设不足，后者是转化不足。从现阶段看，借助山东"动能转换"契机，加强海洋金融与法律建设与彻底改变青岛海洋科技转化率低的被动局面应是当务之急。此外，由于城市废水排放量巨大（2016年全市总量50878.35万吨❶），使得胶州湾水质（2018年优良率71.8%❷）明显低于外部近岸海域水质（93.8%❸），存在不小改善空间。

（五）扩大人才规模适应同类城市竞争需要

创新驱动已成为国际城市发展的现实，"人"是创新发展第一核心要素，城市创新首要特征是人才集聚。与同类城市相比，青岛在战略与结构上需要根据劣势领域进一步优化。战略优化主要针对青岛人才规模相对同类城市差距明显——青岛2020年人才计划规模达到200万，而同类城市均值达300万左右。因此建议：参照同类城市平均水平，将青岛2020年人才规模由200万扩大到280万。此外，人才结构要围绕提高人工智能人才比重进行实质优化。"十三五"期间，全国人工智能人才总量供给有限，一线城市与部分信息科技发达的二线城市都以诱人条件抢夺此类人才。如果人才政策滞后，那么青岛在人工智能时代很可能倒退到同类城市下一等级。

（六）改善营商环境

青岛营商环境在同类城市中偏低的外部因素主要有二：一是"京津冀"与"长三角"两大城市群的营商环境优势过于突出，使得青岛乃至整个山东半岛的人才、资源、资金、技术等长期遭受"虹吸效应"；二是国内经济下行、产能过剩、民间投资萎缩等压力为青岛改善营商环境增加难度。外部因素非青岛所能左右，所以改善营商环境更多需要从自身寻找突

---

❶ 青岛市环保局："2014年青岛市环境状况公报"，2015年6月4日，http://www.qepb.gov.cn/m2/view.aspx?n=f84b0559-0f12-42e1-a2a3-5dba96229efd。

❷ 青岛全搜索电子报："胶州湾优良水域面积过七成"，2018年3月14日，http://wb.qdqss.cn/html/qdzb/20180314/qdzb307102.html。

❸ 中国环保部：2016中国近岸海域环境质量报告，2017年6月29日，http://www.mep.gov.cn/hjzl/shj/jagb/201706/P020170629334342524664.pdf?COLLCC=1509871496&。

破口。因此建议：一是深入贯彻绿水青山是金山银山的理念；二是树立营商环境即生产力的理念；三是对标新时代要求、国际一流标准与同类城市成熟经验，实施多主体协同治理的"城市营销"；四是深化"放管服"改革，减少行政审批，降低市场行政成本，促进市场活力和创新；五是狠抓"城市调研"查找问题，为企业（尤其是中小微企业）解决难题，增强其发展信心；六是建立高房价与雾霾的预警和干预机制；七是推进资源节约和循环利用（尤其是城市废水）。

五、结语

过去4年，青岛对接"一带一路"取得积极成效，主要表现为市委（府）引导与企业"走出去"相互协调，且后者与沿线国经贸规模较大，辐射较广，经济联系较密切等。但从新发展理念与同类城市视角，尤其将对接"一带一路"与支撑国家海洋战略及建设海洋型国家中心城市联系起来，青岛在城市治理理念、发展战略精准定位、提升海洋经济优势、提升适应性人才规模、海洋科技创新与转化率、城市营商环境与城市品牌等方面面临系统性调整的必要与空间。既然将支撑国家海洋战略与建设海洋型国家中心城市作为城市使命，那么以高认知、高标准、高效率优化城市发展就是中国滨海城市的不二选择。

"一带一路"背景下西安国际化大都市建设

黄建峰，王晗 [1]

摘要："一带一路"建设稳步推进，西安借助国家向西开放政策的大力实施，加快建设具有历史文化特色的区域性专业性国际化大都市。西安历史文化悠久、地理位置重要、对外交通便利、教育科技发达，推动西安经济社会不断深入发展；通过开通"长安号"国际班列，举办"一带一路"国际会议，实施友好城市战略等，加强西安与沿线国家的联系，增强了西安的国际影响力，为西安打造对外开放的新高地奠定坚实基础。西安充分发挥后发优势，总结建设经验，推动西安建设国际化大都市建设。

关键词："一带一路"；国际化大都市；西安

前沿

伴随"一带一路"倡议的深入推进，西安在国际化大都市建设过程中迎来新的历史机遇。西安借助国家政策支持，充分发挥后发优势，吸纳融合其他国际化大都市建设经验，致力于打造具有鲜明历史文化特色的区域性专业性国际化大都市。作为古丝绸之路的起点，西安历史文化资源丰富，与"丝绸之路经济带"沿线国家交往历史悠久，通过寻找与沿线国家共同的丝路记忆，拓宽了西安向西开放的道路，促使西安与中亚欧国家的商贸联系更加紧密，人员往来更加频繁，国际合作纵深发展，古城西安又焕发出勃勃生机。

---

[1] 黄建峰，1990年生，山东临沂人。2017年山东师范大学国际关系专业硕士研究生毕业。现在北京社会科学院外国所实习；王晗，河北工业大学外国语学院研究生。

关于国际化大都市，并没有统一的定义，西方研究者一般用世界城市指代国际化大都市，伴随工业化、全球化的发展，出现了以伦敦、巴黎、纽约、东京等为代表的世界城市，同时带动了世界城市的研究不断深入，不同研究人员从不同的层次来定义世界城市。国际化大都市的概念最初由英国城市规划师格迪斯于1915年提出来的。1986年美国学者弗里德曼从国际分工的角度，提出了从金融中心、跨国公司总部、国际组织聚集地、第三产业高度发达、制造业中心、世界重要的交通枢纽和庞大的人口规模七项指标来衡量世界城市。我国学者关于国际化大都市的称谓十分多样，但是对于国际化大都市的特征以及形成过程认知相对集中，大都从发展程度、人口规模、城市规划、交通状况、依托区域以及与国际联系等方面进行研究。本文认为所谓国际化大都市，首先国际化程度高：要求开放程度高，对外联系紧密，具有较强的国际影响力等；其次城市功能完备：规模大人口多、自身承载能力强、经济发达、布局合理、对外交通便捷、基础设施完善、环境优美等；以及先进的城市发展理念与自身特色、先进的管理经验与良好的社会秩序等。本文将结合"一带一路"建设着重从这些方面对西安国际化大都市建设进行梳理。

一、西安建设国际化大都市的有利因素

西安作为西部大开发的桥头堡，是西北最大的城市，亚欧大陆桥的心脏地带，中国地理位置的中心，是开发大西北、稳定大西北的战略中心城市。同时西安是九大国家中心城市之一，是亚洲重要的知识技术创新中心，是中国大飞机的制造基地，是中国非常重要的科研、高等教育、国防科技工业和高新技术产业基地。西安具有丰富的历史文化以及悠久的历史，作为世界四大古都之一，具有建设国际化大都市的历史传统。在新时代，借助"一带一路"建设，西安明确建设大西安、带动大关中、引领大西北的发展理念，着力打造国际化大都市，见图1。

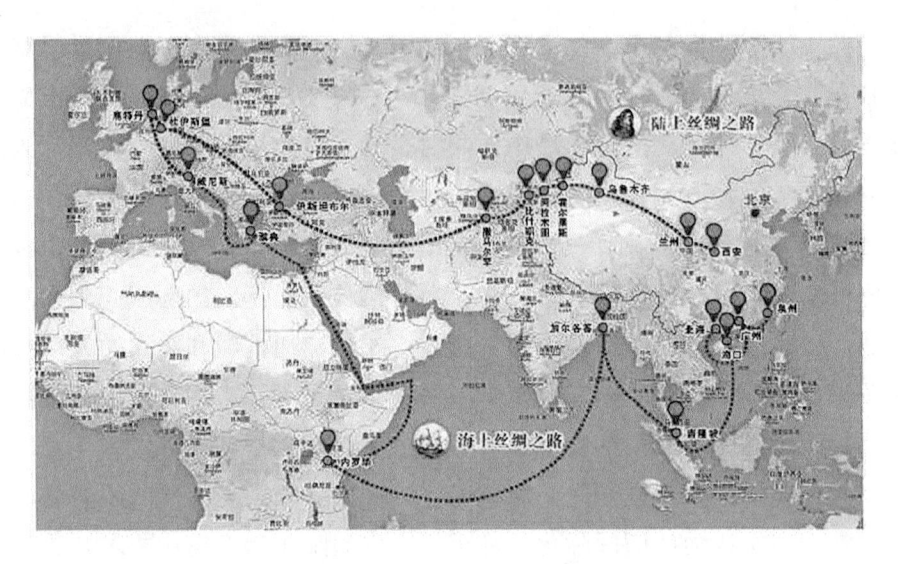

图1 西安在"一带一路"中的位置图

首先,西安地理战略位置尤为重要。西安几乎处在中国版图的几何中心,与中国内陆各主要地区之间的联系距离适中,是经略西北的战略要地,是人口、货物集散的重要中转站,是贯穿我国东中西亚欧大陆桥经济带的心脏,是国家向西开放的重要窗口。西安是稳定大西北的关键连接点,关于海权与陆权之争由来已久,近代中国主要威胁大多来自海洋,因此在中华人民共和国成立之后,特别是改革开放之后,国家重点对外开放地区集中在东部沿海,造成东西部之间发展差距不断扩大,西部地区发展严重滞后,威胁国家安全与稳定。在"一带一路"倡议下,国家加快向西开放的步伐,将西安打造成向西开放沿线上的国际化大都市,对于保持内陆地区的稳定意义重大。西安作为西北最重要的经济文化科技教育中心,历史多次证明,西安的繁荣对西北边疆稳定具有不可代替的作用。西安自然条件优越,地处关中平原,古有"金城千里,天府之国"美称,西安经济发达,环境承载能力强,基础设施完善,是连接西北内陆与中亚欧国家的重要战略枢纽。西安通过完善铁路、公路、航空交通网建设,构建全方位、立体化的交通格局,打造亚欧大陆桥上重要的综合性交通枢纽。西安铁路枢纽是全国铁路六大枢纽之一,北客站为亚洲最大火车站(18站台34线),是连接西北内陆与东部沿海地区的关键枢纽,2010年第一条高铁开通以来，西安规划衔接八条高铁线路，形成高铁、普通铁路、城际铁路相连接的环形放射状铁路建设格局。西安汇集九条国家重要高速公路，"米"字形环绕高速公路加强了西安与北京、上海等地的联系。西安是我国重要的航空港，是继北京、上海、广州之后的第四大航空枢纽。西安依托航空运输、铁路公路联运，加强与沿海港口之间的联系，重点打造陆桥通道建设，提升对外开放水平，主动链接新亚欧大陆桥和中蒙俄经济走廊，建设具有更大辐射范围和集聚能力的国际性综合交通枢纽。

其次，国家政策的支持，为西安建设国际化大都市提供政策保障。2009年6月国家发改委批准的《关中—天水经济区发展规划》中，明确了把西安（咸阳）建设成为国际化大都市的战略定位，西安成为继北京、上海之后，被国家明确定位为建设国际化大都市的第三个城市。2011年2月，西安综合保税区批准设立，2012年9月，国务院正式批准建立西安高新综合保税区，综合保税区的建立有力带动西安外向型经济发展，成为西安建设世界一流高新科技园区、推动西安国际化大都市建设的重要基地，是西安发展外向型经济的"助推器"。"一带一路"倡议提出实施之后，进一步为西安建设国际化大都市提供动力。2013年习近平总书记正式提出建设"一带一路"，作为古代丝绸之路上最重要的城市西安（长安），在新丝绸之路建设过程中，自然成为国际社会关注的焦点。在2015年发改委、外交部和商务部联合发布的《推动共建丝绸之路经济带和21世纪海上丝绸之路的愿景与行动》中，提出"打造西安内陆改革开放新高地"，提升了西安在"一带一路"建设中地位。2017年9月，欧亚经济论坛在西安举行，以"共建'一带一路'：发展战略的对接"为主题，为西安加强与中亚以及欧洲国家的联系提供了广阔的舞台，同时正式将西安确立为欧亚经济论坛的永久性会址。2018年2月，国家发改委批复《关中平原城市群发展规划》，明确西安以建设具有国际影响力的国家级城市群为目标，将西安定位为国家中心城市之一，为西安人才与经济集聚，加快经济社会发展，打造内陆对外开放的新高地提供政策保障。

最后，西安具有建设国际化大都市的历史文化、科学技术等方面的优势。西安作为国际化大都市的最重要优势就是具有丰富的历史文化底蕴，西安有3000多年的建城史，1100多年的建都史，是被公认的世界四大古都之一。西安作为世界四大古都，拥有众多的世界文化遗产，是古丝绸之路的起点，具有特色鲜明的华夏文化，想要了解古代丝绸之路，必须对西安进行深入研究。汉代张骞通西域，打开了向西开放的大门，加强了与西域各国的联系，丝绸之路初具规模。时至唐代，丝绸之路上往返着西域各族、中亚与欧洲等众多国家的商贸团队，长安成为当时世界上最重要的国际化大都市。2014年6月，联合国教科文组织正式将"丝绸之路：长安—天山廊道的路网"确立为世界文化遗产，总共确立遗产点33处，仅西安就占5处，充分证明西安在"一带一路"中具有不可撼动的历史地位。在新的"一带一路"倡议下，西安丰富的丝路文化内涵获得新生，成为西安向西开放的宝贵精神财富。同时西安科技教育发达，具有众多科研机构，西安现有普通高等院校48所，民办高校29所，其中"985工程"建设高校3所，"211工程"建设院校5所，科研院所500多家，科技人才34万多人，两院院士42人，综合科技实力居全国第三位。[1]同时西安重视国际教育合作，与境外30多所高校有合作关系，安排千余名中亚学生到西安求学。2010年西安荣获首批国家创新型试点城市。西安是国家重要的航空研发基地以及新兴产业基地，是军工产业制造基地，2017年中国城市硬科技综合排名中，西安位列24个城市中第6位。西安高度重视吸引国内外高端人才，制定高层次人才的引进措施，充分打造和利用高端智库，注重科研成果转化，展开广泛的国际合作，并注重对人才的管理，实施优秀人才落户计划。

二、西安对外开放的举措

以中欧班列"长安号"为连通抓手，实现长安与中亚欧洲等地国家之间的互通。西安处在亚欧大陆桥的心脏地带，与丝绸之路沿线国家联系密切，在"一带一路"倡议提出之后，西安积极加强与沿线国家的交流合作，先后开通了西安—鹿特丹、西安—莫斯科、西安—哈萨克斯坦等"长

---

[1] 孙颖玲：《基于"一带一路"建设西安国际化大都市的路径研究》，《商业经济研究》，2015年，第23期。

安号"国际班列,并开通"长安号"丝绸之路旅游专列。2013年11月28日,首列"长安号"国际货运班列从西安出发,6天后到达哈萨克斯坦阿拉木图,"长安号"开通800多天后,首趟"长安号"回程班列于2016年3月26日抵达西安。"长安号"国际班列的开通,让西安与世界的联系更加紧密,成为西安向西开放的大动脉。2015年2月2日,"长安号"开通向东直达青岛港的货运专列,实现西安货物的海铁联运,打造西安对外开放的陆海联动模式。截至2017年10月31日,"长安号"国际货运班列已累计开行438列,累计运送货物总重达60.7万吨。其中中亚班列累计开行343列,计16407车;中欧班列累计开行59列,计1720车;回程班列累计开行36列,累计运送货物总重3.9万吨。平均每天5万多单服装、鞋帽、工艺品等从"长安号"始发地西安国际港务区发往欧洲、北美等地。2018年1月,"长安号"班列实现开门红,对于实现全年开通1000列的目标奠定基础。现在,"长安号"国际班列实现常态化运营,往返于西安—中亚、欧洲班列带动丝绸之路经济带沿线国家的交流,对外开放的水平不断提高,国际影响力凸显。

积极筹备国际会议,争取举办第二届"一带一路"高峰论坛。西安积极参与"一带一路"建设,2013年成功举办丝绸之路经济带沿线20个城市市长圆桌会议,推动与沿线国家的城市交流合作,推动共建"中亚·长安产业园""国家级欧亚经济综合园区"等开放型经济园区,成功举办有77个国家和地区参加的首届丝绸之路国际博览会。2017年9月21日至23日,西安成功举办第六届欧亚经济论坛会议,西安结合自身优势产业和特色板块,与会议举办过程紧密结合,着重发出西安声音、宣传西安形象、讲述西安故事,带动一批大项目落地西安,吸引一批大客商选择西安,为西安国际化大都市建设吸引更多的世界关注与动力。欧亚经济论坛是上海合作组织的框架之下面向广大欧亚国家的高层次、开放性国际会议,每两年举办一次,西安被确定为欧亚经济论的永久会址。2017年5月,第一届"一带一路"国际合作高峰论坛在北京举行,29个国家领导人出席,受到全世界瞩目,对推动国际和地区合作发挥了巨大作用。西安积极争取举办第二届"一带一路"高峰论坛,西安利用陆上丝绸之路经济带起点的优势,组织专家学者论证西安举办第二届高峰论坛的可行性，并不断完善研究报告，陕西省委省政府积极配合支持，在第七届陕粤港澳经济合作活动周举办之际，陕西省西安市市长上官吉庆表示，西安市将在2019年举办"一带一路"高峰论坛。欧亚经济论坛等国际会议将西安对外开的大门拓宽，将西安与"一带一路"沿线国家紧密联系在一起，成为西安建设区域性专业性国际化大都市的重点突破方向，为内陆城市建设国际化化大都市提供国际交流渠道。

争取外事机构入住，拓展国际友好城市朋友圈。西安积极参与国际交往，与"一带一路"沿线国家的交往常态化，并不断扩大对外开放成果，吸引更多的国家到西安开办领事机构。截至2017年年底，泰国、马来西亚、韩国和柬埔寨4个国家在西安设立总领事馆，德、法、英、荷等17个国家在西安设立有领事签证中心，同时，还有白俄罗斯、加拿大、土耳其、意大利等国的27家外事机构签约入驻西安，同时对51个国家的公民实施72小时过境免签。在建设国际化大都市的过程中，西安重视友好城市建设，在1974年2月1日与日本奈良市签订友好城市协议以来，已经与26个国家的31个城市签署友好城市协议，在副省级城市中，国际友好城市数量仅次于广州、成都，位居中国国际友好城市榜第五位，伴随"一带一路"建设的展开，申请与西安建设国际友好城市的数量不断增长，积极承办"一带一路"城市市长圆桌会议会议。同时，西安与27个国家，55个城市确立为友好交流城市，（见表1、表2）。❶

表1 西安国际友好城市一览表

顺序	城市	国家	所属洲	结好时间
1	奈良市	日本	亚洲	1974年2月1日
2	京都市	日本	亚洲	1974年5月10日
3	爱丁堡市	英国	欧洲	1985年4月16日
4	波城市	法国	欧洲	1986年9月15日
5	堪萨斯市	美国	北美洲	1989年4月29日

---

❶ 数据来源：根据西安市人民政府外事侨务办公室网站数据统计。http://wqb.xa.gov.cn/ptl/index.html。

续表

顺序	城市	国家	所属洲	结好时间
6	伊斯法罕市	伊朗	亚洲	1989年5月6日
7	拉合尔市	巴基斯坦	亚洲	1992年6月20日
8	多特蒙德市	德国	欧洲	1992年7月22日
9	船桥市	日本	亚洲	1994年11月2日
10	庆州市	韩国	亚洲	1994年11月18日
11	雅西市	罗马尼亚	欧洲	1994年12月6日
12	第聂伯彼得罗夫斯克市	乌克兰	欧洲	1995年10月27日
13	科尼亚市	土耳其	亚洲	1996年9月8日
14	加德满都	尼泊尔	亚洲	1996年9月12日
15	巴西利亚	巴西	南美洲	1997年10月26日
16	魁北克市	加拿大	北美洲	2001年5月11日
17	科尔多瓦市	阿根廷	南美洲	2006年12月19日
18	庞贝市	意大利	欧洲	2007年10月13日
19	卡拉马塔市	希腊	欧洲	2009年9月17日
20	昆卡市	厄瓜多尔	南美洲	2010年9月8日
21	格罗宁根市	荷兰	欧洲	2011年11月7日
22	科托尔市	黑山	欧洲	2013年11月25日
23	撒马尔罕市	乌兹别克斯坦	亚洲	2013年11月29日
24	马雷市	土库曼斯坦	亚洲	2014年5月12日
25	蒙哥马利郡	美国	北美洲	2014年9月4日
26	霍巴特市	澳大利亚	大洋洲	2015年3月29日
27	久姆里市	亚美尼亚	亚洲	2015年6月8日
28	晋州市	韩国	亚洲	2016年5月5日
29	克拉古耶瓦茨市	塞尔维亚	欧洲	2016年6月18日
30	奥尔登堡市	德国	欧洲	2017年9月
31	于默奥市	瑞典	欧洲	2017年9月

资料来源：西安市人民政府外事侨务办公室："西安友好城市"，http://wqb.xa.gov.cn/ptl/def/def/index_1265_4742_ci_recid_4241794.html，登录时间：2018年4月10日。

表 2 友好交流城市一览表（截止 2017 年 7 月 12 日）

洲名	国家	友好城市
美洲	加拿大	滑铁卢、素里
大洋洲	澳大利亚	康士比
	新西兰	哈特、多波、罗托鲁阿
欧洲	法国	贝藏松
	瑞士	日内瓦
	瑞典	于默奥、吕勒欧
	意大利	罗马、波蒂奇、卡塞塔、埃尔科拉诺
	西班牙	艾斯特雷马杜拉州、帕伦西亚、梅里达、瓦伦西亚
	荷兰	代尔夫特
	奥地利	巴特·伊施尔
	保加利亚	大特尔诺沃
	俄罗斯	普斯科夫州、伊尔库茨克、圣彼得堡
	土耳其	伊斯坦布尔、加济安泰普
	斯洛文尼亚	马里博尔
	英国	罗瑟勒姆、德比
亚洲	日本	爱媛县、福岛县、香川县、冈山县、小浜、新潟
	韩国	庆尚南道、顺天、大田、平泽、安东
	泰国	普吉府、甘烹碧府
	印度	新德里
	印度尼西亚	梭罗
	斯里兰卡	科伦坡
	塔吉克斯坦	杜尚别、胡占德
	吉尔吉斯斯坦	比什凯克、奥什
	哈萨克斯坦	卡拉干达州、北哈州、阿拉木图
	以色列	吉夫阿塔伊姆
非洲	摩洛哥	菲斯
	突尼斯	迦太基

资料来源：西安市人民政府外事侨务办公室网站："友好交流城市"，http: //wqb.xa.gov.cn/ptl/def/def/index_1265_4742_ci_recid_4241794.html，2018 年 4 月 10 日。

三、西安国际化大都市建设的经验

充分发挥后发优势，明确西安建设具有历史文化特色的区域性、专业性国际化大都市。西安在"一带一路"背景下建设国际化大都市的过程中，通过与国内主要城市进行对比发现，西安最明显的优势就是历史文化。通过与北京、上海、深圳、杭州、武汉、成都几个城市的国际化大都市评价指标体系（2018）进行评比，分析发现，西安历史文化资源优势明显，名列几个城市前列，在建设国际化大都市的过程中，具备良好的历史文化基础与底蕴。[1] 西安建设国际化大都市，既学习北京、上海等城市的建设经验，又坚持建设具有中华文化特色的国际化大都市，走出一条独特内陆城市建设国际化大都市的道路。西安通过充分利用文化历史资源优势，突出"一带一路"建设特色，紧密加强与中亚欧国家之间的联系，通过举办欧亚经济论坛、丝博会等，吸引外国游客，加强相互交流。通过发挥西安科学技术和文化资源优势，与沿线国家广泛开展文化交流、学术往来活动，积极推进沿线国家互办文化节、艺术节、电影节和图书展等活动，增强了西安文化的国际影响力，扩大西安城市辐射距离，实现沿线各国的民心向同。

西安地方政府在建设国际化大都市过程中的前瞻理念以及先进的城市发展定位。西安地方政府一直积极谋划西安未来发展，制定符合自身的国际化战略，明确了"三中心两高地一枢纽"，致力于打造西部地区重要的经济中心、对外交往中心、丝路科创中心、丝路文化高地、内陆开放高地、国家综合交通枢纽。在2009年关—天规划获得国务院批准之后，明确提出大西安发展战略，明确未来大西安将打造国际一流旅游目的地、国家重要的科技研发中心、全国重要的高新技术产业和先进制造业基地，以及区域性商贸物流会展中心、区域性金融中心，将逐步建设成国家中心城市之一、富有东方历史人文特色的国际化大都市。在这之后，西安抓住每一个发展的关键点，提出建设内陆对外开放的高地，申请建设综合保税区，积

---

[1] 《西安国际化大都市发展蓝皮书（2018）》发布《国际化大都市建设进入快速发展阶段》，三秦网：http://www.sanqin.com/2018/0115/337270.shtml。

极融入"一带一路"建设。并组织专家编写《复兴中的世界城市：西安国际化大都市发展蓝皮书（2018）》，认真听取专家对西安城市发展的战略规划，明确大西安建设国际化大都市的历史进程创新断代，结合西安的历史，将西安国际化大都市划分为三个阶段：从影响世界到经略西北（3100年前—1949年）、从西北首府到西部最佳（1949—2009年）、从战略确立到世界城市（2009—2049年），明确了西安未来的发展方向。

西安充分利用自身优势，加快外向型经济发展，补齐发展短板。

西安不断调整和优化产业结构，借助西部大开发的有利时机，加快先进制造业基地建设，充分发挥在航空航天、军工兵器、机械电子、仪器仪表等方面的优势，建设高新技术产业基地，鼓励新兴产业发展，同时充分开发历史文化资源优势，发展国际旅游、丝路旅游等，开展国际人文交流合作。加快自贸区建设，制定招商引资优惠政策，增加对国际资本的利用，2017年西安对外招商引资成果丰富，先后与25家世界500强企业签订重大合作项目协议，58项重大投资项目落地。至2016年9月，西安共有外国投资企业3331家，世界500强企业中，有89家在西安设立了149个企业和办事机构。[1] 2017年，西安全年签约引进项目847个，投资规模达2.35万亿元，被评为"2017最受国际关注中国投资城市"。

在国家大力推动"一带一路"建设的过程中，西安充分发挥历史文化地缘优势，打造内陆开放的新高地，不断提高西安的国际影响力，建设具有历史文化特色的国家化大都市。

---

[1] 张杨：《西安借力"一带一路"拓展国际"朋友圈"》，西安日报，2016年9月10日，第3版。

专栏七

北京融入

"一带一路"背景下北京地区企业参与跨国并购的机遇与挑战

郑嘉伟,王立锋[1]

摘要: "一带一路"于 2013 年提出;2014 年成为国家三大战略之一;2015 年完成顶层规划设计;2016 年列入"十三五"规划;2017 年写入十九大报告和党章。"一带一路"无疑是 2018 年我国资本市场和实体经济发展最值得期待的亮点之一。在"一带一路"背景下,我国北京地区越来越多的企业在海外投资中大胆闯试,不断刷新中国企业跨境投资的纪录。本文系统梳理了"一带一路"沿线国家经济与产业情况,分析了北京地区企业参与跨国并购的五大趋势,厘清北京地区企业参与跨国并购的新机遇与新挑战,在此基础上为进一步推动北京地区企业参与"一带一路"沿线国家跨境并购发展、全方位构建与沿线国家经济合作新格局提出相关政策建议。

关键词: "一带一路";跨国并购;北京;机遇与挑战

一、引言

2013 年 9 月,习近平总书记在访问中亚四国期间,在哈萨克斯坦首次提出共建"丝绸之路经济带"的战略构想。10 月,习近平总书记在访问东盟国家期间,在印度尼西亚提出建设"21 世纪海上丝绸之路"的战略构想。"丝绸之路经济带"和"21 世纪海上丝绸之路"共同构成了"一带一路"重大倡议,得到国内外社会各界高度关注。随后李克强总理在中国—

---

[1] 郑嘉伟,山西沁水,国信证券金融学博士后,研究方向:产业金融。王立锋,中共中央党校经济学博士研究生,研究方向:金融监管。

东盟博览会时强调，铺就面向东盟的海上丝绸之路，打造带动腹地发展的战略支点，加快"一带一路"建设，有利于促进沿线各国经济繁荣与区域经济合作，加强不同文明交流互鉴，促进世界和平发展，是一项造福世界各国人民的伟大事业。2013年11月，十八届三中全会明确指出"建立开发性金融机构，加快同周边国家和区域基础设施互联互通建设，推进丝绸之路经济带、海上丝绸之路建设，形成全方位开放新格局"，将"一带一路"正式上升为党和国家的重大战略。

2014年11月4日，习近平总书记主持召开中央财经领导小组第八次会议，专门研究了丝绸之路经济带和21世纪海上丝绸之路规划，发起建立亚洲基础设施投资银行和设立丝路基金。11月8日，习近平总书记宣布，中国将出资400亿美元成立丝路基金；12月，中央经济工作会议将"一带一路"与京津冀协同发展、长江经济带建设共同列为国家三大战略。

在2015年博鳌亚洲论坛年会上，习近平总书记呼吁各国积极参与"一带一路"建设。2月，"一带一路"建设工作领导小组正式成立。"一带一路"建设工作领导小组由国务院副总理张高丽担任组长，王沪宁、汪洋、杨晶和杨洁篪担任副组长，领导小组作为"一带一路"顶层设计的国内领导和协调机制。3月，国家发改委、外交部、商务部联合发布了《推动共建丝绸之路经济带和21世纪海上丝绸之路的愿景与行动》，就框架思路、合作重点、合作机制、中国各地方开放态势等方面予以明确说明，《愿景与行动》是"一带一路"顶层规划设计。各部委相继出台落实推进方案。11月，中央全面深化改革领导小组第十八次会议指出，坚持将加快实施自由贸易区战略与推进共建"一带一路"和国家对外战略紧密衔接，逐步构筑起立足周边、辐射"一带一路"、面向全球的高标准自由贸易区网络，"一带一路"倡议与沿线国家战略衔接是"一带一路"成功走出去的重要一环。12月，亚洲基础设施投资银行成立，亚投行法定资本1000亿美元，意向创始成员国为57个，旨在促进亚洲地区基础设施和其他生产设施的发展建设。

2016年3月，国家"十三五"规划纲要正式发布，其中有专门一章围绕"推进'一带一路'建设"，将"一带一路"列入"十三五"时期主要目标任务和重大举措部分，这意味着在未来 5 年，"一带一路"将是中国经济社会发展的重要抓手和战略任务。6 月，习近平总书记在乌兹别克斯坦最高会议立法院发表演讲时指出，3 年来，"一带一路"建设在探索中前进、在发展中完善、在合作中成长。在总结已有成果的基础上，习近平总书记提出未来将深化"一带一路"合作的重点领域，推动构建具有亚洲特色的安全治理模式，携手打造"和平丝绸之路"。12 月，中央全面深化改革领导小组第三十次会议提出"一带一路"软力量建设，指出软力量是"一带一路"建设的重要助推器。

2017 年 5 月，第一届"一带一路"国际合作高峰论坛在京举行，这是"一带一路"提出 3 年多来最高规格的论坛活动，是中国继 2014 年 APEC 峰会、2016 年 G20 峰会之后最重要的一次国际峰会，29 位国家元首和政府首脑，140 多个国家、80 多个国际组织的 1600 多名代表齐聚一堂，共商"一带一路"合作大计，峰会全面总结"一带一路"建设的积极进展，共商下一阶段重要合作举措，宣布"一带一路"重点面向亚欧非大陆，同时向所有朋友开放，最后提出"构建人类命运共同体"这一目标。10 月，党的十九大指出，中国将在实施共建"一带一路"倡议的基础上，积极促进"一带一路"国际合作，并通过"一带一路"建设，推动人类社会共同发展和进步。正式将"遵循共商共建共享原则，推进'一带一路'建设"写入《中国共产党章程》，充分表明"一带一路"倡议符合中国共产党宗旨目标和价值追求，"一带一路"价值理念已经成为中国共产党执政理论指导方针的有机组成部分。

"一带一路"自 2013 年提出，2014 年成为国家三大战略之一，2015 年完成顶层规划设计，2016 年列入"十三五"成为未来 5 年我国经济社会发展的重要抓手和战略任务，2017 年写入十九大报告和党章，无疑"一带一路"是 2018 年我国资本市场和实体经济发展最值得期待的亮点。"一带一路"建设是习近平同志深刻思考人类前途命运以及中国和世界发展大势，为促进全球共同繁荣、打造人类命运共同体所提出的宏伟构想和中国方案，是习近平新时代中国特色社会主义思想的有机组成部分，开辟了我国参与和引领全球开放合作的新境界。

因此，在"一带一路"大时代背景下，我国北京地区越来越多的企业在海外投资中大胆闯试，不断刷新中国企业跨境投资的纪录。而 2015 年是中国跨境投资首次位居全球第二，2016 年更是蝉联全球第二。但是"一带一路"沿线国家情况复杂，发展水平各不相同，各国拥有的资源禀赋差异很大。其中虽存在很多高风险国家，但也蕴含着很多宝贵的投资机会。因此，本文厘清北京地区企业参与跨国并购的新趋势、新机遇与新挑战以及存在的问题，不但具有重要的理论价值，而且具有重大的现实意义。

二、"一带一路"背景下北京地区企业参与跨国并购的新趋势

"一带一路"沿线国家经济发展阶段、资源禀赋和优势产业差异性大、互补性强，为北京地区企业参与跨国并购提供了基础。"一带一路"板块整体发展快于全球，将进一步推动北京地区企业参与跨国并购的发展。

（一）"一带一路"沿线国家经济与产业情况

"一带一路"沿线 65 个国家（地区）中，80% 左右处于工业化发展中后期。截至 2016 年年底，41 个经济体属于中高等收入及以上国家，占比 63%，高于全球 61% 的占比；仅柬埔寨、孟加拉国、缅甸、尼泊尔、塔吉克斯坦等五个属于低收入国家，低收入国家在该区域的占比为 8%，低于全球 16% 的占比。

"一带一路"贯穿亚欧大陆，沿线 65 个国家（地区）中，人口约 44 亿，占全球人口的 63%；GDP 为 23 万亿美元，占世界总量 29%；货物和进出口等贸易总量占全球 23.9%，不足 1/4。沿线国家大都为经济实力一般但经济增速较快的国家，根据世界银行数据显示，2000—2016 年"一带一路"沿线国家经济年复合增长率为 8.7%，远远高于全球经济年复合增长率 5.3%。可见"一带一路"整体发展水平明显快于全球，未来将成为世界经济增长的重要板块之一。根据麦肯锡预测，到 2050 年，"一带一路"沿线地区将会贡献全球 GDP 增量的 80% 左右，发展潜力巨大。

经济结构的差异是后金融危机时代"一带一路"沿线不同国家（地

区）经济走势出现分歧的重要原因。在后 2008 年金融危机时代，全球贸易增速放缓情况下，"一带一路"沿线传统工业化国家更易受到波及，特别是以机械设备、汽车、船舶等为支柱行业的一些中东欧国家。一些依赖原油、天然气、铁矿石等出口的国家，如俄罗斯、蒙古等国，在全球经济不景气、生产放缓时，经济发展也陷入低迷。反观东南亚、南亚各国，其地理位置优越、经济体量小、经济结构比较多元化，且比较优势行业，如鞋帽、塑料制品、电子产品加工等与中国的传统出口行业存在一致性，在中国劳动力成本不断提升，产业结构从劳动力密集型产业向资本密集型产业转型、出口产品升级的背景下，这些南亚、东南亚小国往往能抓住这一契机，大力发展国内制造业，从而更快从金融危机的低迷中复苏。

表 1 "一带一路"部分沿线国家经济与产业概况

国家	优势产业	资源禀赋	国家	优势产业	资源禀赋
新加坡	电子、石油化工、金融、航运、服务业	港口	沙特阿拉伯	石油和石化工业	石油及天然气
马来西亚	电子、汽车、钢铁、石油化工、纺织品	橡胶、棕油、胡椒、锡	土耳其	农业、石材、旅游业	天然石和大理石
阿联酋	石油、石油化工	石油及天然气	蒙古	畜牧业、纺织业	——
波兰	汽车、橡胶制品	煤、原钢、硫黄	印度	软件等服务业	云母、煤、重晶石
捷克	汽车及配件、电力、钢材、机械制品、玻璃制品、木材、轮胎	——	文莱	石油及天然气	石油及天然气
卡塔尔	石油及天然气	石油及天然气	老挝	农业	水稻、咖啡、烟叶等
匈牙利	机械设备、能源和原料	铝矾土	白俄罗斯	机械制造、冶金加工、电子激光、农业和畜牧业	——
泰国	橡胶、旅游	橡胶、钾盐	巴基斯坦	农业、棉纺业	——
越南	服装纺织品、水产品	——	埃及	纺织、旅游等	石油及天然气
俄罗斯	重工业、能源工业	天然气、煤、铝	柬埔寨	农业	
印度尼西亚	纺织品、成衣	石油及天然气	罗马尼亚	冶金、石油化工	石油及天然气、煤、铝土矿
以色列	电子技术、医疗设备、滴灌设备等高科技行业	——	缅甸	农业	宝石、玉石

续表

国家	优势产业	资源禀赋	国家	优势产业	资源禀赋
哈萨克斯坦	石油、采矿、煤炭和农牧	——	菲律宾	农业、电子产品等	——
斯里兰卡	农产品和服装加工	茶叶、橡胶、椰子、稻米	吉尔吉斯斯坦	农牧业	黄金、锑、钨、锡、汞、铀和稀有金属

资料来源：世界银行

"一带一路"沿线国家资源禀赋和制度特征各异，这决定了它们完全不同的经济发展模式。"一带一路"倡议的核心是经济合作与互联互通，开放包容与合作在经济领域即表现为发挥沿线各国的比较优势，创造更大的规模效应，这些举措一定程度上给予北京地区企业参与跨国并购引导与鼓励。"一带一路"沿线国家经济发展阶段、资源禀赋和优势产业差异性大、互补性强，为北京地区企业参与跨国并购跨国并购提供了基础。"一带一路"板块潜力巨大，进一步推动了北京地区企业参与跨国并购的发展。

（二）国内并购市场发展趋势

2015年，中国对"一带一路"沿线国家的投资流量为189.3亿美元，投资流量快速增长（同比增长38.6%），是全球投资增幅的2倍，占我国2015年全年流出总量的13%。截至2015年年末，中国对"一带一路"沿线国家的直接投资存量为1156.8亿美元，占中国对外直接投资存量的10.5%。2016年，中国对外直接投资流量规模蝉联全球第二，仅次于美国。

投资国别分布失衡：2015年我国对"一带一路"沿线国家的对外直接投资中，新加坡跨境投资规模为104.5亿美元，占我国2015年对"一带一路"国家跨境投资的比例为55.20%；而位居第二的俄罗斯，其跨境投资规模为29.6亿美元，占比15.64%。其他沿线国家共同占比29.16%。受"地缘经济"的影响，一直以来东南亚国家都是最受中国国企青睐的投资目的地，一方面他们与中国经贸往来频繁，合作程度比较高，另一方面这些国家在改善基础设施方面有着巨大的明确的需求，市场前景广阔；而南亚国家由于人口稠密，消费潜力巨大，孟中印缅经济走廊和中巴经济走廊亦是"一带一路"倡议优先推进的两个项目。诸多因素促使计划参与"一带一路"

项目的国企投资东南亚和南亚的意愿最高,其次是中东欧和蒙俄中亚。

投资行业日趋多元化:2015年我国对"一带一路"沿线国家的对外直接投资中,涉猎租赁和商务服务业、制造业、能源、采矿业、金融业、建筑业等多个领域。比如:2015年我国对东盟各国的投资包括租赁和商务服务业160.9亿美元,制造业93.6亿美元,批发和零售业75.4亿美元,采矿业62.5亿美元。

跨境并购逐步成为中国企业对外直接投资的主要实现形式。2006—2016年,我国A股上市公司的对外直接投资并购金额基本呈现递增趋势,期间对外直接投资并购金额合计4638.20亿美元,占同期对外直接投资总额的48.11%。而且,2016年全球跨境并购逐渐走出国际金融危机爆发后的相对低迷阶段,成为中国企业对外投资并购最为活跃的年份。我国企业在当年已完成跨境并购项目765起,实际交易金额达1353.30亿美元,创下历史数据之最。可见,跨境并购已经成为中国企业"走出去"的最重要项目。我国企业在2016年对"一带一路"沿线国家的跨境并购项目达115起,占中国全部跨境并购项目的15.03%,较2015年增加14起;并购金额为99.4亿美元,占中国全部跨境并购总金额的7.34%,较2015年增加7.1亿美元。无论是交易数量还是交易规模,我国企业对"一带一路"沿线国家的跨境并购在这两年都明显增加。

表2 2015年与2016年我国对"一带一路"沿线国家的跨境并购汇总情况

年份	跨境并购数量(起)	并购项目金额(亿美元)	跨境并购总金额(亿美元)	占比(%)
2015	101	92.3	544.40	16.95%
2016	115	99.4	1353.30	7.34%

资料来源:2015年、2016年度中国对外直接投资统计公报。

2017年随着监管政策趋严,加上IPO发行常态化后,越来越多的企业选择IPO而非借壳或被并购,2017年并购市场热度降温。根据Wind数据显示,2017年中国共完成并购活动交易4010起,同比下降23.41%,其中,以545起跨境并购超过美国成为全球跨境并购最活跃的买家。交易金额从2015

年交易爆发之后在历史最高点回落11%至6710亿美元,其中,跨境并购达到2095亿美元,超过2015年交易额的100%。从行业看:仍以机械制造、互联网、IT和金融为主,开始由资源能源转向高科技、制造业和消费类产业,加工出口型经济向内需型转变。

在跨境并购监管方面,刘士余主席在中国证券业协会第六次会员大会提出"支持有条件的证券公司积极拓展国际市场,特别是抓住'一带一路'建设的机遇,积极到沿线国家和地区布局设点,开展跨境业务,为实体企业提供更加丰富、便捷的投融资服务"。证监会发文称,并购重组已成为资本市场支持实体经济发展的重要方式。这一表述让并购重组市场颇为兴奋。证监会更是给出了并购重组的几大方向,其中之一就是服务于"一带一路"建设,支持上市公司提升国际竞争力。可见,监管层对于中国企业参与"一带一路"跨镜并购的态度是支持与鼓励的。

(三)北京地区企业参与跨国并购的新趋势

根据北京市商务委数据显示,截至2016年年底,北京市对外直接投资存量543.81亿美元。2016年全年,企业累计对外直接投资额155.74亿美元,同比增长26.82%。跨国并购已经成北京市对外投融资重要方式。其中对"一带一路"沿线国家投资稳步增长。2004年至2016年11月,北京市企业在"一带一路"沿线31个国家有投资,累计直接投资额约为22.2亿美元。2016年1—11月,北京市企业在"一带一路"沿线19个国家累计直接投资额6.2亿美元,较去年同期增长50.9%,增速远远高于企业对其他地区直接投资额。从行业分布上看,北京地区企业对"一带一路"沿线国家跨境并购累计金额最多的行业为金融行业,其次为工业,第三为电信服务行业,能源、金融、高科技行业占据主导地位;从区域分布上看,自2004年以来,"一带"国家并购数量与金额均显著高于"一路"国家,不过该现象近三年来有所扭转,"一路"国家并购金额稳步上升,呈超越势头;从企业性质上看,2004年以来,"一带一路"国家非上市公司跨境并购数量一直高于上市公司,这一趋势在近年来日益明显。"一带一路"倡议下北京跨国并购呈现以下几方面新趋势:

一是北京对"一带一路"沿线国家并购规模稳健上升,尤其在2014—

2016年呈井喷式增长。根据北京市商务委统计数据显示，北京市企业在"一带一路"沿线31个国家开展投资，累计直接投资额增长近1倍。

二是并购目的由资源驱动型向核心能力驱动型拓展。具体体现在资源能源类企业数量下降，基建、金融与科技企业数量上升。

三是北京地区企业对"一带一路"沿线国家并购主要集中在东亚、中亚、西亚与中东欧部分国家。其中新加坡、俄罗斯、马来西亚位列前三，并购规模较大。以新加坡为例，最近五年内，新加坡平均零关税。同样是发达国家，美国的平均关税则为1.46%，中国的平均关税率高达7.74%。通过零关税和引进外资，新加坡的转口贸易得到快速发展，吸引了大量的外国直接投资。这也正是北京地区企业在这些区域近年来并购总额提升的主要原因。

四是非上市公司与民营企业逐渐成为并购主力军。随着经济发展，北京地区非上市公司与民营企业人才现金储备和融资能力逐渐加强，在海外并购中表现更为活跃。伴随着亚投行、金砖银行等多元化的资金支持，能多渠道融资，促进海外并购达成。

五是2014年以来，中国对"一带一路"国家跨境并购数量与规模持续上升，增速远超美日两国，逐渐成为主要收购方，给美国"一家独大"的并购格局带来改变。跨国并购成北京市企业对外投融资重要方式。

三、"一带一路"背景下北京地区企业参与跨国并购的机遇与挑战

共建"一带一路"是站在全球高度盘活区域内各种资源、推进我国全面深化改革、构建我国东西协调、陆海和内外联动的开放新格局的战略布局与安排，也是我国积极参与全球经济治理，边际改革国际秩序和国际体系的重要模式。党和国家高度重视"一带一路"建设，中央与各级政府也正不遗余力地落实"一带一路"倡议。目前，"一带一路"倡议已得到沿线众多国家的热烈呼应，"一带一路"建设已进入实质性的共建阶段。

在2008年全球金融危机之后，全球的经济增长乏力。尽管这两年包括

美国、欧洲、新兴市场在内的市场处于复苏阶段，但各个国家和地区都共同面对一个问题：怎样推动经济增长的同时调整经济结构？无论从发展中国家、新兴市场还是从发达国家，也包括全球最发达的国家美国都面临这各个问题，这是一个全球普遍面对的问题。恰恰我国提出"一带一路"的倡议，在推进"一带一路"建设的过程当中，为北京地区企业跨境投资创造了良好的机遇。

一是"一带一路"倡议能够为北京地区企业带来大量的跨境投资需求。包括基础设施建设，包括自贸区、产业园区的，例如北汽福田拟在印度建设汽车工业园，总投资5亿美元，打造福田商用车生产基地；当然也包括其他领域，比如说像能源、资源和农业合作，例如人均化石能源位列前三甲的卡塔尔、科威特以及阿联酋是"一带一路"地区重要的投资机会。目前我国经济进入转型期，经济增速温和放缓，国内上市公司并购监管趋严，IPO提速导致境内优质并购标的越来越少；北京地区企业更多参与全球产业分工，越来越多的企业逐步具备了在海外进行产业整合和扩张的能力，境外资产估值水平有相当比例低于境内水平，特别是低于境内上市公司水平。"一带一路"是一个开放的体系，兼具开放和包容，远远不止沿线的国家和地区，所以它可能覆盖的范围更广。也就是说大量的投资需求通过"一带一路"建设会不断地为北京地区企业带来机会。

二是"一带一路"倡议能够为北京地区企业创造跨境投资的有利条件。从我国实际情况来看，中国对于"一带一路"建设的投资需求，尤其是对沿线各国跨境投资的需求，是源自中国自身促进经济发展、推动国际资本流动、提升国际影响力、顺应经济全球化的需要。企业跨境投资的实施需要一定条件。而"一带一路"倡议在坚持对外开放基本国策的基础之上，积极促进"一带一路"国际合作，努力实现政策沟通、设施联通、贸易畅通、资金融通、民心相通，打造国际合作新平台，增添共同发展新动力。"一带一路"下的"五通"，从基础设施、资金、贸易、政策、人力等方面，为北京地区企业推进跨境投资搭建出重要的跨境投资平台，培育出良好的外部环境。

三是"一带一路"能够为北京地区企业提升跨境投资的经济效益。"一带一路"不仅刺激了为北京地区企业跨境投资需求，同时也为跨境投资的实施打造了重要平台。进一步分析，65个国家在政治、经济、文化、制度等方面存在明显差异，这是影响企业跨境投资效率的重要因素，比如作为跨境并购的主并方，中企因面临目标国的政治、经济、文化等投资风险而失败的事件比比皆是。而在"一带一路"倡议下，我国将与沿线各国在贸易、金融、文化甚至是民心等方面达成合作。这将明显缩减跨境投资双方在投资环境方面的障碍与阻力，有助于提升跨境投资的成功率。

跨境并购市场的蓬勃发展需要依赖开放的市场环境，通过对外贸易，充分利用全球大市场，发展本国的比较优势行业，吸引外资进入。但在"一带一路"跨境并购中依然面临诸多挑战：一是跨境并购支付风险加大。我国监管部门为防范资本盲目外流引发汇率波动风险，对外投资监管趋严；在严控资本盲目外流背景下，2016年下半年中国企业跨境并购规模小幅回落。二是"一带一路"沿线国家大多数为中等收入水平的发展中国家，沿线经济发展水平不平衡，市场发育程度不均匀，区域金融支持力度不足，区域国家以间接融资为主，储蓄率整体不高，需要大量的外部资金注入。三是地缘政治方面的挑战。"一带一路"几乎经过了世界上地缘政治最复杂的几个地区，而且"一带一路"沿线国家本身具有独特的政治、宗教、民族环境，甚至有一些国家对内处于政治动荡期，对外深陷大国博弈的战场，部分中东欧国家（白俄罗斯、摩尔多瓦和乌克兰）这几年受到油价冲击的严重影响，导致经济有所衰退，政治风险不容忽视。因此对于"一带一路"跨境资本流动管理，要处理好便利化与防风险的关系，巩固跨境资本流出入均衡发展的基础，支持符合"一带一路"倡议的和能够促进国内产业结构升级、技术进步为目的的跨境并购。

四、对策建议

"一带一路"倡议提出以来，北京地区企业与沿线国家跨境并购呈现不断增长的态势，与沿线国家双边本币结算规模较小，截至2016年年底，与19个沿线国家签署了本币互换协议，中资银行在沿线18个国家建立了分支机构，仅在卡塔尔、马来西亚、泰国、新加坡、匈牙利5个国家建立人民币清算行，仅在哈萨克斯坦、沙特阿拉伯、斯里兰卡等9个国家建立了本币互换清算网络，难以满足跨境并购、贸易快速发展的需要。为进一步推动北京地区企业与"一带一路"沿线国家跨境并购的发展，全方位构建与沿线国家的经济合作新格局，早日实现"资本畅通"，建议如下：

一是加强跨境并购基础设施建设。基础设施建设是北京地区企业与沿线国家贸易合作、产品运输的基础，通关效率直接影响双边贸易、金融的发展，加强跨境并购基础设施建设，推进与沿线国家在交通、通信等方面的对接合作十分必要，与沿线国家共同开拓基础设施合作空间，在互利互惠基础上，共同建设跨境交通设施，建立全程运输协调机制，降低国际运输成本，提升运行效率和效益。

二是建立健全与沿线国家跨境并购合作的机制与平台。应着力搭建并完善与沿线国家跨境并购合作平台，有助于了解沿线国家经济发展政策动态，妥善解决金融摩擦等问题。鼓励双方政府、商会和企业家定期举办多种形式的经贸活动，建立健全多、双边合作机制，提高技术性贸易措施透明度，提高贸易自由化便利化水平。发挥北京与"一带一路"沿线国家间展会、博览会、推介会、接洽会、研讨会、商务论坛、国际峰会等合作平台的作用，调动各方积极参与，为金融合作创造更多机会

三是全面深化北京地区企业与沿线国家的产业合作。产业合作是我国与沿线国家跨境并购发展的前提，要全面深化与沿线国家产业合作，优化贸易结构，挖掘新增长点，促进贸易平衡。在巩固传统劳动密集型工业商品合作的同时，大力发展高新技术产品等，促进产品升级转型，支持具有自主知识产权、较高技术水平的光电子信息、汽车制造、石化化工、北斗导航等产业赴境外投资兴业，扩大北京地区企业高新技术产品的消费市场。加强在新一代信息技术、生物、新能源、新材料等新兴产业领域的深入合作。

四是进一步优化北京地区企业跨境并购投资便利化环境。跨境并购投资便利化程度是促进企业与沿线国家贸易发展的重要影响因素，要加快提高便利化水平。加强与沿线国家的贸易金融合作，继续加强双边合作，避

免双重征税协定、投资保护协定的协商；疏通人民币清算渠道，通过协商方式搭建金融结算服务平台，建立人民币双边和多边支付结算体系，逐步建立统一的支付结算网络体系，积极推进人民币国际化。

供给侧结构性改革背景下北京参与"一带一路"资金融通的对策研究

张晓倩，董艳玲 ❶

摘要：供给侧结构性改革需要通过"一带一路"建设拓展国际市场，而"一带一路"建设无论是基础设施的互联互通，还是经贸合作的日益深化，都需要大量的资金融通。北京是经济决策和金融监管中心，是金融人才和研究中心，又是全国最大的资金清算中心，参与"一带一路"资金融通的优势明显。同时，北京金融业也存在着资金规模扩展有限、竞争加剧增速放缓、参与"一带一路"资金融通面临风险等诸多挑战。本文认为北京应从强化优势、提升服务等方面着手练好内功，从而抓住机遇、应对挑战，积极融入"一带一路"建设。

关键词：供给侧结构性改革；"一带一路"；资金融通；北京

我国经济已经由高速增长转向高质量发展阶段，供给侧结构性改革是贯彻新发展理念、建设现代化经济体系的主线；"一带一路"建设是推动形成全面开放新格局的战略重点。❷ 供给侧结构性改革需要通过"一带一路"建设拓展国际市场，而"一带一路"建设无论是基础设施的互联互通，还是经贸合作的日益深化，都需要大量的资金融通。"血脉通，增长才有力"❸，金融"血脉"必须渗透到"一带一路"建设的方方面面。资金融通

---

❶ 张晓倩：中共中央党校研究生院博士研究生；董艳玲：中共中央党校经济学教研部教授。
❷ 参见习近平：《决胜全面建成小康社会 夺取新时代中国特色社会主义伟大胜利——在中国共产党第十九次全国代表大会上的报告（2017年10月18日）》，人民出版社2017年版，第29—34页。
❸ 习近平：《携手推进"一带一路"建设：在"一带一路"国际合作高峰论坛开幕式上的演讲》，《人民日报》，2015年5月15日第3版。

是稳步推进"一带一路"建设的关键要素,也是深化供给侧结构性改革的重要支撑。北京作为全国的金融高地,应该抓住供给侧结构性的机遇,在"一带一路"资金融通方面发挥重要作用,进一步拓展经济发展空间。

一、供给侧结构性改革亟需"一带一路"资金融通的支持

深化供给侧结构性改革需要进一步拓展"市场范围",为此要围绕"一带一路"倡议开拓互利共赢的全球市场。这是因为,根据斯密的《国富论》,分工会极大地提高劳动生产率,而分工的发展又取决于市场交易范围的扩大,所以要促进分工就要发展市场和市场体系。"分工起因于交换能力,分工的程度,因此总要受交换能力大小的限制,换言之,要受市场广狭的限制。市场要是过小,那就不能鼓励人们终生专务一业。因为在这种状态下,他们不能用自己消费不了的自己劳动生产物的剩余部分,随意换得自己需要的别人劳动生产物的剩余部分。有些业务,哪怕是最普通的业务,也只能在大都市经营。例如搬运工人,就只能在大都市生活。小村落固不待言;即普通墟市,亦嫌过小,不能给他以不断的工作。"❶综上所述,拓展互利共赢的全球市场有利于现代产业分工向纵深发展,有利于提高全产业链的生产效率,从而有利于深化供给侧结构性改革。

近年来,"一带一路"建设取得重要进展,它是作为世界经济增长火车头的中国,将自身的产能、技术与资金优势、发展经验与模式转化为市场与合作优势,将中国机遇变成世界机遇,成为融通中国梦与世界梦的重要纽带。为此,深化供给侧结构性改革应该放眼全球,按照十九大报告要求以"一带一路"建设为重点拓展全球市场,"坚持引进来和走出去并重,遵循共商共建共享原则,加强创新能力开放合作,形成陆海内外联动、东西双向互济的开放格局。"❷

---

❶ [英]亚当·斯密著:《国民财富的性质和原因的研究(上卷)》,商务印书馆1972年版,第16页。
❷ 习近平:《决胜全面建成小康社会 夺取新时代中国特色社会主义伟大胜利——在中国共产党第十九次全国代表大会上的报告(2017年10月18日)》,人民出版社2017年版,第34页。

供给侧结构性改革背景下北京参与"一带一路"资金融通的对策研究

供给侧结构性改革为"一带一路"沿线国家提供了发展机遇。经过近四十年的高速发展，中国经济在很多方面都处于世界领先地位；而"一带一路"沿线国家多数面临着基础设施落后、资本匮乏等诸多问题，经济增长长期乏力。中国已经成为区域资本高地。将国内过剩的资本（伴随着过剩产能）输出到"一带一路"沿线国家，既是供给侧结构性改革的内在要求，也为当地的发展提供了新的发展机遇。

"一带一路"建设致力于打造陆海内外联动、东西双向开放的新格局，亟须大量的资金融通作为"血脉"支撑。2017年，时任人民银行副行长殷勇表示，"一带一路"全部覆盖区域中的基础设施投资缺口将会超过每年6000亿美元，而亚太地区以开发性为主的主要国际金融机构资本金总规模只有5134亿美元，即便将资本金全部用于投资"一带一路"基础设施建设，也无法弥补一年所需的资金量。❶ "一带一路"建设的巨额资金需求为北京的金融业发展提供了广阔的市场空间。

二、北京参与"一带一路"资金融通的独特优势

经过改革开放以来40年的高速发展，北京金融业取得了长足进步。"十二五"期间，北京金融业增加值年均增长约14%，对经济增长的平均贡献率达到23.7%。❷ 2016年北京金融业增加值达4266.8亿元，占地区生产总值的比重达17.1%，对全市经济增长贡献率达23.8%，2016年年末北京金融业资产总计达127.4万亿元。❸ 2017年上半年，北京金融业增加值占地区生产总值比重为19.2%，对全市经济增长的贡献率为21.6%。❹ 新兴金融业蓬勃发展，2016年非金融机构支付服务业资产总额同比增长36.4%，营业收入同

---

❶ 许婷：《殷勇：人民币能够在"一带一路"建设中发挥更大作用》，《金融时报》，2017年8月14日第1版。
❷ 数据根据《北京统计年鉴（2016）》整理所得。
❸ 北京市金融工作局：《2016年度全市金融运行与金融工作情况》，http://www.bjjrj.gov.cn/jrsj/c54-a1736.html，2017-03-06。
❹ 北京市金融工作局：《2017年上半年北京市金融运行情况汇总》，http://www.bjjrj.gov.cn/jrsj/c54-a1943.html，2017-09-08。

比增长30.6%；金融信息服务业资产总额同比增长29.8%，营业收入同比增长63.6%。❶

截至2016年年末，北京共有A股上市公司281家，总股本2.3万亿股，占全国41.54%，总市值12.2万亿元，占全国24.1%，居全国第一。2017年1~6月，又新增A股上市公司14家，同比增长360%，首发募集资金86.73亿元，同比增长203%。截至2017年6月末，新三板市场挂牌公司总数达到11314家，由数量增长向质量提升转变的趋势已经出现。2016年北京实现保费收入1839亿元，同比增长31%，保险深度和保险密度分别为7.5%和8359元/人，位居全国第一。❷金融业已成为带动北京经济增长、构建"高精尖"经济结构的第一支柱产业。

北京是国家发改委、财政部等宏观经济管理部门和中国人民银行、外汇管理局、证监会、银保监会等国家金融监管部门所在地，是全国名副其实的经济决策、宏观调控和金融监管中心。国家统计局、国家信息中心、国务院发展研究中心、中国社会科学院等权威信息发布机构均位于北京，使北京成为全国最大的经济和金融信息中心。北京地区高校数量和质量居全国首位，全国112所"211工程"大学，北京拥有26所，39所"985工程"大学，北京拥有8所，❸各类研究机构与经济金融智库齐聚，使北京成为金融人才中心和研究中心。

由于在决策、信息、人才等方面的吸引力，北京汇聚了众多的金融机构总部，总部企业规模位居全国第一。北京跨国公司地区总部已达161家，世界500强的总部企业数量58家，连续4年位居全球城市首位。北京是三家政策性银行、四大国有商业银行、四大金融资产管理公司的总部所在地，拥有18家证券公司、23家证券投资基金管理公司、70家财务公司、55家保险公司等共计1838家法人金融单位，居全国首位。❹继亚洲基础设施

---

❶ 根据《2016年度全市金融运行与金融工作情况》与《2017年上半年北京市金融运行情况汇总》整理。
❷ 北京市金融工作局：《2016年度全市金融运行与金融工作情况》，http://www.bjjrj.gov.cn/jrsj/c54-a1736.html，2017-03-06。
❸ 张幼林、苏诚、胡靖怡：《关于推动北京金融新发展的思考》，《清华金融评论》，2017年第7期。
❹ 北京市金融工作局：《2017年上半年北京市金融运行情况汇总》，http://www.bjjrj.gov.cn/jrsj/c54-a1943.html，2017-09-08。

投资银行、丝路基金、中非基金、中拉基金在京落户之后,2016年,亚洲金融合作协会总部、VISA中国总部等选址北京,北京作为中国国际金融大本营的格局初步形成。

2016年,非银行支付机构网络支付清算平台(网联)落户北京。依托先进的互联网技术和清算系统,特别是随着大型国有企业普遍实施总部一级核算体系,全国已有近40%的金融资金清算集中在北京。北京使用人民币进行国际结算的能力也不断增强。2016年,北京地区跨境人民币结算1万亿元,业务笔数11.5万笔,涉及的国家和地区已达197个。2016年年末,北京有94家跨国企业集团开立人民币双向资金池专用账户,累计归集跨境收入869.9亿元,累计跨境支出885.3亿元。北京地区银行已经与境外74个国家和地区的648家银行建立了代理行关系,为境外机构开立人民币结算账户960个,与境外银行间的融资余额达到4.2万亿元。❶北京已经成为全国最大的资金清算中心。

北京金融发展的政策环境在持续优化,《北京城市总体规划(2016—2035)》中对金融街、北京商务中心、中关村西区和东区、丽泽金融商务区、北京新机场临空经济区等高端产业功能区的发展方向作了明确界定,政府支持金融发展的政策机制不断健全。《北京市"十三五"时期金融业发展规划》明确了北京金融业发展的战略定位、发展目标和九个方面的重点任务,指出要坚持推进金融服务国家"一带一路"倡议,提升金融业对外开放水平,构建国际金融战略大本营。通过金融街论坛、全球PE北京论坛、国际金融博览会、国际金融论坛等国际性金融交流活动北京金融国际影响力不断提升。

2017年9月,全球金融中心指数第22期发布,北京703分,全球排名第10位,较上一期排名上升6位。❷北京已成为集决策监管、资产管理、支付结算、信息交流等为一体的国家金融管理中心,金融中心城市特征进

---

❶ 中国人民银行营业管理部货币政策分析小组:《北京市金融运行报告(2017)》,http://www.pbc.gov.cn/goutongjiaoliu/113456/113469/3356459/index.html,2017-08-04。

❷ 《"全球金融中心指数"发布 上海和北京入选全球10大金融中心》,央广网:http://news.cnr.cn/native/gd/20170912/t20170912_523944924.shtml,2017-09-12。

一步显现。

三、北京参与"一带一路"资金融通面临的挑战

北京金融业虽然具有参与"一带一路"资金融通的独特优势,但与伦敦、上海等城市相比,金融发展的短板也非常突出。近几年,受宏观经济形势和金融去杠杆的影响,北京金融业持续健康发展面临着巨大压力,在参与"一带一路"资金融通过程中面临许多外部风险与挑战。

1. 当前北京金融业自身的短板

通过对中国金融中心指数北京与上海、深圳在金融业的综合竞争力、金融产业绩效、金融机构实力、金融市场规模、金融生态环境五个指标的评分进行分析,北京金融业的综合实力与上海相比还有一定差距,在金融市场规模方面短板非常明显。

首先,北京作为我国的首都,其城市战略定位是全国政治中心、文化中心、国际交往中心和科技创新中心。相比而言,上海国际金融中心的定位已经上升为国家战略,上海有明确的目标,就是建设在岸金融中心。作为一国首都,北京的金融业发展水平和竞争力的增强程度要在一定程度上受"四个中心"城市战略定位的约束。

其次,我国绝大部分金融市场集中在上海、深圳,虽然新三板落户北京,但与沪、深交易所的发展差距还很明显,北京缺少多层次、大规模的金融交易场所,交易很不活跃,金融市场体系不健全。反观伦敦,拥有全球最大的外汇交易市场、全球最国际化的股票和债券交易所,开展着欧洲一半以上的 IPO 业务、全球 42% 的国际股票交易以及 80% 的欧洲对冲基金业务。同时,伦敦拥有全球最大的金融衍生品交易市场,交易额约占全球金融衍生品交易总额的 43%,还有全球最大的金属交易市场,进行着全球 90% 的金属交易。伦敦还拥有全球最大的黄金交易所,日均交易量在 100 亿美元到 130 亿美元之间。[1]

---

[1] 吴军,马瑜:《北京金融业发展分析》,《前线》,2015 年第 2 期。

最后，北京金融发展环境有待进一步优化。从国际比较看，北京与伦敦、纽约、新加坡等国际金融中心的商务环境、金融基础设施等软环境建设方面尚存在较大差距。从国内比较看，相较于上海、深圳、天津等省市，北京在吸引金融机构落户、高端金融人才进京，诸如针对机构和高管的税收、子女入学、扶持资金等相关配套政策在不同层面多有欠缺，在改善城市环境、降低生活成本、营商成本等方面仍需要加大力度。

2. 宏观经济形势和供给侧结构性改革的影响

我国经济发展进入"三期叠加"的新常态，经济下行压力较大，面临着结构性矛盾突出、经济增长动力不足、经济金融风险隐患集聚等挑战。受宏观经济形势和供给侧结构性改革的影响，全国金融业增加值增速明显放缓，北京原有领先优势正在弱化。

一是北京金融业增速趋缓，金融市场规模扩张后劲不足。2016年北京金融业增加值增速首次下降到两位数以下，增速9.3%，落后于上海3.5个百分点；2017年前三季度北京金融业增加值增速7.4%，落后于上海3.6个百分点。2017年1—11月，北京金融业实现营业收入23012.6亿元，同比增长3.4%，低于GDP增速；实现利润总额13828.4亿元，同比下降18.6%，盈利能力不断降低。截至2017年6月末，金融机构人民币存款余额13.51万亿元，同比增长4.1%，增速自2017年年初持续下滑。2017年上半年，企业债券融资净减少2969.9亿元，上市公司累计筹资1417.1亿元，较上年同期减少25.3%。❶

二是面对压力各地纷纷出台利好政策，地方竞争加剧，北京金融业发展面临空心化风险。2017年7月、9月，上海和深圳分别出台《浦东新区"十三五"期间促进金融业发展财政扶持办法》和《深圳市扶持金融业发展若干措施》；据悉，青岛市崂山区即将实施《关于加快新旧动能转换打造高端新兴产业的若干政策（试行）》对新设法人金融机构注册资本金最高补助

---

❶ 根据北京市统计局、上海市统计局数据以及《2017年上半年北京市金融运行情况汇总》数据整理所得。

可达1.5亿元❶。受此影响，部分现有金融机构及上市公司、挂牌公司注册地外迁，一批新设金融机构选择到其他城市注册，大大影响了北京金融市场规模持续扩张的能力。

三是北京金融发展呈现出分散化趋势。以金融街为代表的西城区向来是北京的金融大区，但近两年其在全市的影响力却不断下降。截至2017年三季度末，西城区金融业实现营业收入4675.6亿元，同比下降3.7%，增速低于全市7.1个百分点；实现利润总额1033.6亿元，同比下降45.6%，增速低于全市27个百分点；金融业利润占全区第三产业利润比重为32.5%，较上年同期下降14个百分点。上海倾力打造以陆家嘴为代表的浦东新区金融产业，其金融业增加值占全市比重逐年上升，2015年一度超过50%；西城区金融业增加值占全市比重逐年下降，2016年首次降到40%以下。❷

3. 北京参与"一带一路"资金融通的外部风险与挑战

"一带一路"沿线国家众多，存在着几十种货币以及复杂的货币管理制度，金融发展水平千差万别，还面临着地缘政治、大国博弈以及民族宗教冲突等复杂政治因素的干扰。在诸多金融水平不一、社会情况复杂的国家实现资金融通，除了北京自身的短板，还面临巨大的外部风险和挑战。

一是沿线国家较大的发展差距带来的挑战。以中亚五国为例，哈萨克斯坦一国的GDP超过其余四国之和，人均GDP水平也远在其余四国之上。经济发展不平衡将导致各国的利益诉求存在差异，加大了市场整合与政策协调难度，加大了沿线国家金融合作的难度。在"一带一路"的开放政策下，区域内国家间较大的发展差距，使得相关国家应对外部冲击的困难大大增加，经济波动性以及内外平衡方面的问题提高了区域内资金融通的风险。

二是沿线国家金融基础设施发展不完善，资金融通的制度标准化体系面临挑战。"一带一路"沿线国家金融市场差异化较大，有些国家金融体系相对健全，在各项金融监管制度、金融运行方式等方面与国际接轨；有些

---

❶《一业一策！崂山区出台新政策加快新旧动能转换》，半岛网：http://news.bandao.cn/news_html/201710/20171020/news_20171020_2773622.shtml，2017-10-20。

❷ 根据西城区统计局、浦东新区统计局数据整理。

国家金融市场尚处于初级阶段，风险水平较高。同时沿线国家与中国互设金融机构较少，业务交流与合作不便，在设立账户、贸易结算、促进贸易投资便利化、人民币跨境结算等方面还存在一定障碍。

三是区域内资金融通面临区域外国际性金融组织的竞争和挑战。一方面，在"一带一路"沿线国家中，货币美元化问题极其突出，会导致各国易受到世界经济形势和美联储政策影响，同时给区域内推进人民币使用带来较大阻力。另一方面，虽然中国推动设立了丝路基金、亚投行等资金融通的重要平台，但面临着亚洲开发银行、世界银行等传统国际金融机构的竞争压力。这些传统国际金融机构在"一带一路"沿线投资广泛，竞争优势突出。实现与原有的国际金融组织互利互补、合作共赢，是推进资金融通的巨大挑战。

四是区域资金融通面临着大国博弈与政治、安全风险。基础设施建设等战略性项目投资周期长，商业可持续性及信用风险较高，盈利水平波动极大，部分项目涉及多个国家，面临协调多方利益的难题。多数中国企业不了解海外市场环境，"一带一路"地区经济发展相对落后、法制不完善，市场风险比较大。由于历史和现实原因，区域内各国差异较大，部分国家内部不稳定、国家间矛盾尖锐。

四、北京参与"一带一路"资金融通的对策建议

北京是众多国际金融组织所在地，是全国金融监管和决策中心。北京参与"一带一路"资金融通必须立足自身优势，面向实际需求，有效衔接供给侧结构性改革和"一带一路"建设两大战略。这样才能抓住历史机遇，既完成好供给侧结构性改革的任务，又支持好"一带一路"建设的国家战略，同时把北京建设成具有国际影响力的金融中心城市，在更高层次上参与全球金融资源配置，不断巩固和提升其国际交往中心地位。

一是强化北京作为金融监管和决策中心的优势，加强"一带一路"金融监管合作。在国内方面，支持中国人民银行、中国证监会、中国银保监会完善监管设施，建设金融后台项目；支持人行北京营业管理部、北京银

监局、北京证监局、北京保监局加强和完善监管，提升监管服务质量，形成科学有效、信息通畅、预警及时、兼顾到位的监管体系。在国际方面，支持、服务和保障金融监管部门与"一带一路"沿线国家签署双边、多边监管合作谅解备忘录，以逐步建立高效的区域内监管协调机制；支持服务并积极参与国家完善跨境风险应对和危机处置制度安排，构建区域金融风险预警系统的各项工作。

二是不断提升金融服务水平，吸引聚集各类高端国际金融组织在京落户发展，把北京建设成"一带一路"金融大本营。不断优化营商环境、降低营商成本，大力改善城市环境、降低生活成本，健全人才引进、扶持资金等相关配套政策；大力推动互联网金融、支付、清算等机构健康发展，支持中央国债登记结算有限责任公司等做大做强，打造一批具有国际影响力的金融支付、登记、清算机构，形成功能齐备，安全稳健的金融基础设施体系。吸引更多国际知名登记结算机构、资产评估机构、律师事务所、会计师事务所等专业中介服务机构在京落户，共建多元共赢的金融合作平台，提升北京在全球金融市场的资源配置能力。

三是强化北京金融信息中心的优势，服务金融信用体系建设。培育独立的征信机构，吸引国际知名征信机构、信用评级机构，塑造良好的信用环境；充分利用电子化、网络化的高科技手段，完善信用信息数据库；完善信息披露机制，充分利用信息平台，及时发布有关金融产品交易的相关数据和情况，实行交易情况报告制度，加强社会监管；提高监管透明度，加强对监管人员的监督，并尽快完善行业自律监管；坚持与时俱进，保持信息敏感性，及时更新世界先进的管理制度与理念信息；加紧制定金融信用体系建设的相关法规，尽快完善各项实施细则和指导意见。

四是构建全方位投融资平台，发展多层次金融市场。继续推动新三板市场、全国股权投资中心建设。建设全国性的债券交易服务体系，打造重大项目境外发债平台，提升北京债券市场中心功能。聚焦优势和重点领域，调整提升交易所结构，支持中国水权交易所、北京电力交易中心、中国技术交易所、北京软件和信息服务交易所发展，力争建设全国性碳交易市场，做大做强全国棉花交易市场、中国林权交易所、北京铁矿石交易中心等全国性大宗商品交易平台，提升首都要素市场的定价话语权和影响力。

五是鼓励北京有实力的金融机构与国外金融机构建立"一带一路"倡议联盟，通过在重点国家开设分支机构、离岸金融中心、并购等多种渠道拓展国际业务，提高跨境金融服务能力。重点关注"一带一路"国家和地区纳入亚洲基础设施投资银行、丝绸之路基金等重点支持的基础设施、资源开发、产能合作和金融合作等项目投资，在"走出去"重点国家和地区进行业务布局，为国内企业开拓市场提供金融支持。为装备制造业、核电、高铁等"走出去"重点行业提供境内外一站式服务，制定贯穿整个项目的境内设计、制造与境外招投标、安装、运营维护等全产业链金融服务。鼓励保险公司运用信用保险、投资保险、出口保险等服务，增强企业国际竞争力。

六是开展跨境人民币业务，提供便利化服务。引导并助力"走出去"企业在跨境贸易、融资、基础设施建设等领域采用本币结算，有效规避汇率风险，降低财务成本。积极申请开展互换资金借贷业务，发挥货币互换协议在支持企业"走出去"和促进本币结算方面的作用。紧密跟踪企业跨境生产经营、投资并购和转型创新等不同特征需求，通过跨境贷款、境外项目贷款、国际银团、跨境担保等多元化结构型融资产品打造"境外人民币走廊"。

次国家政府外交视角下北京融入"一带一路"研究

任远喆,杨一 [1]

摘要:次国家政府外交是全球化时代外交转型的重要体现,是外交去中心化与主体多元化的结果。"一带一路"倡议的推行充分释放了中国次国家政府外交的潜力。中国次国家政府外交经历了改革开放初期的不平衡发展,20世纪90年代到2010年左右的快速发展,及近年来以战略性与多样性的深度融合为特点的三个阶段。北京市融入"一带一路"的进程就是中国次国家政府外交发展的典型代表,体现出了引领性、多样性和主动性等特点。以北京市为代表的地方政府对"一带一路"倡议的进一步融入既可以成为中国特色大国外交推进的重要组成部分,也能够实现自身的战略性发展和国际化目标。

关键词:次国家政府外交;外交转型;"一带一路";北京

全球化时代外交议题和外交利益的多元化以及外交环境的复杂化,正在推动以主权国家为主体的外交研究发生重大转向。这一转向体现在两个方面,一是全球化时代的外交研究开始更加注重欧盟、东盟等国际组织和二十国集团、金砖国家等新兴机制的外交行为、外交文化及其对主权国家外交的影响与塑造,研究国际组织在全球治理中的作用更成为国际问题研

---

[1] 任远喆:外交学院外交学与外事管理系副教授,国家领土主权与海洋权益协同创新中心研究员;杨一:外交学院外交学专业硕士研究生。

究的"显学";[1]二是以次国家政府为代表的非国家行为体正在使外交文化和外交规范发生改变，它们之间及它们与中央政府之间新的互动模式对传统外交的本质构成强烈的冲击。在西方学者看来，强调政策和行为体之间多层次关联性的"整合外交"正在代表着新的"外交的未来"。[2]

近年来中国外交也处于转型的重要时期。随着中国对外开放深度和广度的不断扩展，央地分权改革不断推进，地方政府在对外事务中的话语权和主动性稳步提升。从2013年开始"一带一路"倡议的提出和发展，更是充分发掘了地方政府对外开放的潜力，塑造了央地互动的新态势。北京市作为中国的首都，凭借其优越的战略位置和政治、经济、文化等方面的优势，在融入"一带一路"中更是发挥了示范效应，也成为次国家政府外交在中国实践的典型案例。本文将从次国家政府外交的理论出发，对北京市融入"一带一路"进行理论和实践上的探讨。

一、次国家政府外交理论的形成与发展

一直以来，主权国家都被视作传统外交当仁不让的主要行为体，外交规范的演进与欧洲在国际体系中的地位上升紧密相连。欧洲外交规范的发展和更新速度在战争结束之后加快，发端于欧洲的主权意识和观念开始逐步扩展到整个世界，局部的和相互隔绝的国际体系渐次发展为全球性和整体性的国际体系。各地区相继独立的新兴主权国家不断融入国际体系，形成了建立在主权平等基础上的全球外交新秩序。在西方外交规范加速向全球扩展的同时，外交体系内部的多样性和复杂性呈上升之势。体系中成员身份的多样化及差异性的增强，改变了原有外交"同质化"的特点，就外交规范的接受程度、外交机制的完善程度和外交人员的专业程度等而言，社会主义国家和许多发展中国家与西方资本主义发达国家相去甚远。与此

---

[1] R.P. Barston, Modern Diplomacy, Fourth Edition, New York: Routledge, 2013, pp.96-111. Dertrand Badie, Transnationalizing Diplomacy and Global Governance, in Pauline Kerr and Geoffrey Wiseman (eds.), Diplomacy in a Globalizing World, New York: Oxford University Press, 2013, pp.85-102.

[2] Brian Hocking, Jan Melissen, Shaun Riordan and Paul Sharp, Futures for Diplomacy: Integrative Diplomacy in the 21st Century, Clingendael, October 2012.

同时，越来越多的国际组织、特殊利益集团、跨国公司、社会团体、地方政府等开始陆续登上国际舞台，在一些外交事务中所发挥的作用甚至胜于中央政府外交。在此情形下，外交并非只是国家行为，它同时也是"人类特定的社会行为"。❶

20世纪80年代以来，伴随着全球化的发展，外交日益多元化，国家、跨国家、次国家和非国家行为体齐头并进地参与其中，越来越成为以政府为主体的传统外交的一个重要补充和不可或缺的组成部分。"平行外交"（Paradiplomacy）理论是描述新型国际行为体的出现、关注次国家政府参与国际活动的独特方式及其在国际交往中如何与国家政府竞争和冲突的重要学说，美国学者杜恰切克是平行外交的积极倡导者，他提出，平行外交系次国家政府（主要是联邦成员政府）所从事的独立于中央或与中央外交并行展开的国际活动。❷"平行外交"理论认为，联邦制国家中次国家政府在国际交往中具备完整的外交能力，足以决定国际交往的目标、战略、策略、机制、决策过程等，与主权国家的中央政府外交并无二致。次国家政府加入对外交往使得一国外交事务的决策出现地域性分化或垂直分化，即各级政府均在对外关系和外交决策中积极地有所作为。在持这一理论的学者心目中，主权国家对外关系的现状改变了传统的外交模式，外交部失去了对外交的单独掌控，很多领域的国内政策逐渐国际化，因而国家需要学会适应新的分配模式，与次国家政府分享权力，在国外协同行动。❸ 这正是平行外交的意义所在。有学者甚至指出，"平行外交的出现是外交范式转变的重要体现，我们应该思考'后外交'（Post-diplomatic）世界，切实认识到新的复杂现实。"❹

---

❶ Paul Sharp, " Diplomacy in International Relations Theory and Other Disciplinary Perspectives", in Pauline Kerr and Geoffrey Wiseman（eds.）, Diplomacy in a Globalizing World, New York: Oxford University Press, 2013, p.65.

❷ Ivo D. Duchacek, The Territorial Dimension of Politics: Within, Among and Across Nations, Boulder and London: Westerview Press, 1986, p.290.

❸ Francisco Aldecoa and Michael Keating（eds）, Paradiplomacy in Action: The Foreign Relations of Subnational Governments, London: Frank Cass Publisher, 1999, p.1.

❹ Inaki Aguirre, "Making Sense of Paradiplomacy? An Intertextual Inquiry about a Concept in Search of a Definition", in Francisco Aldecoa and Michael Keating（eds）, Paradiplomacy in Action: The Foreign Relations of Subnational Governments, pp.185–209.

除平行外交之外，西方学者还有许多其他理论分析日益突出的外交分权现象，如"选区外交"（Constituent Diplomacy）和"多层外交"（Multilayered Diplomacy）等。这些理论更加强调外交发展的共性和包容性而非其差异性的扩大。但无论是平行外交理论抑或其他理论，它们主要研究西方式联邦制政府内政治范畴高于城市，小于国家，属于中观层面的实体，例如加拿大的省、西班牙的自治区、印度的邦、法国和意大利的大区等，从法律、制度等角度分析这些政治实体同中央政府在外交事务中的博弈与合作。而大多数发展中国家还处于前现代或者向现代化迈进的重要进程中，外交集权和分权的张力都在强化。

次国家政府外交的兴起有其多重原因。除全球化时代外交发展的垂直化趋势外，从实用主义的角度看，中央政府与地方政府在战略目标和发展选项上的差异也是地方政府谋求自主性的重要因素。此外，现代主权国家的构成及其民族主义属性和由此而来的身份政治是这一问题的根源。❶ 近年来，加拿大的魁北克、西班牙的巴塞罗那等都成为研究的重点对象。❷ 欧洲国家对这一领域最为关注。它们将目前的欧洲次国家政府外交称为"第三波"，其标志是次国家政府组织结构的水平化，对地缘政治和功能化目标的战略性考量以及努力成功地融入总体外交之中。❸ 不仅如此，在2015年美国新奥尔良举行的美国国际关系协会年会上，该领域的学者将外交政策分析与次国家政府外交相结合，对平行外交进行了更加理论化的探讨，也搭建起了理论与理论、理论和实践之间沟通的桥梁，扩大了从事该领域研究的国际学术共同体，使之成为解释全球化时代外交转型的不容小觑的力量。

二、次国家政府外交与中国的经验

中国采用不同于西方国家的独特政治体制，其是否存在西方式的次国

---

❶ Fritz Nganje, "Historical Institutionalism and the Development of Sub-State Diplomacy in South Africa", in Journal for Contemporary History, June/July 2016, p.152.
❷ David Criekemans (eds.), Regional Sub-State Diplomacy Today, Martinus Nijhoff Publisher, 2010.
❸ David Criekemans, Towards a "Third Wave" in Sub-State Diplomacy? Flemish Centre for International Policy, January, 2010.

家政府外交一直都是学术界争论的焦点。[1]2001 年，兰普顿主编的《改革时期的中国外交与安全政策制定》一书较早地对这一问题进行了探讨。兰普顿视中国省市的地方政府对外关系的逐步参与为中国外交"去中心化"的典型表现。[2]之后越来越多的国内外研究相继开始用不同的次国家政府外交理论解释中国的外交实践。[3]

总的看来，中国经历了从地方政府参与对外事务到次国家政府外交逐渐形成的过程。该过程可分为三个阶段。第一个阶段是从改革开放到 20 世纪 90 年代末的萌芽初现期，其特点是以经济发展为导向的不平衡发展。始于 1978 年的改革开放往往被视为这一进程的起源。改革开放不仅实现了经济权力从中央向地方的转移，增强了地方政府的积极性和主动性，而且为次国家政府参与外交事务提供了战略和制度保障。财政、管理自主权的获得极大地激发了各地发展地方经济的热情，它们的重要途径之一即开展对外贸易。次国家政府外交的重要目标是利用独特的文化和其他优势吸引外资的进入；而不对称性乃为这一时期次国家政府外交的主要特征。总体而言，沿海地区实行地方分权起步较早、力度较大，而国内的其他省份则相对滞后。这种不对称的分权过程使得沿海省份率先成为地方经济国际化的前沿和领跑者。[4]尽管地方省市的自主性有所增强，然而，中央政府始终是它们从事对外交往的决定性因素，在外交和国防领域尤为如此。地方政府更多的是通过吸引外资、接待来宾、结友好城市等方式参与到国家的涉外活动之中。

---

[1] 本文在分析中国地方政府的国际活动时将用次国家政府外交代替地方外事的概念。同时，此处的次国家政府外交不包括港澳台地区。

[2] David M. Lampton (eds.), The Making of Chinese Foreign and Security Policy in the Era of Reform, Stanford: Stanford University Press, 2001, pp.19-24.

[3] 具有代表性的学术成果有陈志敏：《次国家政府与对外事务》，长征出版社，2001 年版；苏长和："国际化与地方的全球联系"，《世界经济与政治》，2008 年第 11 期，第 24—32 页；苏长和："中国地方政府与次区域合作动力、行为及机制"，《世界经济与政治》，2010 年第 5 期，第 4-24 页；张鹏：《中国对外关系开展中的地方参与研究》，上海世纪出版社 2015 年版。Chen Zhimin, Jian Junbo and Chen Diyu, "The Provinces and China's Multi-layered Diplomacy", in The Hague Journal of Diplomacy, No.5, 2010, p.331-356.

[4] 陈志敏："沿海省份与中国对外政策"，载郝雨凡，林甦主编：《中国外交决策：开放与多元的社会因素分析》，社会科学文献出版社 2007 年版，第 252 页。

从 20 世纪 90 年代末到 2010 年前后，随着改革开放进程的不断深入和中国进一步融入国际体系，地方政府参与对外事务进入了一个快速发展期，呈现出组织机构不断完善和逐步融入次区域合作等特点，但这一阶段次国家政府的外交属性仍相当有限。在国家改革开放的宏观战略引领下，中央与地方的关系得到进一步调整，外事权逐步下放，尤其是外贸经营权和外事管理权的下放直接赋予了地方政府开展国际合作的权限。1998 年，外交部成立了外事管理司，其服务对象涉及国务院部门、地方和中央企业。它的一项重要职责便是拟定或修订全国性外事管理规定，对接地方政府的外事机构，工作范畴主要为明确外事审批权限，规范办事流程，提出纪律要求等，涵盖了各地区、各部门、各领域对外交流与合作的方方面面，从而有效地服务于中国特色外事管理体系，有利于规范央地之间在对外事务上的权责。2001 年中国加入世贸组织更是极大地调动了国内各级政府开展经济外交的主动性和积极性，同时也使中央与地方、地方与地方、部门与部门之间的利益竞争更加突出，日趋激烈。总体看来，地方各级政府的对外交流不断扩大并日益深化，有力地配合了国家总体外交工作，为它服务及对它加以补充，它们亦因此成为活跃在国际舞台上的一支重要力量。

此间，次国家政府外交的不平衡性也得到一定程度的缓解和扭转。自 20 世纪 90 年代后期起，在全方位开放的大背景下，中国的国内战略重点开始由最初的沿海省份向中西部倾斜，从而为内陆沿边地区的对外合作提供了契机。该时段也是中国构建东亚区域合作多层次架构的重要阶段，除东盟加中国（10+1）、东盟加中日韩（10+3）、东亚峰会等区域性合作机制外，图们江次区域合作、大湄公河次区域合作、环北部湾次区域合作等围绕中国周边从东北到西南的一系列重要的次区域合作机制逐步完善。东北、西北和西南均不同程度地参与到区域合作进程中，有的地区甚至堪称国际合作的倡议者和引导者。❶ 在次区域合作中，许多地方政府表现得十分活跃，显示出高昂的积极性。云南、广西等省区正是因应这一时期中国参

---

❶ 苏长和：“中国地方政府与次区域合作：动力、行为及机制”，第 15—20 页。

与区域化的需求,顺利搭上了"走出去"的快车,成为周边次区域合作的支点。

这一时期大型城市依托重大主场外交活动赋予地方和城市的特殊角色,一举成为新的外交主体。北京、上海等地先后成功举办了奥运会、残奥会、世博会、中非合作论坛、亚欧首脑峰会、上海合作组织领导人峰会、APEC 领导人非正式会议等一系列重大国际活动。毫无疑问,它们主要是在中央的统一协调下筹办并举行的,然而,地方政府在承办和落实各项事务时十分积极主动,于实践中构建起了中央与地方互动的新的制度化安排,实现了双赢。地方政府借上述契机极大地提升了地区或城市的国际影响力,加快了走向世界的步伐。对中央政府来说,动员和利用地方政府资源及其力量显然已成为确保国家持续崛起,进一步参与全球治理战略设计的不可或缺的一环。

当前中国的次国家政府外交处于全面扩展的第三个阶段,其特点为战略性与多样性的深度融合。这与全球外交转型的总趋势密不可分,也顺应了外交发展的大势。就此而言,世界主要大国都有各自的相应对策。印度的例子较为典型。莫迪就任总理之后,印度更是大刀阔斧地展开"平行外交"。2014 年 10 月,印度当局宣布在外交部设立管理地方邦事务的新司。有别于其前任的是,莫迪政府以地方邦在外交中的角色为谋求本国利益的重要组成部分,充分发挥它们的次中心优势及灵活、善于变通等特长,为总体外交的转型服务。❶

2012 年中共十八大召开以来,中国在国际社会中提出了一系列具有战略意义的新型倡议,进而为地方政府的国际交往提供了新的机遇与动力。特别是"一带一路"倡议的设计和落实,更需要发挥次国家政府外交的独特优势。于 2015 年 3 月发布的《推动共建丝绸之路经济带和 21 世纪海上丝绸之路的愿景与行动》表明,在推进"一带一路"建设的过程中,中国将充分发挥国内各地区的比较优势,实施更加积极主动的开放战略,加强东中西部的互动合作,全面提高开放型经济的水准。西北、西南、东北、

---

❶ Happymon Jacob, Putting the Periphery at the Center: Indian States' Role in Foreign Policy, Carnegie India, Oct. 10, 2016, p.16–18.

沿海等各地区都有明确的战略分工。这自然要求地方政府充分发挥其对外事务职能，主动推动对外交流与合作。虽然后者仍属于中央政府赋权的范畴，而且更多地集中于经济文化交流等低政治领域，地方政府的自主性仍然得到显著的提升。地方政府依托自身的区位优势，单独制定不同版本的对接方案，为"一带一路"的总体规划服务。一些学者认为，"一带一路"的根本在于次国家政府层面，需要有统筹考虑中央与地方、官方与企业、国内与国外之间关系的网络化设计。❶ "一带一路"的持续推进在一定程度上对中央与地方的关系加以重新调适，使次国家政府外交具有更多的战略性作用和意义。

中央政府还着力将地方进一步推向国际舞台。从2016年开始，外交部陆续开展省区市全球推介活动，开辟中央外交为地方服务的新途径。王毅部长在首场推介会上指出，外交部的这一活动有三个目的：一是为国家发展做好服务；二是为地方开放创造条件；三是为各国驻华使团了解中国国情打造平台。❷ 他视其为中国特色大国外交的重要举措，可以"使地方省区不出国门就能与外方对接，使外国驻华使节不出北京就能了解地方改革开放新貌。有机统筹中央、地方两种优势，对接国内、国外两种资源，从服务中央决策延伸到服务地方发展，受到地方普遍欢迎。"❸ 由此可见，中央政府对发挥地方政府的国际角色有很高的期待。正是通过制度的调整、制定及方式的创新，促使地方政府更深入地参与国际交流，并扮演更加独立和灵活的角色。

另一个值得重视的现象是，地方政府在海外领事保护中的参与度不断上升。近年来随着中国海外利益的逐步扩展，领事保护的供需矛盾在日渐扩大。为此，中国正在构建起各方参与的"大领事"工作格局，建立中央、地方、驻外使领馆、企业和个人"五位一体"的领保联动机制，其中

---

❶ Tim Summers, "China's 'New Silk Roads': sub-national regions and networks of global political economy", in Third World Quarterly, Volume 27, 2016, p.1628–1643.

❷ "开放的中国：从宁夏到世界——王毅部长在为宁夏举办的首场外交部省区市全球推介活动上的即席讲话"，http://www.fmprc.gov.cn/web/wjb_673085/zzjg_673183/wsgls_674701/xgxw_glj_674703/t1344539.shtml.

❸ 王毅："在世界变局中坚定推进中国特色大国外交"，《求是》，2017年第1期，第14页。

地方政府发挥的作用颇为重要。这也是中国领事保护机制中最具特色之处。❶ 从这个意义上来讲，传统外交赋予中央政府对外交事务的绝对控制权正不可避免地发生松动，次国家政府外交在中国日益发展的趋势仍在继续。

三、次国家政府外交与北京参与"一带一路"的实践

北京作为次国家政府外交的行为主体具有相当的独特性与自主性。由于北京作为国家首都和地方直辖市的双重属性，它在参与"一带一路"实践中表现出一定程度的特殊性。作为国家首都，且集国家的政治中心、文化中心、国际交往中心及科技创新中心为一体，北京在参与"一带一路"的实践中获得了"近水楼台先得月"的优势，顺利获得国家的政策支持，为国家举办"一带一路"相关活动提供承办及服务平台等；同时，北京作为经济发展程度较高的城市，各领域资源丰富，参与"一带一路"倡议的积极性较高，实践形式多样，体现出了一定的特色和自主性，发挥了重要的引领作用。

2017年，北京市地区生产总值28000.4亿元，比上年增长6.7%，处于中高速发展水平；且第三产业贡献率达到80.6%，比上年增长7.3%，产业结构处于优化升级阶段，并趋向合理。❷ 这样的发展水平和发展速度为北京参与"一带一路"倡议提供了坚实的经济基础。据《"一带一路"贸易合作大数据报告（2017）》统计的《2016年中国各省市与"一带一路"沿线国家贸易情况》显示，2016年北京与"一带一路"沿线国家进出口贸易额为958.5亿美元，位列全国31个省市中的第4位，其中进口贸易额更是以761亿美元位列第1位。❸ 这表现出北京市与"一带一路"沿线国家之间贸易往来畅通、互惠互利，也体现出北京参与"一带一路"建设的实力与积极性，展

---

❶ 夏莉萍："中国领事保护需求与外交投入的矛盾及解决方式"，《国际政治研究》，2016年第4期，第22—25页。

❷ 北京市2017年国民经济和社会发展统计公报，http://zhengwu.beijing.gov.cn/sj/tjgb/t1509890.htm（访问时间：2018年4月13日）。

❸ "一带一路"贸易合作大数据报告（2017），第33页。https://www.yidaiyilu.gov.cn/wcm.files/upload/CMSydylgw/201703/201703241243039.pdf（访问时间：2018年4月12日）。

现了其作为国家首都的引领作用。另外，北京也在实践中证明其自身在京津冀区域一体化进程中的带头作用，据《"一带一路"贸易合作大数据报告（2017）》显示，2016年华北地区与"一带一路"沿线国家的贸易额占全国七大区域总额的14.8%，其中北京的贡献率达到10.1%。❶由此可见，北京在"一带一路"的相关项目中的参与程度较高，对"一带一路"倡议的实施推进起到一定的助推作用，并由此促进了城市及本地区的进一步发展。

北京在"一带一路"倡议的实践中发挥的作用主要体现在以下三个方面。第一，发挥首都优势，借力主场外交和城市外交。北京作为国家首都，是中央政府及国家机关各部门所在地，在理解、接收政策及获得政策支持上具有得天独厚的优势。近年来在国家举办"一带一路"的相关会议、活动时，提供服务和支持，搭建沟通交往的平台；此外，各类国际组织的总部聚集北京，有助于次国家政府层面的外交交往同时展开。2017年首届"一带一路"国际合作高峰论坛在北京雁栖湖国际会议中心成功召开，北京为此次会议提供服务支持，保证会议顺利召开、取得丰富成果的同时，也为"一带一路"沿线各国的来宾提供了沟通交流的国际平台。这得益于北京作为首都多次承办相关国际交往活动的丰富经验，也有助于北京深入理解"一带一路"倡议的深刻内涵，贯彻执行相关政策，国家政府层面助推"一带一路"倡议的顺利实施。如今北京市为亚洲基础设施投资银行、丝路基金等机构在京投资建设、开展经营活动提供优质配套服务，吸引上海合作组织、博鳌亚洲论坛等一批国际组织总部落户北京，努力打造对外交往的新平台。吸引更多的国际组织落户北京是北京市一直以来的重要战略目标，也可以更好地发挥主场外交优势，助力世界城市建设，服务"一带一路"倡议的推进。大国首都对于国际规则构建非常重要。北京主场外交作用的日益扩展和深化，对于中国参与全球治理，改革和构建国际规则不可或缺。"北京能够、也应该为中国参与构建国际规则的战略部署尽到自身最大的努力，做出应有的贡献。"❷

---

❶ "一带一路"贸易合作大数据报告（2017），第34页。https：//www.yidaiyilu.gov.cn/wcm.files/upload/CMSydylgw/201703/201703241243039.pdf（访问时间：2018年4月12日）。

❷ 戚凯："国际规则构建中的首都角色——以北京为例"，《教学与研究》，2017年第3期，第59页。

同时，北京作为国家首都和发展程度较高的世界大都市，在经贸、科技、文化、教育等诸多领域都具有较大的国际影响力，这有助于北京与"一带一路"沿线国家开展相关领域的合作，维持良好的双向互动关系。北京已与全球 49 个国家的 54 个城市建立友好城市关系，包括 19 个"一带一路"沿线国家首都。[1] 在全球都市化的历史趋势来看，城市国际化和世界化是不可阻挡的趋势。城市外交在一定程度上弥补了新时期国家外交的某些不足，也对国家外交构成了竞争和挑战。[2] 总的来说，在这些交往中，北京充分展示了首都的形象，也服务了国家总体外交的需要，特别是与"一带一路"沿线国家城市之间的密切交流，发挥了非常积极的作用。

第二，发挥经济和技术优势，积极参与项目建设。据上文所述，北京的经济发展程度较高且产业结构趋于合理化，高科技产业蓬勃发展，处于水平较高的发展层次，这为北京参与"一带一路"倡议提供了经济基础。首先，北京的经济发展程度较高，第三产业在北京的经济结构中占主要地位，现代金融业、文化产业、互联网行业、科技创新产业等处于优势地位，这与发展程度相对较低的"一带一路"沿线国家城市形成互补，将制造环节等向这些国家转移，同时，发挥自身在轨道交通、垃圾焚烧、污水处理、电力等领域的咨询设计、技术研发、投资建设和运营管理的优势，以市属国企为主导，实施一批具有广泛影响力的合作项目。截至目前，共 16 家市属国有企业参与沿线国家项目 78 个，涵盖基础设施、能源、装备制造、环保等 14 个行业。[3] 其次，北京市企业参与援建"一带一路"沿线国家基础设施建设项目。2017 年，为支持"一带一路"沿线国家基础设施建设，北京辖内金融机构为沿线主要项目提供超过 750 亿元的信贷融资，跨境人民币贷款对沿线大型项目建设支持力度进一步提升。[4] 北京市建筑设计

---

[1] 北京市发展和改革委员会利用外资和境外投资处：北京以"四个平台"为支撑积极参与"一带一路"建设，《投资北京》，2017 年第 6 期，第 47—49 页。
[2] 赵可金，陈维："城市外交：探寻全球都市的外交角色"，《外交评论》，2013 年第 6 期，第 77 页。
[3] 北京市发展和改革委员会利用外资和境外投资处：北京以"四个平台"为支撑积极参与"一带一路"建设，《投资北京》，2017 年第 6 期，第 47—49 页。
[4] 2017 年北京地区与"一带一路"沿线跨境人民币业务增长 2.9 倍，新华网，2018 年 3 月 18 日。www.xinhuanet.com/fortune/2018-03/18/c_1122553199.htm（访问时间：2018 年 4 月 12 日）。

研究院与沈阳市工程监理咨询公司联合承担了斯里兰卡国家医院门诊楼援建项目，其中北京市建筑设计研究院承担门诊楼的设计工作，项目的管理由两单位联合承担。此外，北汽南非汽车工厂成为北京汽车集团第一座海外全产业链整车制造工厂，这不仅是中国企业在南非及非洲一次性投资规模最大的汽车制造工厂，也是本地化程度最高的汽车制造厂，将推动南非汽车工业的发展，为当地提供更多就业机会。❶ 最后，大量的国企总部和外企总部汇聚北京，为北京市属企业提供了沟通、学习的平台，也有助于北京吸引国内外经济领域的高端资源和人才，为北京参与"一带一路"注入活力，同时，有利于北京优质企业"走出去"，获得更广阔的发展平台。

第三，发挥文化和教育优势，打造成为"民心相通"的枢纽。北京作为全国的文化中心，汇聚了优质的文化、教育资源及人才，对于将"一带一路"传播至更广阔的领域具有重要作用，同时承担着为"一带一路"的推进输送跨文化交流人才的重任。一方面，北京的文化活动丰富多彩，将"一带一路"倡议与各类文化活动对接，通过举办文化活动宣传"一带一路"的深刻内涵，增加企业及市民的了解程度和参与程度，同时为各方参与者提供一个文化交流的平台，促进"一带一路"沿线国家之间的民心相通。2017年北京举办第十二届文化博览会，来自美国、法国、英国、意大利等国家和地区的69个代表团组参展，外商纷纷借助北京文博会平台推介本国文化项目，寻找国际合作商机。2017年的北京国际摄影周也围绕"一带一路"专题推出相关的专题摄影展，使热爱摄影的北京市民了解"一带一路"沿线国家的风土人情。此外，国际图书博览会、孟加拉文化周等丰富多样的"一带一路"相关主题的文化活动次第展开。

另一方面，"一带一路"相关项目的开展需要各领域的优秀人才，其中，加强"一带一路"语言能力建设是推进"一带一路"顺利实施的重要基础性工作，而具备优质教育资源的北京正可以协助这项工作的开展。根据《"一带一路"大数据报告（2017）》中的数据显示，通过国内外互联网大数据分析发现，在"一带一路"人才需求方面，语言类人才分列国内媒

---

❶ 北京企业参与"一带一路"建设北京名片闪耀思路，北京市发展和改革委员会，2017年5月15日。www.bjpc.gov.cn/zwxx/mtbd/bzwlxw/201705/t11007731.htm（访问时间：2018年4月12日）。

体和网民关注度排名第 1 位、沿线国家媒体和网民关注热度排名第 4 位。而且，目前我国外语教育中仍存在英语"一家独大"的局面。通过对全国 423 家语言服务机构调研发现，提供中译英服务、英译中服务的企业占比最高，分别为 96.93% 和 94.80%。其次为日语、法语。仅有 2.60% 的企业提供"中译外"和"外译中"服务，占比较少，小语种的服务能力严重匮乏，制约中国企业进入当地进行贸易合作。❶ 因此，2017 年北京出台《北京市"一带一路"国家人才培养基地项目管理办法（试行）》，促进北京地区普通高等院校及职业学校对"一带一路"相关领域的人才培养；另外，出台相应政策促进中等教育、高等教育等各阶段学校增加招收小语种专业学生，且增设"一带一路"沿线国家语种专业，旨在弥补小语种人才的严重不足，带头促进与"一带一路"沿线国家的文化交流与合作开展。2016 年，北京颁布《北京市外国留学生"一带一路"奖学金项目管理办法（试行）》，旨在吸引更多优秀的"一带一路"沿线国家学生来京学习，推动北京市"一带一路"沿线国家教育交流与合作，服务"一带一路"教育共同体建设，促进互联互通和民心相通，提升北京教育对构建"一带一路"教育共同体的贡献力。❷

在对外方面，2017 年北京市教委联合北京市财政局在全国率先设立北京市"一带一路"国家人才培养基地项目，重点支持"一带一路"沿线国家高端人才、教育管理专门人才、高端技术技能人才来京学习，积极推动与沿线国家实现教育领域共赢共享发展。❸ 这是北京利用自身优质教育资源集中的优势，与国家政策需求衔接的尝试，体现了北京资源丰富、易获得政策支持的首都优势，当然也是北京在融入"一带一路"建设过程中示范效应的体现。

---

❶ 《语言服务业"偏科"严重 小语种服务能力严重匮乏》，《"一带一路"大数据报告（2017）》，2017 年 12 月 15 日。https://www.yidaiyilu.gov.cn/xwzx/gnxw/39732.htm（访问时间：2018 年 4 月 13 日）。
❷ 《北京市外国留学生"一带一路"奖学金项目管理办法（试行）》，2016 年 11 月 18 日。https://www.yidaiyilu.gov.cn/zchj/zcfg/26577.htm。
❸ 《北京建"一带一路"国家人才培养基地》，新华网，2017 年 8 月 27 日。www.bj.xinhuanet.com/bjyw/2017-08/27/c_1121548708.htm（访问时间：2018 年 4 月 12 日）。

四、小结

近年来中国在推进"一带一路"建设过程中,创造了众多次国家政府外交的成功实践。从上述北京市的案例不难看出,地方参与外交事务正在持续发展和不断深化之中。尽管在这个过程中还存在不少制约因素以及各种问题,但是其发挥的独特作用已经成为国家总体外交不可或缺的重要组成部分。党的十八届三中全会《关于全面深化改革的若干重大问题的决定》把中央与地方之间的事权划分和确定列为全面深化改革的重要内容,无疑将大大提高国家治理能力,也会更加优化央地关系,为地方政府进一步融入"一带一路"倡议提供更大的空间。北京作为中国的首都,对其中的"领头雁"角色更应当仁不让。未来北京市在"一带一路"建设过程中还有很大的潜力可以挖掘。例如,与纽约、伦敦、巴黎等世界城市相比,目前北京在吸引国际组织落户方面差距不小,在成为"世界会议之都"的过程中软硬件的建设必须加快。党的十九大成功召开之后,"一带一路"建设进入了全面推进务实合作的新阶段,北京融入"一带一路"也需要迈上新台阶,创造新成就。这要求官产学等各方面协力同心,创新思维,勇于实践,为北京市进一步融入"一带一路"建设,发挥次国家政府外交的示范效应奠定坚定的基础,开拓广阔的空间。

"一带一路"背景下北京塑造国际化大都市形象的路径探析[1]

戴长征[2]

摘要：在"一带一路"背景下，我国城市形象对外传播代表的不仅是我国的城市形象，更是我国优秀的文化与精神。建设国际化大都市是当前北京市城市建设的重要目标之一。建设一流国际化大都市，就需要有相应的国际大都市形象。"一带一路"是我国重大国家战略，北京市作为地方城市，积极参与融入其中。在"一带一路"背景下，建设国际化大都市、塑造国际化大都市形象，需要从硬件和软件的建设方面发力，既要具备较强的经济和科技实力，也要具备较强的人文实力。作为国际化大都市群体中的新来者，同其他大都市相比，北京市在城市人文方面（包括城市形象）还较为欠缺，而这也成为北京建设国际化大都市的一个短板。因此，研究世界各个大国际化大都市建设经验，探索塑造国际化大都市形象的路径，逐步完善国际化大都市形象是北京市的重要任务。

关键词：北京；国际化大都市；"一带一路"；疏解非首都功能

一、引言

2005年1月，国务院常务会议原则通过的《北京城市总体规划（2004—2020年）》将"宜居城市"作为北京城市发展的重要目标之一。2014年2月，习近平总书记在北京考察工作时强调要努力把北京建设成为国际一

---

[1] 本文系"北京市宣传文化高层次人才培养资助项目"支持成果。
[2] 戴长征，对外经济贸易大学国际关系学院院长、教授、博导。

流的和谐宜居之都，为首都发展指明了方向。建设国际一流的和谐宜居之都既是党中央对北京发展的新要求，也是深化落实首都城市战略定位，推进北京持续健康发展的现实选择。显然，经过多年的国际化大都市建设的探索，北京已经将"和谐宜居"确定为国际化大都市的核心内涵。这一定位，不仅彰显了党中央和北京市将北京建设为国际化大都市的坚定决心，更彰显了党中央和北京市以人为本的执政宗旨。国际化大都市，大仅仅是其基本内涵，而最为关键的内涵或许是因为超强的国际化交往能力产生的世界级影响。就此而言，国际化大都市建设绝不是简单的"求大"，其"大"不仅仅在"规模"，更在于"影响"。当前，北京作为"一带一路"倡议的重要节点城市，应下大气力塑造崭新的城市形象，在传承好原有城市形象的同时加大现代创新力度。

经过多年快速发展，北京正向世界级的国际化大都市迈进，但综合而言，北京在国际化大都市的综合实力、国际化大都市的基础设施建设、国际化大都市的国际兼容能力等多个方面仍然与诸如纽约、巴黎、伦敦、东京等国际化大都市存在诸多差距，北京仍然处于国际化大都市的初级发展阶段，城市发展仍然面临着诸多新问题、新挑战。结合中国宏观经济背景、和平发展的国际背景以及北京自身发展面临的诸多"大城市病"问题，为了尽快建成和谐宜居的国际化大都市，北京需要具体探索塑造国际化大都市的路径。

二、北京市塑造国际化大都市形象面临的挑战与机遇

"一带一路"建设是新一届中央领导集体统揽全局、顺应大势面向世界各国发出的伟大倡议，也是着眼实现"两个一百年"奋斗目标和中华民族伟大复兴的中国梦，这一决策得到了国际社会的广泛关注和积极支持。在当前这一各国在经济、社会、文化等方面联系日益紧密的时代，国际化大都市已经成为各国的重要"名片"，因此各主要大国也都高度重视对国际化大都市的建设。建设国际化大都市，对于提高国家在国际社会中的地位、塑造良好的国际形象、提高城市乃至国家的竞争力以及推动国家经济发展

都具有举足轻重的作用。北京在2001年提出建设现代化国际大都市的目标，而在2010年又提出了建设世界城市的目标。除此之外，南京、武汉、重庆、西安、广州、深圳、大连、沈阳等城市也结合自身的地理特点、区位优势和发展特色，提出了自身建设国际大都市的目标。❶这一方面反映出随着经济的快速发展，中国的综合国力得到了明显的提高，越来越多的城市有条件、有能力成为国际化大都市；另一方面也为推动国际化大都市建设的顺利进行提出了更多的挑战。

事实上，相比于发达国家，中国的国际化大都市建设进程起步比较晚，世界上大部分的国际化大都市都经历了一个较长的发展阶段。以日本东京为例，自明治维新之后，东京便进入了国际化大都市建设的起步阶段。在明治维新后的一段时间当中，东京仅仅是日本的政治和文化中心，而并不是经济中心。直到第二次世界大战之后，东京的经济地位才迅速上升，成为日本的经济中心。东京经济地位的上升既得益于第二次工业革命后资本主义生产社会化趋势的不断加强，也得益于生产和资本的集中化以及政府的大力支持。❷正是由于多重积极因素的支撑，东京在"二战"后一跃成为世界上最重要的国际化大都市之一。同时，东京并没有落入很多大城市所具有的交通堵塞、污染严重、环境恶化、贫富差距巨大、资源紧张、社会秩序混乱等"大城市病"的陷阱，而是保持了良好的自然环境与社会秩序。这同对于城市建设的科学合理的规划是紧密相连的，而科学合理的规划则使东京在发展的过程中避免了很多问题的出现。

作为国际化大都市建设的后来者，北京可以借鉴东京（也包括其他城市）在建设国际化大都市方面的经验，从而能够充分认识到并有效应对建设国际化大都市过程中可能面临的挑战。就挑战而言，主要体现在三个方面。第一，当前北京建设国际化大都市，改善其形象所要面对的一个重要问题就是地区发展不平衡的问题。在某种程度上说，当前北京市的发展是以周边地区发展的某种牺牲为代价的，特别是临近北京的河北地区，所做出的牺牲是最大的。从经济规模上看，北京同周边地区的发展就是极不平

---

❶ 罗小龙，韦雪霁，张京祥：《中国城市国际化的历程、特征与展望》，第39页。
❷ 侯隽：《东京国际化大都市的演进过程》，《前线》，2017年9月，第93—94页。

衡的。2014年，京津冀三地的GDP总量达到了66474.5亿元人民币，占全国经济总量的10.4%。2014年全年，京津冀地区常住人口达到1.11亿人，占全国人口的8.1%。其中，北京和天津的人口高度密集，人口密度分别为1311.1人/平方千米和1289.8人/平方千米，均为河北的3倍以上，是全国平均人口密度的9倍以上。2014年，北京、天津的人均GDP均超过1.6万美元，而河北仅仅为6500美元，尚不到北京和天津的一半。在产业结构方面，北京市的第三产业占经济总量的比重达到了77.9%，呈现出明显的高端化趋势，而天津、河北第二产业的比重仍占经济总量一半左右。在城市化率方面，京津冀三地的城市化率分别为86.4%、82.3%和49.3%。从综合的角度来看，北京已经进入后工业化阶段、天津则处于工业化阶段的后期，而河北则还处于工业化阶段的中期。❶相比之下，上海同周边的苏州、无锡、杭州等地区的发展差距就非常小，而上海的发展也带动了周边城市的共同发展。需要指出，在过去的一段时间当中，北京的发展并没有带动周边地区的共同发展，相反在一定程度上造成了周边地区人力、物力资源的"空心化"。这种问题在今后需要加以重视并妥善解决。因此，国家提出京津冀协同发展战略，不但对于津冀地区是个战略机遇，而且对于北京来说有着实质性的意义。北京不但可以借此疏解功能，减轻负担，而且可以在产业上腾笼换鸟，反哺津冀地区发展。

第二，北京市需要协调国际化发展同自身历史文化保护之间的关系，提升城市软实力。这里就涉及历史文化保护同现代化之间的关系，而这对关系则是伴随着人类社会现代化的进程而提出来的，是人类文明进步的结果。❷作为一个拥有5000余年悠久历史的文明古国，中国理应高度重视历史文化保护。北京是中国的首都，也是中国的一张名片，它拥有3000余年的建城史和800余年的建都史，并且在漫长的历史岁月中也从未中断过发展，而这都是其他大城市所难以比拟的。❸历史文化是一个城市内涵的象征，也是国际化大都市所必备的条件之一。世界上各个国际化大都市，无

---

❶ 王宁：《北京的世界主义特征及其发展方向》，《社会科学战线》，2016年第1期，第32页。
❷ 吴建雍：《历史文化名城保护与国际化大都市发展战略》，《北京社会科学》，2003年第1期，第17页。
❸ 吴建雍：《历史文化名城保护与国际化大都市发展战略》，第20页。

论其历史的长短，都高度重视文化保护工作。因此，北京市在建设国际化大都市的过程中也要注意保护城市原有的历史文化，使独具特色的北京历史文化同国际化有机结合在一起。

第三，北京需要对自身的城市功能进行明确定位，避免城市功能过度集中，优化城市空间形象。如果一个城市功能过度集中，就会导致大量人口涌入，过多的资源集中到该城市，这既不利于地区乃至全国的协调统一发展，也不利于一个城市自身的发展。当前北京在某种程度上已经呈现出功能过度集中的趋势，例如全国各种优质资源都集中在北京市，导致需要这些资源的人不得不大量涌入，而这又进一步导致了一系列问题的产生。从一定意义上讲，建设国际化大都市，北京需要做好"瘦身"工作。当前北京市总面积16808平方千米，市区面积735平方千米，实际上已经远远超过了一国首都应有的规模。相比之下，法国巴黎的经验可以借鉴。巴黎为了保持原有城市古朴的建筑风格，在老城区外另建了一个新城区，与老城区共同形成了一个"大巴黎"，但是巴黎市的人口则从原来的800多万降至现在的300多万。但是，巴黎作为法国政治、经济和文化中心的地位并没有被丝毫动摇，也仍然被认为是最具世界主义特征的国际化大都市之一。[1] 2017年4月，党中央、国务院提出建设雄安新区的重大战略举措，其目标就在于疏解非首都功能，避免北京市城市规模的盲目扩大。雄安新区位于河北省保定市境内，地处北京、天津、保定腹地，规划范围涵盖了河北省雄县、容城、安城等三个小县及周边部分区域。2018年4月，党中央、国务院又发布了《中共中央、国务院关于对〈河北雄安新区规划纲要〉的批复》，提出要科学构建城市布局、合理确定城市规模、有序承接北京非首都功能疏解、实现城市智慧化管理、营造优质绿色生态环境、实施创新驱动发展、建设宜居宜业城市、打造改革开放新高地、塑造新时代城市特色风貌、保障城市安全运行、统筹区域协调发展和加强规划组织实施等要求，为雄安新区未来的发展指明了方向。[2]

---

[1] 王宁：《北京的世界主义特征及其发展方向》，第35页。
[2] 《中共中央 国务院关于对〈河北雄安新区规划纲要〉的批复》，中国政府网，2018年4月20日，http://www.gov.cn/xinwen/2018-04/20/content_5284572.htm。

"一带一路"背景下北京塑造国际化大都市形象的路径探析

同时，在"一带一路"背景下，我国城市形象对外传播代表的不仅是我国的城市形象，更是我国优秀的文化与精神。作为独具特色而又历史悠久的大城市，北京在建设国际化大都市方面也具有其他城市所不可比拟的优势，拥有重大的机遇。

第一，从地理位置和区位优势上来讲，北京所处的京津冀地区具有较好的地理条件，北京市大都市形象得到很好的依凭和烘托。北京处于中国三大经济区的"环渤海经济区"当中，该经济圈处于中国东北、华北和华东，同日本、韩国隔海相望，在对外交往、利用外资、参与国际分工方面拥有者广泛的优势。同时，环渤海经济圈资源丰富，拥有发展现代工业所必需的能源、黑色金属、有色金属等原料，并且交通发达，在该地区内陆路、铁路、水路、航空相结合，还拥有丰富的旅游资源和人文古迹。但是，在经济圈内部经济一体化程度和对外经济辐射程度方面，北京还落后于以上海为中心的长三角经济圈。在这方面，北京需要进一步充分发挥市场在资源配置当中的决定性作用，破除"行政区经济"的现象，进一步提升京津冀经济圈内部的一体化水平和对外辐射能力。同时，经济圈内部的各个地方政府也要积极探索建立一套科学、有效的协调机制，推动区域合作想着制度化的方向发展。[1]

第二，北京市拥有较强的行政能力，可以做好宏观调控，做好资源的合理协调配置，突出北京作为区域发展"领头雁"的形象。尽管要发挥市场在资源配置中的主导性作用，但是一个强有力的政府对于推动国际化大都市的建设而言也仍然是必不可少的。事实上，政府是国际化大都市建设纲领、规划的制定者。这是因为国际化大都市建设是一个自上而下的过程，因此需要政府全方位进行引导。例如，关于西安建设国际化大都市，国务院在2009年颁布了《关中—天水经济开发区规划》，正式提出西安构建国际化大都市的方案。同年，陕西省又制定了《西安国际化大都市城市建设规划》，进一步为西安市的国际化大都市建设指明了方向。同时，西安市也及时制定了相应的方案，西安建设国际化大都市的步伐由此得以展

---

[1] 何龙斌：《我国三大经济圈的核心城市经济辐射能力比较》，《经济纵横》，2014年第8期，第54页。

开。❶ 同样，中央政府和北京市地方政府也高度重视北京市建设国际化大都市的工作，并多次为此制定专门的政策。习近平总书记在视察北京市，也对北京市的相关工作给予高度关注。他指出，疏解北京非首都功能是北京城市规划建设的"牛鼻子"，在这个问题上要统一思想，研究制定配套政策，形成有效的激励引导机制。北京的发展要着眼于可持续，在转变动力、创新模式、提升水平上下功夫，发挥科技和人才优势，努力打造发展新高地。❷ 总书记的讲话为北京市未来的发展指明了方向，也表明了从中央到地方对北京市国际化大都市建设的大力支持。当然，在建设国际化大都市的过程中，政府的作用不仅仅在于制定政策和引导，还在于服务和协调。对于一个国际化大都市而言，其公共管理的平台不仅仅包括政府，还包括多层次的各类社会组织和个人。政府在这里更多的是扮演一种推动者和协调者，而不是领导者的角色。❸ 当前，建设"服务型政府"已经成为中国各级政府的共识，而这将进一步推动国际化大都市的建设。

第三，北京市拥有自身独特的经济、社会、历史和文化优势，要将这种优势转化成城市吸引力。作为首都，北京拥有众多的中央党群机关、国家最高行政单位、各地驻京单位、各国驻华使馆和国际组织驻华机构等，是我国政治、经济和文化事业的最高层面的宏观管理和决策中心，因而也就强化和突出了北京的经济发展吸引力。在经济发展水平上，北京走在全中国的前列，已经形成了以消费为主导的可持续经济发展动力。❹ 在社会稳定方面，北京市长期处于世界各大城市前列。同时，从涵盖了经济发展利益的系统性分配、通过法律框架确保一个"公平竞争的环境"和保护穷人及弱势群体的利益等内容的社会公平的角度来讲，北京在世界主要国际大

---

❶ 唐震：《政府在建设国际化大都市中的地位和作用》，《西北农林科技大学学报》（社会科学版），第76页。

❷ 《总书记两年三次视察北京 首都干部群众凝心聚力砥砺前行》，人民网，2017年3月6日，http：//bj.people.com.cn/n2/2017/0306/c82837-29806143.html。

❸ 唐震：《政府在建设国际化大都市中的地位和作用》，第77页。

❹ 原新，刘厚莲：《首都经济圈中的"双城记"——北京、天津区位优势与劣势》，《学术前沿论丛——中国梦：教育变革与人的素质提升 × 2013》，第225页。

都市中位居首位。❶ 在历史文化方面，北京作为一座具有上千年历史的古老城市，也具备其他城市难以比拟的优势。曾有国外学者指出，"北京城乃世界奇观之一，它的布局匀称而明朗，是一个卓越的纪念物，一个伟大文明的顶峰"。❷ 这些历史文化优势有助于北京市推动国际大都市旅游公共产品开发，即一种非排他性的旅游产品，它包含了历史文化建筑、博物馆和都市风光等公共资源，带有一定的公共设施和公共服务的性质，而其旅游开发和品牌建设也更多地需要政府公共部门的介入。❸

第四，2020年北京冬奥会为北京推动国际化大都市及其形象建设提供了契机。2008举办的北京奥运会为世界所瞩目，极大地提升了中国的国际影响力和知名度，同时也极大地推动了北京市的城市建设。事实上，体育赛事对国际化大都市的推动作用已经得到了广泛的承认。体育赛事在满足自身生存发展需要、吸收大量社会经济投入的同时，也通过自身特殊的方式产生着经济效益，推动着社会经济与城市的发展。❹ 在历史上，日本的东京、韩国的汉城（现为首尔）和西班牙的巴塞罗那都通过举办奥运会而成为国际知名的城市，东京和汉城更是成为国际化大都市。除带来经济收益外，体育赛事也提高了主办城市的国际影响力。2008年的北京奥运会也为世界提供了认识北京和理解北京的契机，来自全世界各地的人士通过自身的感受来了解北京，将对北京的认识带到世界各地，并通过各种形式传播和宣传北京的文化。❺ 同样，将于2020年举办的冬奥会也为进一步将北京建设成为国际化大都市提供了机遇，对于北京的硬件和软件建设都将提供巨大的推动力。正因为如此，从中央到地方都对冬奥会给予了高度的重视。习近平总书记在视察北京市时曾经指出，北京冬奥会是我国重要历史节点的重大标志性活动，是展现国家形象、促进国家发展、振兴民族精

---

❶ 《国际城市蓝皮书：北京公平指数居国际大都市之首》，中国新闻网，2016年2月26日，http://www.chinanews.com/cj/2016/02-26/7774341.shtml。
❷ 吴建雍：《历史文化名城保护与国际化大都市发展战略》，第21页。
❸ 王玲：《国际化大都市的旅游产品公共属性研究》，《世界经济情况》，2010年第2期，第55页。
❹ 张鲲，石娟，王栋：《体育赛事与国际化大都市的关系研究》，《安徽体育科技》，2012年第5期，第1页。
❺ 张鲲，石娟，王栋：《体育赛事与国际化大都市的关系研究》，第5页。

神的重要契机，对京津冀协同发展起着强有力的推动作用。对于北京冬奥会，要充分发挥社会主义制度可以集中力量办大事的政治优势，也要充分发挥市场机制和社会力量的作用。❶

三、北京市在"一带一路"背景下建设国际化大都市形象的具体路径

"一带一路"倡议背景下，北京城市形象标识系统无疑关联着推广北京文化、传达北京理念、塑造北京品牌的重要作用。从这个意义上说，如何将北京城市形象标识设计好、传播好，则是直接关系到北京发展的大事。因此，探索北京市建设国际化大都市的具体路径，就需要克服现有的不足之处，充分发挥北京起身的优势条件。具体而言，北京市推动国际化大都市的路径应从以下六个方面入手。

第一，深化供给侧改革，促进首都经济提质增效升级，为国际化大都市建设，塑造城市形象夯实经济基础。自党的十八大以来，北京市地区生产总值年均增长 7.3%，人均 GDP 达到 11.5 万元，已经达到了国际化大都市的经济标准。但是，经济结构不合理仍然是困扰北京发展的一个主要问题。尽管第三产业在北京市的国民经济中的比重已经有了显著的提高，在 2017 年在国民经济中所占的比重达到了 80.6%，但是仍然有进一步提高的空间。❷ 为此，北京必须深入调整供给结构，加快推进关键性改革，着力推动产业高端化发展，提升高科技产业、服务业比重，增强首都经济的附加值和辐射力，为和谐宜居国际化大都市建设夯实经济基础。根据北京市的经济发展阶段的特点，在未来应当将主要精力放在提高经济效益方面，特别是要大力发展高科技产业，推动以中关村科学城、怀柔科学城、未来科学

---

❶ 《习近平在北京考察：抓好城市规划建设 筹办好冬奥会》，新华网，2017 年 2 月 24 日，http://www.xinhuanet.com/politics/2017-02/24/c_129495572.htm。

❷ 参见《北京市 2017 年国民经济和社会发展统计公报》，北京市统计局网站，2018 年 2 月，http://www.bjstats.gov.cn/tjsj/tjgb/ndgb/。

城和亦庄经济开发区为主体的"三城一区"建设。❶2016年9月，国务院印发实施了《北京加强全国科技创新中心建设总体方案》，将全国科技创新中心上升为国家战略。当前，在党中央、国务院的大力支持下，"三城一区"建设正在稳步开展，北京正在成为全球科技创新引领者、高端经济增长极、创新人才首选地、文化创新先行区和生态建设示范城。❷

第二，切实保障民生，为国际化大都市建设营造和谐的社会氛围，改善城市民生形象。在任何时候，民生问题都是重中之重，离开了民生，一切都是空谈。习近平总书记就高度关注北京市的民生工作，在北京视察时，他曾经深入胡同小巷，到居民家中了解居民最真实的需求。对于老城区改造，习近平总书记也要求有关部门要把工作做细做实。当前，北京市的民生建设工作也仍然存在着一些短板，比如人民群众所广泛关心的教育、医疗和住房等问题，还不能完全满足人民群众的需求。尽管北京的人类发展指数（HDI）高居全国第一，但离国际化大都市的水平仍然存在较大差距，造成差距的根源与这三个问题具有较大关联性。基础教育的公平性、人均住房面积的紧张与高房价、医疗体制不均衡等问题不仅成为制约人类发展指数提升的瓶颈，而且加剧了社会矛盾的集聚，正在成为社会不满的重要集聚地，对和谐宜居之都建设构成了潜在的社会挑战。为此，北京必须强化教育、医疗机会的公平性，提升社会保障水平与覆盖范围，保持房地产市场的理性发展，以保障北京市民无后顾无忧，促进首都的和谐发展与积极稳定。

第三，努力疏解非首都功能，提升基础设施建设水平，改善空气质量，为国际化大都市建设奠定硬件基础，提升城市生态形象。不可否认，随着北京经济的迅速发展，城市功能也变得越来越集中，而由此产生的"大城市病"也困扰着北京，交通堵塞、空气污染严重等问题已经成为困扰北京市民生活的重要问题。解决大城市病，从根本上来讲还是要推动北京

---

❶ 《北京经济由扩大规模转向质量提升 未来着力打造"三城一区"》，人民网，2017年6月20日，http://bj.people.com.cn/n2/2017/0620/c82837-30349986.html。

❷ 《北京崛起"三城一区"新高地——首都推进科技创新、构建"高精尖"经济结构纪实》，人民网，2017年6月22日，http://cpc.people.com.cn/n1/2017/0622/c64387-29355411.html。

和周边地区的协调发展，让北京的发展可以惠及周边地区。地区发展不平衡，在本质上是一个资源配置的问题，而这就要求在资源分配中更多地体现出公平性，让所有人都有平等参与、平等发展的权利，从而满足人民群众对于美好生活的需求的权利。当前北京城市治理中出现的许多问题，从深层次上看是功能太多、布局不合理带来的。调整疏解非首都核心功能，是落实新时期首都城市战略定位的关键一环，势在必行。疏解的关键是要处理好"舍"与"得"的关系，克服"舍不得"的思想，要痛下决心，舍得放弃、舍得转移，坚决把不符合城市战略定位的产业和功能疏解出去，要自觉打破自家"一亩三分地"的思维定式，积极融入京津冀协同发展战略，率先示范，主动作为，提升首都基础设施建设水平，大力改善首都空气质量，努力争取把北京建设为绿色之都。

第四，建设国际化的北京，提升城市国际交往活跃度，激活北京国际化大都市的创新活力。国际化大都市必须具有较高的国际化水平。但从国际化水平来看，北京市在信息化指数、外资外向依存度、进出口总额占GDP的比重、国际空港年旅客吞吐量、国际组织总部个数、著名跨国公司设立各类总部数量、世界文化遗产数量、举办大型国际会议次数、入境海外游客数量、常住外国人数量、留学生总量与质量等体现国际竞争力、国际交往与影响能力的指标方面仍然同其他主要国际大都市存在差距。尽管近年来，北京在信息化、进出口、旅客吞吐量、入境游客、外国人以及外国留学生等国际化"硬指标"方面具有较大、显著提升，但在国际组织总部数量、外国跨国公司总部数量、世界文化遗产数量、留学生质量等国际化"软指标"方面进展缓慢，进而限制了北京国际化总体水平的跃升。为此，如何提升北京国际交往活跃度，力争把世界各国优秀的人才、企业吸引到北京安家落户，如何力争更多国际组织总部或分支机构移居北京，尤其是力争把新创国际组织总部争取落户到北京，就成为北京建设国际化大都市的考验。为此，北京必须以国际化的视野、国际化的胸怀、国际化的政策、国际化的管理去重构北京城市规划，把北京建设成为和谐宜居的创新之都。

第五，弘扬悠久的传统文化，为国际化都市建设提供深厚的文化底蕴，凸显北京的文化之都形象。北京是一座具有悠久历史和文化底蕴的城市，而这也是国际化大都市的一张重要的"名片"。当今时代，文化越来越成为城市凝聚力和创造力的重要源泉，成为一个城市综合实力的重要组成部分，成为一个城市对外传播重要内容。作为中国封建社会最后几个朝代的都城，北京留下了丰富的名胜古迹和文化遗产，作为首都，北京又创造了丰富多彩的红色文化，如何继承和弘扬北京的优秀传统文化和红色文化，是北京面临的一个重大课题。因此，需要加强对北京自然风光的保护，传承北京传统文化，弘扬北京的红色文化，以此向世界介绍一个自然优美、文化深厚、价值倾心的大都市形象，为和谐宜居国际化大都市提供深厚的文化底蕴，增强北京的吸引力、感召力。

第六，努力探索北京市塑造国际化大都市形象的新路径。除上述围绕着完善经济发展、促进民生保障、疏解非首都功能、推动国际交流、弘扬传统文化等路径之外，北京市也需要探索新的独具特色并且用符合自身条件的建设国际化大都市路径。作为我国政治文化中心的北京市，在建设有中国特色社会主义，实现中华民族伟大复兴中国梦的实践中，有着极其重要的地位，发挥着不可替代的作用。同时，北京市又是我国对外交往，开展外交外事活动最多的地区，形成北京市的城市气质、打造好北京市的城市品牌，塑造好北京市国际化大都市的形象，向国际社会讲好北京故事，传播好北京愿景，无论是对于国家来说，还是对于北京市自身来说，都有着极其重要的意义。

四、结论

在"一带一路"倡议实施力度不断加大的情况下，城市形象作为我国文化的核心组成之一，其对外传播代表了我国的文化价值输出，也是向世界展示我国作为文化强国的一面。在"一带一路"背景下，建设国际化大都市是一个长期的进程，作为这一进程中的后来者，北京既面临着一些挑战，同时也具备很多其他城市所不具备的机遇。因此，应对挑战，抓住机遇就是北京建设国际化大都市的重中之重。习近平总书记曾经就北京市的城市建设提出五点要求，总书记的要求为北京市未来的发展指明了方向，也突出了北京市在建设国际化大都市当中所必须要面对和解决的问题。对于这些问题，需要认真加以研究和分析，并妥善进行应对和解决。从根本上讲，就是要树立"以人文本"的理念，坚持"人民城市为人民"的思路，以广大市民最为关心的问题为导向，推动现有问题的逐步有效解决。只有这样，北京市才能在国际化大都市群中立于不败之地。

北京进一步对接"一带一路"倡议的战略路径研究❶

刘波，刘羽音 ❷

摘要： "一带一路"倡议强调要开展城市交流合作，欢迎沿线国家重要城市之间互结友好城市。北京市作为"一带一路"北线中蒙俄经济走廊以及中线建设的重要节点城市，是中国特色大国主场外交核心承载地，随着国家外交战略的实施，将有越来越多的重大国际活动在北京举办。北京进一步对接"一带一路"倡议，其战略选择应增强落实城市战略定位的自觉，着眼服务"一带一路"倡议的重大外交外事活动，优化"国际交往中心建设"的空间布局；发挥北京在中蒙俄北方经济走廊中经济辐射作用，整合相关产业资源；树立全球视野和战略思维，提升北京在"一带一路"倡议中的城市枢纽功能，打造对外开放新高地；利用北京全国文化中心的优势，加强与"一带一路"沿线国家城市的文化教育交流与合作；结合筹办2022年冬奥会，加强与"一带一路"沿线城市，尤其是举办过冬奥会的城市交流合作，借鉴经验，办成一届精彩、非凡、卓越的冬奥会；深化与"一带一路"沿线国家教育法律务实合作与互联互通，加强与沿线国家的人才互通，积极服务"一带一路"建设；积极推进城市公共外交活动，加强与"一带一路"沿线国家的友好城市交往。

关键词： "一带一路"倡议；北方经济走廊；国际交往中心建设；北京

---

❶ 本文是北京市社会科学基金一般项目《北京国际交往中心建设与"一带一路"倡议协同发展研究》（18YJB009）阶段性研究成果。

❷ 刘波，北京市社会科学院外国问题研究所所长、研究员、博士，主要研究方向为国际关系和国际大城市比较；刘羽音，武汉外国语学校学生。

"一带一路"倡议作为我国首倡、高层推动的一项国家战略，涉及亚洲、非洲、欧洲的60余个国家，总人口约占世界的60%，经济总量约占世界的30%。"一带一路"建设从无到有、由点及面，进度和成果超出预期。全球100多个国家和国际组织共同参与，40多个国家和国际组织与中国签署合作协议，形成广泛的国际合作共识。"一带一路"倡议成功与否，既关乎中华民族的复兴伟业，也对沿线60余个国家及地区的繁荣产生重要影响。"一带一路"倡议在推进中国经济社会发展和结构调整的同时，推动国际合作，实现合作共赢。

2017年在北京举办的"一带一路"国际合作高峰论坛上，习近平主席提出"一带一路"倡议的推进实施要开展城市交流合作，欢迎沿线国家重要城市之间互结友好城市，以人文交流为重点，突出务实合作，形成更多鲜活的合作范例。北京市作为"一带一路"北线以及中线建设的重要节点城市，是中国特色大国主场外交核心承载地，随着国家外交战略的实施，将有越来越多的重大国际活动在北京举办，"四个中心"城市战略定位之一的国际交往中心建设在服务国家总体外交和地方经济社会发展方面将发挥越来越重要的作用。当前，"一带一路"建设处在全面推进的关键节点，从地缘政治视角来看，毫无疑问其实施必然会带动一批沿线作为联系枢纽、控制节点，从而推动这些节点城市迅速发展。北京是中蒙俄北方经济走廊上的重要节点城市，该区域沿线城市在互联互通与产能合作，文化交流等方面具有很多合作的点，对于推动形成共同城市网络属性和可持续的发展能力，形成新的城市发展模式具有重要的意义。因此，北京要贯彻落实好习近平总书记视察北京重要讲话精神，把握好京津冀协同发展、国际交往中心建设以及文化与区位优势，积极融入"一带一路"倡议，实现北京城市可持续发展。

一、中国"一带一路"倡议发展概况

2013年9月7日，中国国家主席习近平首次提出了加强政策沟通、道路联通、贸易畅通、货币流通、民心相通，共同建设"丝绸之路经济带"

的战略倡议；2013年10月3日，习近平主席提出，中国致力于加强同东盟国家的"互联互通"建设，愿同东盟国家发展好海洋合作伙伴关系，共同建设"21世纪海上丝绸之路"。而后"一带一路"走出去战略从观念主张逐步转变成实际的现实行动。2013年11月，十八届三中全会通过《中央关于全面深化改革若干重大问题的决定》。《决定》提出"建立开发性金融机构，加快同周边国家和区域基础设施互联互通建设，推进丝绸之路经济带、海上丝绸之路建设，形成全方位开放新格局"。"一带一路"上升为国家战略。2014年，中国发布了《丝绸之路经济带和21世纪海上丝之路建设战略规划》。2014年12月，中央经济工作会议提出优化经济发展空间格局，重点实施"一带一路"、京津冀协同发展、长江经济带三大战略。"一带一路"又成为国家三大战略之一，其中"一带一路"为对外战略。

2015年，中国发布了《推动共建丝绸之路经济带和21世纪海上丝绸之的愿景与行动》。与此同时，丝路基金、金砖国家开发银行、亚洲基础设施投资银行先后成立，"一带一路"走出去战略逐步落地生根。2016年8月17日，推进"一带一路"建设工作座谈会在北京召开，习近平主席强调："一带一路"建设要聚焦政策沟通、设施联通、贸易畅通、资金融通、民心相通，聚焦构建互利合作网络、新型合作模式、多元合作平台，聚焦携手打造绿色丝绸之路、健康丝绸之路、智力丝绸之路、和平丝绸之路，让"一带一路"建设造福沿线各国人民。要求切实推进关键项目落地，重点支持基础设施互联互通、能源资源开发利用、经贸产业合作区建设、产业核心技术研发支撑等战略性优先项目；切实推进统筹协调；切实推进金融创新，建立服务"一带一路"建设长期、稳定、可持续、风险可控的金融保障体系。2016年12月，中央全面深化改革领导小组第三十次会议指出，软力量是"一带一路"建设的重要助推器。软力量实为在"一带一路"实践层面已有重大进展情况下，进行理论研究和话语体系建设，加强国际传播和舆论引导。同年12月16—18日，中央经济工作会议定调2017年经济工作，提出"要有重点地推动对外开放，推进'一带一路'建设，发挥好政策性、开发性、商业性金融作用"。2017年1月，国家发改委同外交部、环境保护部、交通运输部等13个部门和单位共同设立"一带一路"PPP工作机制。旨在与沿线国家在基础设施等领域加强合作，积极推广PPP模式，鼓励和帮助中国企业走出去，推动相关基础设施项目尽快落地。

2017年5月，中国在北京举办"一带一路"国际合作高峰论坛。高峰论坛是"一带一路"提出3年多来最高规格的论坛活动，是2017年中国重要的主场外交活动，对推动国际和地区合作具有重要意义。高峰论坛期间，18个"一带一路"沿线国家元首首脑访华，中国与相关国家签署270多项经贸等多领域合作文件。

当前，国内各省市也积极参与和融入"一带一路"倡议，纷纷形成自己的战略规划。《推动共建丝绸之路经济带和21世纪海上丝绸之路的愿景与行动》中将国内18个省份作为战略重点，明确了各个省区在"一带一路"倡议中的角色和定位（见表1）。

表1 中国参与"一带一路"建设省区及定位

地区	省份	定位
西北	新疆	发挥独特的区位优势和向西开放重要窗口作用，深化与中亚、南亚、西亚等国家交流合作，形成丝绸之路经济带上重要的交通枢纽、商贸物流和文化科教中心
	陕西、甘肃、宁夏、青海	发挥陕西、甘肃综合经济文化和宁夏、青海民族人文优势，打造西安内陆型改革开放新高地，加快兰州、西宁开发开放，推进宁夏内陆开放型经济试验区建设
	内蒙古	发挥联通俄蒙的区位优势
东北	黑龙江、吉林、辽宁	完善黑龙江对俄铁路通道和区域铁路网，以及黑龙江、吉林、辽宁与俄远东地区陆海联运合作，推进构建北京——莫斯科欧亚高速运输走廊
西南	广西	发挥广西与东盟国家陆海相邻的独特优势，加快北部湾经济区和珠江—西江经济带开放发展，构建面向东盟区域的国际通道，打造西南、中南地区开放发展新的战略支点
	云南	发挥区位优势，推进与周边国家的国际运输通道建设，打造大湄公河次区域经济合作新高地
	西藏	推进与尼泊尔等国家边境贸易和旅游文化合作
沿海	沿海各省	加强上海、天津、宁波—舟山、广州、深圳、湛江、汕头、青岛、烟台、大连、福州、厦门、泉州、海口、三亚等沿海城市港口建设；强化上海、广州等国际枢纽机场功能；以扩大开放倒逼深层次改革，创新开放型经济体制机制，加大科技创新力度
	上海	加快推进中国（上海）自由贸易试验区建设

续表

地 区	省 份	定 位
	广东、浙江、福建	充分发挥深圳前海、广州南沙、珠海横琴、福建平潭等开放合作区作用,深化与港澳台合作,打造粤港澳大湾区;推进浙江海洋经济发展示范区、福建海峡蓝色经济试验区和舟山群岛新区建设
	海南	加大国际旅游岛开发开放力度
	港澳台	发挥海外侨胞以及香港、澳门特别行政区独特优势作用,积极参与和助力"一带一路"建设;为台湾地区参与"一带一路"建设做出妥善安排
其他	内陆城市群	利用内陆纵深广阔、人力资源丰富、产业基础较好优势,依托长江中游城市群、成渝城市群、中原城市群、呼包鄂榆城市群、哈长城市群等重点区域,推动区域互动合作和产业集聚发展
	长江流域	打造重庆西部开发开放重要支撑和成都、郑州、武汉、长沙、南昌、合肥等内陆开放型经济高地;加快推动长江中上游地区和俄罗斯伏尔加河沿岸联邦区的合作
	内陆各省	加强国际运输通道和口岸通关协调机制建设,打造沟通境内外、连接东中西的运输通道

资料来源:《推动共建丝绸之路经济带和 21 世纪海上丝绸之路的愿景与行动》。

二、"一带一路"倡议与北京城市战略新定位

"一带一路"倡议的实施,构建起我国全方位对外开放的新格局,成为我国开放发展和对外合作的新亮点。"一带一路"不只是一条经济带或者是一条海上通道,也不是一个用于项目运作的平台,而是一个多维度、多层次、多平台钩织而成的网络。夯实这个网络的基础是桥梁、道路、机场、铁路、油气和电力等硬件基础设施。翻开"一带一路"规划图可以发现,这些基础设施借由重点城市、口岸、边境、开发区和产业园区相互连接在一起,而口岸、边境、开发区和产业园区也在具体城市的内部。可见,城市已然成为事实上的"一带一路"节点。既然重要节点城市成为"一带一路"实施的关键,那么任何事关"一带一路"的区域、多边双边安排也就无法脱离节点城市的参与,城市外交便浮出水面。[1]

---

[1] 汤伟:《"一带一路"与城市外交》,《国际关系研究》,2015 年第 4 期。

尽管在"一带一路"初期战略规划中，京津冀地区没有被直接圈定为涵盖省份，北京也没有作为重点规划节点城市。但自从国家提出"一带一路"倡议以来，北京积极参与"一带一路"建设，相继制定了《北京市参与建设丝绸之路经济带和21世纪海上丝绸之路实施方案》和《北京市对接共建"一带一路"教育行动计划实施方案》，着力构建服务国家"一带一路"建设的对外交往平台、人文交流平台、科技支撑平台和服务支持平台。尤其是2017年5月，在北京举办的"一带一路"国际合作高峰论坛的顺利召开，北京充分展示了主场外交的承办城市优势，凸显了"一带一路"智力决策总部的中心地位。当前，北京城市战略新定位为坚持"四个中心"，履行"四个服务"，建设国际一流和谐宜居之都。"成为具有广泛和重要国际影响力的全球中心城市"是2050年发展目标，世界级城市群的建立与"一带一路"倡议密切相关。

《北京城市总体规划（2016—2035）》明确北京城市战略定位是全国政治中心、文化中心、国际交往中心和科技创新中心。对于北京来说，"一带一路"无疑是其施展城市外交魅力的一次绝佳契机。"国际交往中心建设"就是要着眼承担重大外交外事活动，服务国家开放大局，发挥面向世界展示我国改革开放和现代化建设成就的首要窗口。因此，"一带一路"倡议的实施建设，必然推动北京国际交往中心建设更好发展。虽然相比世界上其他国际政治中心，比如美国华盛顿、法国巴黎、英国伦敦、日本东京等，北京在很多方面还有比较大的差距，但是相较于"一带一路"沿线其他国家的城市，北京有着明显的优势。除了业已形成的国际交往城市地位，丰富的历史文化资源和旅游资源带来的城市魅力，发达的国际交往设施和接待服务能力，都是"一带一路"沿线其他国家城市难以比拟的。因此，北京理所当然要成为"一带一路"沿线国家政策沟通和政治交往的典范，尤其在对接"一带一路"过程中，北京要进一步拓展外交功能，加强与沿线国家城市之间的联系。

北京是一座历史悠久的文明古都，在丝绸之路上它见证过马可·波罗访问元朝以及西方传教士带来的西洋科技，也是在这里开启了郑和七下西洋的壮举，将古代海上丝绸之路推向了极盛。北京的文化中心、国际交流中心和科技创新中心承古启今，将丝绸之路延续千年的商贸、文化、科技友好交流的传统继承下来，为"一带一路"沿线国家之间的人文沟通交流创造更好的平台。[1] 目前，世界竹藤组织、亚洲基础设施投资银行、丝路基金等一些国际政治经济组织将总部设立在北京。这些国际政治组织虽然有着很强的地域特征，但同时也与"一带一路"倡议沿线国家高度重合，比如，很多亚洲基础设施投资银行的成员国都是"一带一路"倡议沿线国家的一员。不可否认，北京正在成为国际行为体进行交往可供选择的重要平台，在推动"一带一路"沿线国家的政策沟通和政治交往上能够发挥至关重要的作用。

三、北京进一步对接"一带一路"倡议的战略路径选择

北京参与"一带一路"建设，应坚持"国际交往中心建设"的核心引领作用，从国际、国内、京津冀地区和北京地区多个层面，打造沿线网络城市的节点要求，形成枢纽地位。

第一，树立全球视野和战略思维，提升北京在"一带一路"倡议中的城市枢纽功能，打造对外开放新高地。北京作为"一带一路"总指挥部，积极参与国家"一带一路"倡议，既是应尽的义务，更是应承担的责任。迪拜等国际城市的发展经验充分表明，全球性枢纽城市与城市交通要道并非完全重合。北京融入"一带一路"倡议就是要提升城市枢纽功能，打造沿线城市网络化节点中心地位。要更加有效地扩大对外开放，做好国家服务贸易的开放试点工作，进一步创新利用外资方式，积极推进投资贸易便利化，完善法治化、国际化、便利化的营商环境，打造对外开放新高地。

第二，发挥北京在中蒙俄北方经济走廊中经济辐射作用，整合相关产业资源。虽然北京并没有把经济中心作为自己的发展目标，但北京经济体量庞大，又是很多央企的大本营，因此可发挥北京在中蒙俄北方经济走廊中的地位和作用，主动承担起各种资源要素在该区域沿线城市中的流动作

---

[1] 韩晶，刘俊博：《北京融入国家"一带一路"倡议的定位与对策研究》，《城市观察》，2015年第6期。

用，形成以北京为中心的"中蒙俄"北方经济走廊的城市平台经济与流量经济的发展模式。"一带一路"大多沿线国家尚处在工业化初期阶段，位于产业链相对高点的中国企业迎来历史性机遇。中蒙俄沿线的城市化率较高，融入全球化的诉求强烈。沿线城市之间加强经济合作发展拥有绝佳契合点，蒙古和俄罗斯自然资源丰富，中国在资金和技术方面拥有优势，三国经济各有所长，优势互补。以疏解非首都功能和相关产业转移为抓手，推动中蒙俄北方经济走廊各城市之间的产业融合，深化产能合作，为"一带一路"各国产业融合起示范作用。加强与沿线城市在基础设施投资和资源能源安全方面的合作，梳理"一带一路"国家或地区重点领域产能建设状况和需求，加强企业产能对接合作。

第三，利用北京全国文化中心的优势，加强与"一带一路"沿线国家城市的文化教育交流与合作。北京应充分利用文化中心的优势，用好"文化"牌，围绕"一带一路"传播好中国文化声音。积极创造反映"一带一路"沿线国家的文化故事，创作思想性和艺术性俱佳的文艺作品。北京应积极发展文化旅游，把旅游和文化紧密结合，使得北京成为"一带一路"，乃至整个世界了解中国的虹桥。

北京拥有全国乃至全世界独特的教育资源优势，应积极对接共建"一带一路"教育行动，设立专项奖学金、支持建设"一带一路"国家人才培训基地、举办"一带一路"首都城市教育合作论坛和职业教育与经济发展论坛等。北京发挥人才智力优势，重点支持"一带一路"沿线国家高端人才来京学习、交流，设立外国留学生"一带一路"专项奖学金项目。

第四，增强落实城市战略定位的自觉，着眼服务"一带一路"倡议的重大外交外事活动，优化"国际交往中心建设"的空间布局。北京作为首都，要更加主动服务国家战略实施，积极融入"一带一路"建设，充分发挥首都科技、文化、人才等资源优势，加强国际交流，提升北京国际影响力。"一带一路"倡议作为我国对外开放的一项重大战略举措，北京要超前谋划国际交往中心功能建设，更好地服务党和国家发展大局。北京要立足于打造国际交流合作平台，持续优化为国际交往服务的软硬件环境，积极培育国际合作竞争新优势，努力打造国际交往活跃、国际化服务完善、国际影响力凸显的重大国际活动集聚之都。要紧密融入"一带一路"倡议，重点优化9类国际交往功能的空间布局，规划建设好重大外交外事活动区、国际会议会展区、国际体育文化交流区、国际交通枢纽、外国驻华使馆区、国际商务金融功能区、国际科技文化交流区、国际旅游区、国际组织集聚区等。

第五，结合筹办2022年冬奥会，加强与"一带一路"沿线城市，尤其是举办过冬奥会的城市交流合作，借鉴经验，办成一届精彩、非凡、卓越的冬奥会。2022年北京冬奥会是我国重要历史节点的重大标志性活动，要充分利用冬奥会的契机，加强国际交往的软硬件基础设施建设，提升北京国际影响力。历届冬奥会的经验表明，举办冬奥会可给举办城市带来巨大的国际影响和综合效益。

要充分吸收"一带一路"沿线城市，例如俄罗斯索契、南斯拉夫萨拉热窝等城市举办经验，推动北京冬奥会更好地开展工作。冬奥会是举办城市传递发展理念、体现文化韵味、展现精神面貌的重要国际交往平台。借助冬奥会举办深化首都国际交往中心建设，将更好向全世界集中展示我国小康社会新成就、深化改革新成果、美丽中国新形象，更好向世界展示京津冀区域协同发展巨大成绩。同时，也将更好展示首都城市规划建设管理新水平、疏解非首都功能新成效、改革创新和国际一流的和谐宜居之都建设新成就。

第六，深入贯彻《北京市参与建设丝绸之路经济带和21世纪海上丝绸之路实施方案》，不断深化与"一带一路"沿线国家教育法律务实合作与互联互通，加强与沿线国家的人才互通，积极服务"一带一路"建设。尽快建立"一带一路"沿线高校联盟，全面搭建"一带一路"沿线高校在人才培养、学科建设、科研创新、社会服务等方面的交流合作平台，积极探索地方高校、行业高校联合推动"一带一路"人才培养、协同创新共同体建设，服务"一带一路"建设。加大涉外专业人才的培养力度，建设一支专业化、创新型、复合型的人才队伍。充分发挥首都高校集聚的优势，与相关高校开展联合办学，采取课堂教学、讲座培训、赛事选拔与社会实践相结合的多元化人才培养模式，共同培养能够适应新形势下外事工作要求的专业人才。深入探索仲裁机构合作联结机制，着力打造"一带一路"仲裁服务网络。与"一带一路"沿线国家城市共同推动起"一带一路"仲裁行动计划，❶推动仲裁智力资源、案件管理、硬件设施等多层次共享机制，搭建"一带一路"沿线国家区域内商事主体优质高效的开放式争端解决平台。发挥北京国际会都的优势，积极围绕涉及"一带一路"沿线国家经济、法律、贸易等各方面主题，举办各类国际大型会议，为"一带一路"倡议的深入推进提供理论贡献。

最后，推进落实"一带一路"重大倡议，积极推进城市公共外交活动，加强与"一带一路"沿线国家的友好城市交往。积极扩大和深化与"一带一路"沿线友好城市的交往范围及领域，制定友好城市发展战略规划；积极参与UCLG各项规则制定，完善友城之间高层互访和对话机制，推进"一带一路"沿线友好城市间全方位、多层次、宽领域合作。完善友好城市工作机制和工作制度，建立北京友城信息数据库。可配合国家"一带一路"倡议，并利用北京文化周、城市发展论坛、工商业洽谈会等交流形式展开城市对外交往活动，丰富国际交往内涵。结合我国"一带一路"倡议的实施规划，配套举办经贸、文化、旅游、体育、卫生等城市主题活动，打造大国首都良好形象，推介北京市各领域优势资源，促进相关政府部门、机构、企业之间开展务实合作。围绕城市发展等相关议题，积极举办沿线城市论坛会议，探索首都外事配合中央总体外交，服务本地区发展的办会新模式。针对"一带一路"沿线国家特点，重点推动中医药推广、小语种人才培养、体育教育等合作项目合作。建立北京与"一带一路"沿线国家首都城市协商会议圆桌机制，提升北京市的话语权和首都外事塑造力。

---

❶ 例如，2017年3月27日，北仲与内罗毕国际仲裁中心在中国法学会的协调下，正式成立"中非联合仲裁中心——北京中心及内罗毕中心"。

"一带一路"倡议下北京的发展重点与方向

刘薇[1]

摘要：区域经济合作是我国"一带一路"倡议提出的重要发展路径。在深入分析北京参与国家"一带一路"倡议的必要性与优势的基础上，提出了北京发展的战略定位——区域经济合作机制的探路者和龙头城市、政策人文交流中心和科技创新中心。进而提出了北京参与的六大重点领域与方向。

关键词："一带一路"；北京；重点；方向

一、中国与"一带一路"区域经济合作

第一，中国有经济实力。中国处于丝绸之路的最东段，中国国力的强弱直接影响着丝绸之路的兴废，已为历史证明。当下的中国是世界第二大经济体，拥有世界五分之一的人口，市场庞大，拥有全世界最完备的国民经济与工业体系，拥有39个工业大类、191个种类、525个小类。1978—2013年中国国内生产总值年均增长9.8%，2014年中国GDP首次突破10万亿美元，人均GDP过7000美元。中国GDP的全球增量贡献2013年达到38.1%，远远高出美国16.2%的贡献值。2014年中国外汇储备38430亿美元，占全世界外储总量的1/3，雄踞世界首位。中国还是世界最大的货物贸易国，是全球2/3以上国家和地区最大的贸易伙伴。综上，中国引领陆地和上海丝绸之路的复兴已经具备了基础物质条件。

第二，中国动员和运筹对外关系的资源丰富、方法纯熟。伴随着中国综合国力的显著上升，中国在国际和地区事务中发挥的协调作用越来越显

---

[1] 刘薇，北京市社会科学院副研究员，主要研究方向为区域经济。

著。例如，在解决朝鲜、叙利亚、伊朗、巴勒斯坦、阿富汗、伊拉克等热点问题的政治方案中，中国都是重要的参与方。从国际事务参与，到主动设置战略议题，从被动因应到主动塑造外部环境，中国动员和运筹对外关系的方法日益臻熟。中国提出的中巴经济走廊、孟中缅印经济走廊、亚洲基础设施投资银行、中国东盟自由贸易区升级版等战略倡议，彰显着中国大国外交的实力和气象。今天的中国已经初步积累了经略海陆丝绸之路的潜力，对跨洲的"一带一路"倡议的引领和驾驭能力不言自明。

第三，中国与"丝路"沿线国家经济纽带一直在深化。中国与"丝路"沿线国家的经贸合作从1994年即已开始。当时的中国领导人出访乌兹别克斯坦等中亚四国时就曾提出了"共建现代丝绸之路，扩大亚欧文化交流"的合作主张，希望用现代化的铁路将中亚国家紧密联系起来，增进亚欧两大洲之间的关系。1998年，东起上海、西至德国法兰克福，穿越中亚、西亚、东欧、西欧等20多个国家的亚欧陆地光缆系统全线开通；1999年，中、俄、哈、吉、塔五国元首第四次会晤中，中国领导人再次提出通过地区经济合作，复兴古老的丝绸之路；2007年，中国与哈萨克斯坦、阿富汗、阿塞拜疆、吉尔吉斯斯坦、蒙古、塔吉克斯坦、乌兹别克斯坦等7国宣布投资192亿美元在中欧之间建设一条现代丝绸之路。2004—2013年的十年间，中国与"丝路"沿线国家的贸易额年均增长19%，占我国对外贸易总额的1/4；对沿线国家直接投资年均增长46%，占我国对外承包工程总额的一半。中国对"丝路"沿线国家的贸易额和直接投资明显高于同期对外贸易和直接投资增速。可以说，中国与"丝路"沿线国家的经济纽带得到了历史性的强化。

第四，中国的交通运输技术获得革命性进步，可以支撑"一带一路"的战略基础——道路连通。"一带一路"倡议的实施，需要以道路连通为物质条件。当代交通运输技术的革新大大缓解了贸易受气候、洋流、补给、通信等方面的制约，航空、公路、铁路、管道等跨境运输方式的兴起也为"一带一路"倡议实施提供有力的保障。尤其是高速铁路、重载铁路的兴起，大大降低了陆路运输成本，解决了陆地运输承载力不足的难题。中国是世界上高铁发展最快、技术最全面的国家，高铁技术企业在技术研发、设计、施工、运营管理和设备制造方面优势明显，高铁建设成本相当于其他国家的 2/3。中国高铁技术的领先不仅降低了国内区域间运输的时间和货币成本，也为推动欧亚大陆的陆上互联互通提供了极好的参照。

第五，"一带一路"倡议实施是中国经济结构调整的需要。2007 年国际金融危机爆发以来，市场降温，中国面临产能过剩和要素成本提高的困难，企业产能普遍过剩，经济增长率下滑。同时，资源和环境的承载达到极限，企业转型升级、产业结构调整和发展方式转变要求迫在眉睫。中国需要改变传统的鼓励出口和招商引资开放方式，构建大国新型的开放体制，实现引进来与走出去并举。"一带一路"就是这样的新体制，通过对外开放，参与国际分工和合作，一方面为我国东部地区产业转移和化解过剩产能提供更为广阔的空间，推动低端制造业的区域转移；一方面可以拉动中国西部地区的基础设施投资建设；另一方面可以带动沿海地区优化外贸结构，最后还可以帮助提高我国的电力、高铁、工程、机械、汽车等产业的国际竞争力，即中国经济结构可在与沿线各国的经贸往来中实现转型升级。

二、北京积极参与"一带一路"的必要性与合作潜力

北京是国家政治中心，象征意义重大。以商品交换和货币流通为主要内容的古丝绸之路为中国和欧亚主要大国建立起了牢固的人员、经济、文化、宗教交流的纽带，而中国制造的全球化、能源进口的中东化、中国经济重心的沿海化则共同促成了现代丝绸之路的复兴。尽管古代丝绸之路与现代丝绸之路的兴起背景与交流内容存在极大的不同，但值得注意的是无论何时何代，首都作为时代的政治中心，在丝绸之路建设上举足轻重。都城，不仅是史上丝绸之路的陆海起点，也是文化交流、人员交流和宗教交流的最重要据点，作用无可替代。近代以来中国综合国力的下降直接导致了丝绸之路的衰落，世界政治经济格局已然翻天覆地。丝绸之路能否重振，能否吸引沿线国家的积极参与，取决于当今更复杂的国际政治经济关系，也取决于中国的外交战略和经济实力。北京，作为国家的政治中心，

是中国的政治象征,其对"一带一路"的积极参与象征着国家对"一带一路"的态度,北京在"一带一路"中的战略定位和实施方案对丝绸之路的推进具有显著的作用。

北京政治资源和人文资源丰富,历史文化底蕴深厚,是"一带一路"倡议实施民心相通、政策沟通的重要平台。北京文化资源集中、优质,是享誉世界的历史文化名城:北京拥有世界文化遗产6处,登记注册的博物馆160家,文源深、文脉广、文气足、文运盛。对北京而言,发挥其政治中心、文化中心的比较优势,搭建政治合作平台、举办政策论坛、构建对话机制,举办社会文化活动,为"一带一路"沿线国家提供沟通交流的机会,实现政策相通、民心相通,这样的优势是其他城市和地区不具备的。

北京与"一带一路"主要沿线国家的贸易活动比较活跃。北京市统计局对2014年中蒙俄经济带、新亚欧陆桥经济带、中国—南亚—西亚经济带和海上战略堡垒4条线路所涵盖的约44个国家的相关贸易数据进行了整体分析,发现北京与"一带一路"主要沿线国家的贸易增速高出同期北京与其他国家和地区约7.6%。与全国平均水平相较,北京增速低出1.6%。2014年,"一带一路"沿线国家与北京的贸易额占比为31.4%,低于全国平均水平6.2个百分点,这说明北京与"一带一路"的贸易合作空间较大。北京的国际贸易市场呈现明显的集中化趋势,德国、日本、俄罗斯、韩国和伊朗是北京的主要贸易合作对象,占比达62.1%,"一带一路"沿线国家中尚有三成的国家与北京的贸易额低于1亿美元,仅占北京与"一带一路"国家进出口贸易额的0.4%。随着"一带一路"倡议的推进,北京与这些国家的合作发展潜力很大。

从贸易结构来看,北京与"一带一路"沿线国家的贸易互补性强。统计资料显示,北京的国际贸易特点鲜明,出口产品主要为机电、音像设备等产品,占出口总额的43.8%;进口商品以矿物燃料、石油等产品为主,占进口总额的56.3%。从贸易方式和运输方式来看,北京与海上丝绸之路沿岸国家的贸易往来多于陆上丝绸之路,原因在于北京的进出口产品多是通过海路进出。海陆丝绸之路沿线国家多为发展中国家,机电、家电产品短缺,而北京则是油气等资源性产品短缺,双方在自然资源分布和产业结构的差异形成较明显的互补关系。北京积极参与"一带一路"建设，有利于合作双方的互利共赢。

三、北京在"一带一路"中的战略定位分析

2015年3月28日，国家发改委、外交部和商务部三部委联合发布了《推动共建丝绸之路经济带和21世纪海上丝绸之路的愿景与行动》。该文件的出台标志着中国相关地区在"一带一路"中的战略定位已经成型。"一带一路"由两个核心区——新疆和福建、三个主力军——长三角、珠三角和京津冀渤海经济圈、八大新高地——西安、成都、重庆、郑州、武汉、长沙、南昌、合肥组成了一个多层次、有重点、点面结合的对外开放格局。这样的安排、设计强调国内各区域的比较优势，将"一带一路"与国内区域开发开放有机结合，以沿边地区为前沿，以内陆重点区域为腹地，以东部发达地区为引领，强调东中西合作。文件虽未提及北京的战略定位，但北京在其中的角色不仅重要，而且关键（前文已述）。结合北京的首都地位、功能定位及面临的新形式和新挑战，本研究认为北京在"一带一路"倡议中的战略定位应是：区域经济合作机制的探路者和龙头城市、政策与人文交流中心、创新中心。

（一）区域经济合作机制的探路者和龙头城市

从国际视角来看，"一带一路"合作对象涉及90多个国家，既涵盖了传统意义上的自由贸易协定，也包括次区域合作机构，如大湄公河合作组织（GMS），还有各种经济走廊、经济开发区等。这要求"一带一路"在合作方式上要满足多元化和开放性两大特征，必须要依靠合作机制的创新。从国内视角来看，全国有18个省区重点参与"一带一路"建设，每个省区都依托自身的资源优势积极参与区域经济合作。若各自为政，忽视区域间的沟通与协调，会为"一带一路"构想在推进过程中带来政策不匹配、运行机制冲突、统筹规划不足等问题，削弱区域经济合作的效果。这客观上需要一个"探路先锋"，即龙头城市发挥区域经济合作的组织引领作用。首都，是一个独立主权国家的核心城市，其在政治、经济、文化及社会层面

的意义十分重大。北京，基础设施齐备、交通便利、文化资源丰富、科研队伍强大。北京是中央所在地，国际交流交往、外交事务频繁。此外，北京的总部经济能力在国内主要城市中位列第一，聚集了一批国内外大型企业的总部，并带动一大批研发中心、结算中心、采购中心、营运中心的发展，对周围区域形成比较强大的辐射力。对区域经济合作而言，北京拥有国内其他城市无法比拟的国际吸引力、竞争力和影响力，北京具备成为区域经济合作的探路者和领导者的基本条件。

北京需要从三个方面努力，将与丝路沿线国家的经济合作法制化、机制化和市场化（赵可金，2014）。"一带一路"倡议需要一套法律体系和制度体系保驾护航。北京应该积极探索行政许可、年度备案、资格认定等多形式的管理和审批制度，为活动主体创造方便条件；尽可能减少人为干预空间，将关系沟通转化为机制建设，构建政府、社会、民间和企业的沟通协作机制，明确职责分工，将相关建设工作纳入法制化轨道。对外方面，北京应积极探索将与沿线国家间的交流合作机制化、常态化的道路，为"一带一路"倡议推进积蓄经验。

（二）政策、人文交流中心

"一带一路"倡议在公共舆论和国外民众中的反应是复杂的，各种误解与偏见对丝路战略的推进构成了隐形的藩篱。民心相通是消除误解、推进合作的重要手段，而政策沟通、人文交流是国家间、民族间、信仰间的有效沟通方式。"一带一路"倡议的推进需要国家间的政策沟通，丝路沿线国家的领导人、高层官员、政策智囊、智库专家、媒体、商界、非政府组织等都需要沟通，需要通过磋商、会晤及其他方式协调不同国家的制度、规范、文化等不同话语体系。文化交流是人文交流的最重要载体，包括哲学、语言、历史、音乐、美术、体育、科学、艺术、建筑、饮食、服装、旅游等领域。人文交流具有对政治经济关系不敏感的特性，能够发挥春风化雨的功效。北京承担了政治中心和文化中心功能，聚集了国内政治、文化精英，具有承担"一带一路"政策、人文交流中心的软实力和硬条件。

当前中国与"一带一路"沿线国家间的人文交流存在亟须改善的问题：一是忽略了人文交流自身的发展规律，政府与民间作用失衡；二是交流的主体和对象错位。我国政府在对外人文交流活动中一直居于主导地位，通过签订双边或者区域性的人文交流协议、在海外设置文化宣传机构（如孔子学院）、举办国家文化年、国家旅游年、国家语言年等活动对外宣传中国文化，希冀建立国家间的友好合作关系。但是这些官方主导的文化交流活动却并未消弭外国民众对中国发展的不信任，对中国崛起充满了质疑。以旅游年为例，国家旅游局的数据显示，2012是中韩文化交流年，2013年是俄罗斯的"中国观光年"，但宣传年之后的年份来华的韩国、俄罗斯游客并未有明显的增加，甚至有些年份还出现了下降趋势。这说明政府主导的文化宣传活动效果非常有限，甚至还会产生负面效果。如中国政府出资并派老师在海外设立的孔子学院，因其有浓厚的政府背景而遭到了一些国家的抵制。政府主导的文化交流活动因为是自上而下、自外而内的活动设计无法满足大众的真实需求，活动的内容和形式过于呆板、严肃，民众的参与度非常低。民心相通需要民众的参与，且是积极地参与。政府在人文交流中的主导地位忽视了民众的主体地位，民间力量没有得到重视。北京必须探索一条更有效的国际间人文交流模式，发挥民间团体和普通民众在人文交流中的作用。依托比较优势，北京应首先发挥一流大学和智库的作用，加强"一带一路"相关国家语言、政治、文化方面的人才培养和研究。以学校和企业设立的奖学金、研究基金为平台，吸引外国留学生来华。其次，鼓励企业和民众积极参与海外人文交流，支持媒体走出国门，与海外媒体进行更多的合作，制作更多介绍中国以及周边社会文化的节目。最后，北京应该大力发展文化产业，让文化经济成为北京发展的新引擎。文化经济兴起于后工业化时代。统计数据显示北京2015年人均GDP超过1.7万美元，按照世界银行标准已经达到富裕国家水平，第三产业占比近80%，北京已经进入工业化后期，具备发展文化经济的经济基础。从北京文化产业现有的发展规模和水平来看，无论是电视剧制作水平还是报刊、音像出版或是工业设计能力，北京都居于全国领先水平。

（三）科技创新中心

丝绸之路，既是一条贸易之路，也是一条科技、文化的交流融和道路。"一带一路"倡议的实施需要沿线国家的科技合作，需要科技创新为合作提供支撑。以道路连通为基础的丝路合作将对生态环境治理、自然资源开发、灾害监测、现代农业、新能源、新材料、新建材、电子通信、IT等方面的科技项目合作带来大的发展机遇。这些科技领域的创新离不开高校、科研机构的参与，而北京是我国科技创新人才和科研院所最密集、研发资源品质最高的地区，建设科技创新中心，北京的优势无可比拟。内生增长理论告诉我们，唯有依靠创新和技术进步才能推动经济可持续增长。对北京而言，人口和生态环境的双重压力要求北京的发展必须从依赖要素投入转向创新。北京的可持续发展需要依赖科技创新，丝路的发展方向与北京市的发展诉求正好契合。

北京拥有丰富的科技教育和人才资源，创新资源丰富。北京拥有国家级重点实验室48个、重大科学工程9项和国家工程技术中心41个，61所高等院校。此外，北京人才储备雄厚，两院院士673人，比重占全国一半。打造地区的科技创新中心还需要实现地区产业的高端化、服务化、集聚化、融合化和低碳化，解决城市可持续发展问题。北京的科技创新与文化创新融合催生了动漫、网络游戏、数字内容等新兴文化业态，2014年北京文化创意产业增加值达2826.3亿元，占地区增加值的13.2%，成为北京的支柱性产业，北京经济正向服务化、高端化大步迈进。

然而，北京的大气污染、水资源短缺、交通拥堵问题非常严重，与科技创新中心的要求尚存在一定差距。但近年北京有关方面在产业升级、创新驱动、绿色低碳发展方式转变方面已经做出了非常大的努力，万元地区生产总值水耗由2005年的49.5立方米下降为2014年的17.58立方米；万元地区生产总值能耗由2005年的0.79吨标准煤下降为2014年的0.36吨标准煤，下降幅度显著。环境治理方面，北京通过实施"首都清洁行动计划"有效遏制了污染的漫延速度；通过发展公共交通降低机动车污染面；通过推行清洁能源有效控制了燃煤污染；通过严格的环境准入制度遏制了钢铁、水泥等高耗能、高污染项目的上马，减少了工业污染；通过制定配套的污染防治政策，推进大气污染治理提速；通过京津冀区域一体化建设，缓解北京的环境压力等。这些行动改变了北京的生产方式、生活方式和消费模式，为大力推进北京的生态文明建设奠定了良好基础。

虽然北京创新资源密集，创新发展基础雄厚，但若想成为国内新一轮科技革命的"领跑者"，成为"一带一路"上的科技创新中心，北京还需要在以下方面努力：

一是激发创新主体的创新积极性，完善产学研协同创新机制。目前北京的创新研发仍是以政府财政投入为驱动，高等院校和科研单位为主体的科研创新模式，企业的研发积极性还没有充分激发。科学的研发模式应是以企业为主体，通过产学研协同创新，解决科技与经济的脱节情况。这需要改变传统的由大学、科研机构申报项目、再由政府审批，即先科研后转化的落后模式，改为以企业用户的有效需求为基础，先由企业用户提出需求，再由政府向社会公开征集、招标，然后立项的科研投入模式。创新科研成果收益分配方式，能最大限度地激发创新动力。

二是培育创新龙头企业，推进重大技术突破和战略性新兴产业集群式发展。科技创新龙头企业培育可以发挥先锋、以点带面的作用。北京的企业还未形成一批能够影响产业格局的颠覆性技术，在新一轮科技革命来临之际，北京应创造条件，积极帮助企业发展。

三是加强京津冀合作，整合跨区域创新资源，打造以创新驱动为特征的世界级城市群。京津冀的生态环境压力越来越大，各自面临转型压力，协同创新、整合创新资源成为当务之急。通过共建科技园区、共建创新社区、合作利益共享等方式，推进三地创新一体化进程。

四、北京参与"一带一路"倡议的重点领域与方向

（一）推进基础设施领域的投资合作

抓住国家调整综合运输通道和交通枢纽规划布局的有利时机，着力构建包括陆路、陆海、航空、网络在内的运输传输通道，积极争取多式联运示范工程建设试点。加快建设京沈客专和京张铁路，分别形成沿中蒙俄经济走廊重要节点城市连接东北和西北地区的重要铁路客运通道；借助北京—莫斯科、京兰、京哈等高铁项目建设，建立北京经西北、东北连接蒙

俄的亚欧国际货物运输大通道，通达中东欧、北欧和西欧国家。陆海联运通道，加快京唐城际、京滨城际、京台高速、京秦高速等重大项目建设，构筑本市直通天津、河北沿线港口的陆路快速通道；推动京杭大运河北段通航，打造京—廊—津黄金旅游水道，远期实现货运功能，将京津冀整体打造成为21世纪海上丝绸之路的重要节点区域。空中通道，高标准建设北京新机场，以南北两大机场为枢纽，依托国家间双边航权开放和航空运输安排，推动增开本市与沿线国家首都城市和特大城市空中航线，发挥首都机场、北京新机场综合保税区和临空经济区功能，促进空铁、空海、空陆多式联运发展，建设"空中经济走廊"。网络通道，依托本市信息技术和小卫星商业运营优势，加强信息基础设施投资合作，积极参与跨境光缆等通信干线网络建设和沿线国家境内信息基础设施建设、吸引沿线国家大型国际数据中心落户北京。

充分发挥北京在基础设施咨询设计、投资建设和运营管理方面的优势，积极参与沿线基础设施互联互通和市政基础设施建设。密切关注国家在21世纪海上丝绸之路沿线打造海上战略支点情况，支持北京基础设施和建筑企业以PPP模式参与相关港口的投资建设经营。

（二）加强科技领域合作

鼓励中关村国家自主创新示范区等科技园区与沿线国家共建科技创新示范基地。鼓励和支持市属高等院校、科研院所、企业与沿线国家相关机构和企业共建联合实验室，加强科技人才的培养和交流。拓宽中国技术交易所集聚辐射范围，提升跨境知识产权评估和技术产权定价能力，打造"一带一路"技术交易服务平台。发挥本市亚欧科技创新中心、中意技术转移中心、中韩企业合作创新中心等创新合作平台作用，扩大中国（北京）跨国技术转移大会的国际影响力。

（三）拓宽经贸合作领域

巩固提升传统优势产品出口，扩大对沿线国家成品油、手机、钢材、肥料、汽车及零配件、液晶显示板、自动数据处理设备、电线电缆、医疗仪器及器械的出口。加强园区间合作。支持中关村国家自主创新示范区等各类园区发挥比较优势，以建设京津冀全面改革创新试验区为契机，依托国际友城合作关系，与境内沿线省市开发区、沿线国家重点园区开展协同协作或共建海外园区，为北京企业集群式走出去提供服务和支撑。借助经贸交流平台，推动服务贸易发展。充分发挥中国（北京）国际服务贸易交易会、北京科技博览会、北京文化创意博览会、北京国际设计周的平台作用，适时增加"一带一路"商机宣传和项目推介功能。

（四）加快产业投资步伐

高度重视服务业走出去。抓住北京服务业扩大开放综合试点重要机遇，加快中介服务走出区和中介机构走出去步伐，优先扶持市场调查、投资咨询、法律、会计、信息服务、智库类企业在沿线国家设立分支机构。鼓励仓储物流、邮政快递企业投资设立海外物流基地，探索建设"海外仓"。支持生产性服务业企业到沿线国家设立营销网络和服务网络，鼓励装备制造类企业以合资合作方式构建海外售后维修保养服务体系。

推动国际产能和装备制造合作。结合疏解非首都功能和构建"高精尖"经济结构等本市战略性工作，制定国际产能和装备制造合作工作要点，引导和扶持相关企业有序向市场需求大、合作条件好的国家转移产能，带动技术、品牌、服务和标准输出。

（五）提升金融服务水平

吸引"一带一路"沿线金融机构聚集。为亚洲基础设施投资银行和丝路基金等在京正常运营做好服务保障。争取上海合作组织融资机构等多边国际金融组织落户北京。积极吸引沿线国家金融机构来京设立分支机构。鼓励沿线国家跨国企业来京设立财务中心（公司）、融资租赁公司等功能性机构。

（六）大力推动人文交流合作

充分发挥北京作为全国文化中心和国际交往中心优势，创新传播手段、丰富文化产品、打造交流平台，密切政府间往来，深化民间交往，加强与沿线国家人文交流与合作。探索与沿线国家重要城市搭建官方文化交流平台，建立完善文化交流合作机制。大力推动教育合作交流。

"一带一路"倡议中北京城市文化品牌建设的优势、问题与路径

王林生 [1]

摘要：城市文化品牌是城市文化建设的重要内容，北京作为"一带一路"沿线上重要节点城市，"一带一路"倡议为北京城市文化品牌建设提供了新的契机。从不同的角度看，北京城市文化品牌建设具有不同的内涵。北京打造城市文化品牌具有文化对外开放、文化产业、文化金融、城市会展功能、"设计之都"建设等多个方面的优势，但也存在品牌核心价值不清晰、城市文化品牌识别体系不健全、城市品牌传播整合营销规划缺失、城市文化治理体系不健全等问题，而这些问题也为北京城市文化品牌的打造提供了思考的路径。

关键词："一带一路"；城市；文化品牌；北京

"一带一路"，即"丝绸之路经济带"和"21世纪海上丝绸之路"，是新历史背景中，我国为主动参与和融入世界经济体系变动而提出的重要倡议。北京，作为我国的首都和全国文化中心城市，是面向东北亚开放的重要窗口和节点城市，不仅承载着中国经济文化走向世界与深化对外文化交流的重要使命，也担负着不断强化城市自身产业职能，积极拓展城市影响力的重要职责。2017年，北京发布并实施《北京城市总体规划（2016—2035）》，提出围绕"一带一路"建设实施文化科技创新行动，加快国际高端创新资源汇聚流动，使其成为全球创新网络的重要枢纽。在此宏观语境中，打造北京具有鲜明特色的城市文化品牌，强化国际化的创造与创新有助于北京在国际对外交往和交流中，利用城市品牌的独特魅力吸引和利用国内外的各种有利资

---

[1] 王林生，博士，北京社会科学院文化研究所副研究员，研究方向创意城市、文化产业。

源，塑造富有影响力的城市文化形象，全面提升城市竞争力。

一、"一带一路"倡议中北京城市文化品牌建设的多层次内涵

文化品牌是城市营销的核心要素，是城市无形资源的浓缩，并以其特有的个性化符号在对外交流与合作中形成显著性标识。"一带一路"倡议开启了我国对外开放的新格局，这一构想旨在巩固和发展我国与沿线相关国家互联、互通、互惠的双边关系，为世界经济的发展注入新的驱动力。在这一整体格局下，北京加强城市文化品牌建设，就是要强化北京自身的社会认可度，推进城市在国际与国内双向互动中的有效连接。从不同的角度来看，北京城市文化品牌具有多层内涵。

第一，在国际城市体系中，文化品牌的打造有助于城市国际地位的提升。"一带一路"倡议，就是在尊重公平竞争和市场规律的基础上，与沿线国家发展社会、经济、文化、政治等各领域的双边关系，在经济一体化的潮流中，推动城市成为全球价值产业链重塑的重要力量。北京国家首都，是具有一定世界影响力的国际化城市。某种程度上，北京加强自身的城市文化品牌建设是服务国家"一带一路"倡议主动担当的体现。这是因为北京具有国家首都的创新优势、先发优势，能够通过强化自身在经贸与文化交流中的国际供给能力，推进中国在"一带一路"倡议中的话语权。一批优质的品牌性企业，如百度、美团、完美世界、光线传媒、小马奔腾、万达文化产业集团等，已走出国门，抢占了行业发展的制高点，成为具有世界供给能力的知名企业。目前，联合国机构和国际组织落户北京的仅有6个，与纽约、伦敦、巴黎、东京等四大世界城市相比仍缺乏世界影响力。因此，北京在参与"一带一路"倡议和世界城市竞争中，"努力构建公正、真实、强大、富有新引力，对经济、政治和社会目标真正有用的声誉"，[1]且能够真实反映城市精神、愿景、意志的城市文化品牌，不仅能加深世界对

---

[1] [美]西蒙·安浩：《铸造国家、城市和地区的品牌：竞争优势识别体统》，葛岩，等译，上海交通大学出版社，2010年版，第4页。

北京的认知，而且可进一步增强北京在全球城市文化体系中的地位。某种程度上，北京是中国改革开放的缩影，北京城市文化品牌的成功打造将有助于北京在"一带一路"倡议实施中以中国城市排头兵的身份走向世界。

第二，在国内城市体系中，文化品牌的打造有助于增强城市转型发展的示范效应。"一带一路"倡议强调，"一带一路"要融入地方社会、经济发展规划，通过科学规划产业布局，推动产业转型升级，着重指出"推进构建北京—莫斯科欧亚高速运输走廊，建设向北开放的重要窗口"，❶实施一批具有示范性、带动性的项目，以探索经济的绿色、创新发展之路。在这个意义上，促进节点城市的转型升级是"一带一路"倡议的应有之义。这就要求北京在积极参与"一带一路"和加快自身对外开放的过程中，以城市文化品牌建设为重点，在为"一带一路"沿线国家提供优质文化产品、创意理念、文化资本、高新技术的过程中，化解产业存量，提升发展质量，优化产业结构，抓住城市转型升级的先机，率先形成国际一流的文化产品供给能力，为国内城市的转型发展提供示范。

第三，在城市自身发展体系中，文化品牌的打造有助于城市强化质量领先优势。"一带一路"倡议从整体上来说能在双边互惠互利的基础上化解产能、扩大贸易，而供给侧结构性改革则聚焦国内经济结构调整和经济发展方式转变，因此在这个层面上二者具有相同的逻辑起点。当前，北京正在实施《北京城市总体规划（2016—2035）》，就是在现有城市基础上，将疏解非首都功能视为北京当前工作的"牛鼻子"，提出"大力实施以疏解非首都功能为重点的京津冀协同发展战略，转变城市发展方式，完善城市治理体系，有效治理'大城市病'"。❷这就意味着根据城市存在的问题，补齐文化建设存在的短板，提升文化产业的社会效益和价值导向功能，构建以质量型内涵式发展为特征的现代城市文化体系，而文化品牌的根本就是质量。因此，北京城市文化品牌的打造，就是通过提升城市自身的文化发展水平，实现产业的提质增效，进而凭借质量领先的优势参与推进"一带一路"倡议。

---

❶ 《推动共建丝绸之路经济带和21世纪海上丝绸之路的愿景与行动》。

❷ 《北京城市总体规划（2016—2035年）》，首都之窗，http://zhengwu.beijing.gov.cn/gh/dt/t1494703.htm。

二、"一带一路"倡议下北京城市文化品牌建设的优势

城市文化品牌是为推进城市文化建设,在全面衡量城市文化资源和产业资源的基础上,对城市形象的塑造和提升而做出的发展性规划,它能够"反映一个清晰的城市策略及其技能、资源和能力的侧重点"[1]成功的城市文化品牌既能整合各种文化优势,又能借此实现产品价值的转化与增值。"一带一路"倡议及其实施,是中国城市和产业发展、崛起的重要机遇,北京在以品牌打造参与"一带一路"倡议过程中,发挥自身多种优势,取得了重大进展。

(1)扩大文化对外开放。改革开放是我国的基本国策,"一带一路"倡议意味着中国进入全方位开放的新时期,即中国不仅是要将国外先进的技术、优秀的文化引进来,也要推动中国自我的技术、文化积极地走出去。北京是国家首都,也是对外开放的重要城市,在长期对外开放的过程中积累了丰富的经验。北京位于华北地区腹地,在京津冀一体化协同发展中处于核心位置,且已列入《推动共建丝绸之路经济带和21世纪海上丝绸之路的愿景与行动》,这就意味着"一带一路"倡议为北京面向东北亚的进一步开放提供了政策设计层面的叠加优势。目前,北京是国家认定的对外文化贸易基地之一,是中国与东北亚沿线国家继续进行文化贸易距离最近的经济发达城市之一,北京利用对外开放的首都优势、经验优势、腹地优势,与日本、韩国、俄罗斯等地区在文化产业和文化贸易等方面开展了一系列城市文化品牌的打造与推广活动。2016年北京文博会期间,展示了保加利亚、阿拉伯等"一带一路"沿线国家的文化艺术。2017年7月,北京举办"一带一路"中小企业国际合作高峰论坛,旨在为中国的中小企业走出去寻找合作对象,搭建交流平台。这一系列对外交往活动,均促进了北京与"一带一路"沿线国家和地区政府部门、企业界的广泛对接与深化合作。

(2)促进文化产业繁荣。发达的文化产业是北京打造城市文化品牌的重要支撑,这一方面在于城市能以产业运作的模式助力品牌的传播,另一方面

---

[1] [英]基思·丹尼:《城市品牌:理论与案例》,东北财经大学出版社,2014年版第28页。

在于产业的不断创新能为城市品牌的传播提供内驱动力。目前，北京共有23个国家级文化产业示范基地，1个国家原创音乐基地，1个国家动漫画产业基地。2017年，北京文化产业增加值预计将超过13600亿元，同比增长9.4%，占GDP的比重超过10%，强劲的产业实力为城市品牌的传播提供了坚实的基础。同时，北京的一些品牌性企业，如京东等也发挥各自的产业优势，积极开展对外交往活动，拓展国际市场。2017年，京东通过电商平台，积极开展同俄罗斯、乌克兰、波兰、泰国、埃及、沙特阿拉伯等54个"一带一路"沿线国家的商务贸易，超过50个"一带一路"沿线国家的商品通过电商走进了中国。通过京东电商平台这一"网上丝绸之路"的载体，加深了民间商贸往来，形成了进一步扩大文化、商品流通，实现共同繁荣的交流支点。企业的积极参与，拓展北京城市经济文化等各方面整体战略在"一带一路"沿线国家的推广，实现以企业"走出去"带动城市形象对外宣传的目的。

（3）加快文化金融创新。金融是城市品牌构建不可或缺的要素，尤其是在"一带一路"倡议的实施中，当越来越多中国资本进入"一带一路"沿线国家和地区时，金融品牌的重要性日益凸显。金融机构作为连接金融资本与文化企业的中介，在推动金融资本注入的同时，也能提升金融机构所在城市的影响力。北京是亚投行、丝路基金、亚洲金融合作协会等国际性金融组织总部的所在地，拥有包括国家开发银行、进出口银行和大型金融机构在内的80多家央企总部和民营企业总部，这些金融机构积极参与"一带一路"建设。目前，在京的金融机构管理总资产已经达到130万亿，这些机构投资者通过建立海外基金等模式提升了"一带一路"资本的供给和效能配置。同时，北京的金融机构还在"一带一路"沿线国家，积极推进人民币跨境贸易支付结算，以促进投融资便利化，通过高效务实的金融服务，与"一带一路"沿线国家进行深度融合，从而能进一步提升城市本身的发展空间。

（4）完善城市会展功能。完善的基础设施是城市品牌得以构建的基础和载体，在参与"一带一路"倡议实施的过程中，北京所具有的文化交流展示功能对城市文化品牌的打造发挥了重要作用。北京文博会是我国一个国家级、国际化、综合性文化产业博览交易会之一，作为北京城市文化建设的品牌性资源，文博会不仅是审视我国文化产业发展的重要平台，还肩负着国家文化"走出去"的重任。为积极参与"一带一路"倡议，2017年，北京文博会秉持开放合作的精神，北京文博会邀请俄罗斯、乌克兰、伊朗等"一带一路"沿线45个国家的驻华使馆及阿拉伯国家联盟驻华代表处等国际机构参展，现场推介展示"一带一路"沿线国家的文化资源、教育资源、旅游资源、地域风貌、民族风情和人文风采。目前，北京文博会已经成为推进我国与"一带一路"沿线国家文化贸易与交流的重要平台，而且通过文博会，北京不仅进一步积聚了文化建设与发展的势能，也优化了城市产业结构，成为城市文化品牌建设的助推器。

（5）深耕"设计之都"品牌。设计之都是北京城市文化品牌打造的重要内容，2012年，联合国全球创意城市网络认定北京为世界上第五个"设计之都"。北京在设计产业和设计创新领域有着较为深厚的基础，平面设计、数字内容和在线互动设计、装潢设计等，均具有一定的世界声誉。为提升北京作为国际"设计之都"在"一带一路"沿线国家的影响力，北京曾先后举办联合国教科文组织创意城市"北京峰会"、赴巴黎联合国教科文组织总部举办"感知中国，设计北京"主动参与"联合国2030年可持续发展议程"，以及举办各类论坛积极拓展北京发展的全球视野和创新活力。通过与"一带一路"沿线国家的交流与合作，北京在"一带一路"沿线设计产业产业链、价值链、供应链、服务链的重构过程中，增强了国际影响力和话语权。某种程度上，"设计之都"建设促进了北京第二产业升级和创新型城市建设，对北京城市文化品牌的打造和营销具有积极意义。

三、"一带一路"倡议下北京城市文化品牌建设存在的问题

北京城市文化的优势性资源推动了北京城市文化品牌建设的进程，但是相对来说，北京城市文化品牌建设还没有达到应有的水平与高度，存在的主要问题和挑战体现在以下几个方面。

（1）城市文化品牌核心价值不清晰。城市文化品牌的核心价值决定着

城市寻求差异化、个性化的发展方向。改革开放以来，随着北京城市文化建设向纵深拓展，以及国际化程度的不断提升，北京一直在进行着城市品牌的探索。《北京城市总体规划（2016—2035）》中屡次提及品牌建设，如"激发全社会文化创新创造活力，建设具有首都特色的文化创意产业体系，打造具有核心竞争力的知名文化品牌""打造规范化、品牌化、连锁化、便利化的社区商业服务网络""提升中国（北京）国际服务贸易交易会等品牌活动的影响力""全力打造北京创造品牌""加强国家级标志性文化设施和院团建设，培育世界一流文艺院团，形成具有国际影响力的文化品牌"等。显然，品牌建设分散在社会经济文化建设的各个领域，仅限于某一个具体任务，不具有持续性和稳定性。也就是说，城市品牌缺乏共有的核心价值的支撑，存在一定的先天缺陷。而且，单就品牌的设定来说，"品牌是一种名称、术语、标记、符号或设计，或是它们的组合运用"❶，具有相对唯一性，其目的是借以辨认某个城市的形象，并使之与其他的城市竞相区别，然而品牌设定的模糊却未能将品牌建设的重点凸显出来，与品牌建设的内涵略显背离。《北京城市总体规划（2016—2035）》一再强调要通过组织开展重大文化活动，打造一批展现中国文化自信和首都文化魅力的文化品牌，构建以国际一流城市为标杆的文化发展体系，因此，在推进"一带一路"倡议实施以及以北京为平台促进中华文化"走出去"的过程中，北京仍需结合城市文化建设的特色与优势，对城市文化品牌的核心价值进行精准定位。

（2）城市文化品牌识别体系不健全。区域品牌是一个地区的附加吸引力，品牌的视觉识别体系则是辨识城市最显著的标志，也是城市塑造区域品牌和表达自己地域独特性的核心概念。一个具有鲜明个性化的城市品牌识别表征不仅能够增强城市的影响力、凝聚力和注意力，也能将这种关注力转化为城市可资利用的生产力。城市文化品牌识别体系，"是通过基础设施、建筑物、工业设备等物质基础以及艺术、人物、政治和地方商品等精

---

❶ [英]莱斯利·德·彻纳东尼：《品牌制胜——从品牌展望到品牌评估》，蔡晓煦，等译，中信出版社，2002年版第13页。

神纽带来表达的"[1]。这也就是说，城市品牌视觉识别表征的提炼源于一个统一的、相互协调的各社会构成要素的共同支撑，需要地区形象、特征和体验相结合。北京参与"一带一路"建设，及与其他城市进行竞争，因此，一个独特品牌识别和相对完善的品牌识别体系，是城市赢得广泛声誉并在其他体验者心中形成良好形象的重要途径。目前，北京仍然缺乏必要的品牌识别系统。2008年北京奥运会，虽然设计了鲜明的识别标识，但奥运会结束后，却搁置了标识的使用。从某种程度来说，品牌识别体系需要很好地提炼出北京这座改革先锋城市的人文精神内涵，但任务艰巨，却使得北京一时难有鲜明的标识。缺乏必要的品牌识别系统不利于一个正在崛起的、致力于国际化并积极参与"一带一路"倡议实施的现代都市发展。但这也说明，城市文化品牌及其识别体系的构建不能一蹴而就，而是一个庞大而复杂的社会过程。

（3）城市文化品牌传播整合营销规划缺失。整合营销是从传播受众的需求出发，围绕品牌的核心价值，根据目标传播群体的特征和需求，运用多种宣传推广途径，如广告、新闻、促销、公关、活动，并使彼此之间相互衔接，使营销过程统一、协调、完整、充分地与目标传播群体相接触。目前，北京围绕"一带一路"倡议所开展了一系列营销活动，如国际高峰论坛、企业家高峰论坛、文博会等，但这些活动的举办仅限于北京，不但没走出国门，未能针对"一带一路"沿线的某一区域或城市进行外向型营销，而且活动跨越多个部门，且彼此独立，缺乏相互协调配合与营销整合，资源使用的相对分散制约了营销效果的最大化。因此，在这个意义上可以说，在"一带一路"倡议的整体格局中，北京城市文化品牌的营销效果有限。

（4）城市文化品牌治理体系不健全。城市治理能力和体系现代化是未来城市文化建设的重要内容，从治理主体来说，它强调的是社会公共事务的多方合作治理，提升社会资源的配置效率。而"一带一路"倡议就是在当前世界城市面临可持续发展和竞争日益加剧的背景下，提出国际社会

---

[1] ［英］基思·丹尼：《城市品牌：理论与案例》，沈涵，等译，东北财经大学出版社，2014年版，第144页。

必须以共商、共建、共享的理念推进城市治理,维护开放型的国际城市文化体系。然而,北京与其他国际大都市相比,影响力依然有限。在对外推动城市文明互鉴、构建新型城市发展命运共同体层面的旗帜性作用不甚明显,而且北京本身正处在转型发展的过程中,现代政府的城市治理智慧、完善和相互配合的治理结构,以及参与治理的成熟的公民意识和公民责任担当依然欠缺,因此一套符合现代城市文化品牌建设的治理体系亟待建立。

四、推进北京城市文化品牌建设的路径与对策

城市文化品牌无疑是北京城市文化建设的重要内容,根据以上梳理出的相关问题,本文拟就推进北京城市文化品牌建设的问题提出如下对策建议。

第一,强化顶层设计,准确定位城市品牌。顶层设计是北京城市文化品牌打造的重要渠道,它要求政府在城市文化品牌的打造中发挥主导作用。因为城市文化品牌既关系到城市当前的建设,又关系到城市未来的发展战略。"一带一路"倡议为城市的自我审视和品牌的打造提供了机遇,这就需要北京不仅仅是在城市自身发展的体系之内围绕产业要素和产业体系打造城市文化品牌,而且还要在"一带一路"的开放格局中,肩负着与沿线国家进行文化交流、文化合作、文化贸易的责任。这就需要政府从顶层设计出发,加强对城市文化品牌核心价值的研究、规划与设计。在"一带一路"倡议的整体视域中进行城市文化品牌建设,就是在对外交往中发挥品牌核心价值的作用,强化城市特色的竞争力,因此,城市文化品牌核心价值的遴选可以在政府主导下通过设立城市文化品牌专家组的形式,结合城市发展实际,采用定量或定性的分析方法,比较北京与"一带一路"沿线相似城市的竞争优势,从而提炼出既符合北京发展实际,又兼具国际领先优势,既特色鲜明,又能持续发展的文化品牌。

第二,构建城市品牌识别系统,提升城市品牌认知。城市文化品牌的识别系统是城市形象塑造和传播的重要手段,它是通过一定的视觉设计,将城市的精神、人文内涵、城市生活和发展理念有机结合在一起。而"一

"一带一路"倡议中北京城市文化品牌建设的优势、问题与路径

带一路"倡议为城市文化品牌识别系统的内容深化与挖掘提供了更为广阔的空间。加快北京城市文化品牌识别系统建构,既要充分发挥各级行政机构的领导作用,尽最大可能地统筹利用国外和国内两个市场的创意资源,又要发掘自身文化要素,找准品牌识别体系所需要的"清晰和有特性地加以表达的核心概念"❶。这就需要将城市文化品牌的打造视作一个系统性工程,不能将北京城市文化品牌视为为迎合"一带一路"倡议而使用的媒体——海外宣传符号和城市形象,而是要将其视为有关城市整体利益的工程,是城市全面提升的发展过程。

第三,强化品牌整合营销与传播,扩大城市品牌影响力。城市文化品牌的打造与营销,是一个涉及多个部门、多个行业的系统性工程。推进城市文化品牌的整合性营销,首先,加强在"一带一路"格局中城市文化品牌的规划建设,从顶层设计的高度,集中各领域的资源,统筹利用北京作为文化贸易基地、国家级文化产业示范基地、国家级文化产业示范园区、文博会等优势性资源,力争使各种资源的利用率最大化。其次,密切关注"一带一路"沿线国家的文化需求。北京城市文化品牌建设面临"一带一路"的整体格局,肩负着推动中华文化走出去的重任,而要实现这一目的,外向型的整合营销就显得必不可少,这就需要城市文化品牌的营销必须走出国门,针对特定的营销城市或地区指定特定的策略,以实现与品牌营销受众群体关注点的契合。最后,利用重大事件的影响,做好城市文化品牌的推广。重大事件能够塑造城市的文化形象,利用重大事件营销应避免事件之间的孤立,可以通过设立城市文化品牌营销机构的方式协调重大事件之间的互补关系,以充分把握大众的注意力,进而实现城市文化品牌的传播。

第四,培育和推介优秀企业品牌,发挥城市文化品牌与企业品牌的联动效应。从较为广泛的意义上来说,利用企业品牌推动城市文化品牌建设从属于整合营销的范畴,但是随着知名品牌营销比单纯城市形象推广活动取得的效果更明显,越来越多的城市日益关注城市文化品牌与企业品牌

---

❶ [美]西蒙·安浩:《铸造国家、城市和地区的品牌:竞争优势识别体统》,葛岩,等译,上海交通大学出版社,2010年版,第7页。

的联动效应。北京具有一批知名的文化企业，而且都已经走出国门，具有一定的国际影响力。在"一带一路"倡议的实施过程中，百度、京东、滴滴、万达等都以各种形式积极制定或参与到与"一带一路"沿线国家的交往和贸易活动中，且在产品营销本土化的过程中，使这些沿线国家和地区的人们通过文化产品形成了对产品来源国和来源城市的直接体验，对北京国际城市形象和文化品牌的塑造起到了良好的推动作用。因此，今后进一步发挥北京的产业优势，培育优秀的企业并鼓励企业走出去，形成城市文化品牌与企业品牌的联动效应，是打造北京城市文化品牌可以选择的重要路径。

第五，创新城市品牌治理，提升城市治理体系和治理能力。培育和建立城市治理能力和体系现代化是一个历史性的发展过程，需要依据时代的发展变化创新品牌打造的途径，建立符合时代发展潮流的治理体系。信息化、数据化和智慧化是现代科技的发展方向，也构成了创新城市品牌治理的重要方向。"一带一路"沿线的许多国家和地区的已在这些领域取得了进展，香港的"大数据驱动的城市发展"、新加坡的"智慧国家2025"计划、以色列特拉维夫以"数字特拉维夫"为依托推进市民参与等，均在规划、建设、管理等层面为北京城市文化品牌体系的构建提供了硬件与软件层面的各种借鉴。也只有在向更为先进的城市学习借鉴并结合自身发展实际的基础上，北京才能最大限度地统筹城市规划、空间、规模、产业等各领域，实现城市文化品牌培育路径的发展创新。

北京城市公共外交助力"一带一路"国家民心相通

张丽[1]

摘要： "一带一路"愿景行动中民心相通是从人民的相互理解中解决合作共享难题，主要是靠一个个故事的叙述增进理解。城市公共外交就是通过讲故事的方式促进民心相通的重要渠道。北京城市公共外交主要表现在举办高峰论坛、国际学术交流、国际博览会、国际文化艺术节、大型体育赛事等方面。北京在讲好民心相通故事中具有重要作用，需要利用首都优势资源，搭建起"一带一路"民心相通的桥梁。

关键词： 城市公共外交；"一带一路"；民心相通

北京城市公共外交具备优势，近年在"一带一路"国家范围内举办高峰论坛、国际学术交流、国际商务信息交流等方面的作用越来越突出，在促进社会广泛合作交流的同时，讲述"一带一路"建设中的故事，对于促进"一带一路"国家民心相通中起到了巨大的作用。

一、北京城市公共外交在"一带一路"国家民心相通中的作用

"一带一路"倡议从更广阔的人类思维和人文视角出发，以共商、共建、共享的原则鼓励"一带一路"国家通过民众对话、沟通和协商的方式进行项目合作，实现民心相通，互利共赢。"一带一路"倡议民心相通，

---

[1] 张丽，北京市社会科学院外国所副研究员，主要研究方向为国际经济。

"国之交在民相亲",要从人民的相互理解中解决合作共享,逐步积累信心,积聚信任,走出障碍,达到政治稳定、和平发展,互惠互利。从人民考虑,是国内政治稳定的基础,是经济政策实施的基础,也是和平往来的基础,是实现"一带一路"愿景实现的基础。

民心相通需要有各国人民共同奋斗的经历,在同自然界进行顽强斗争的过程中形成的共同感受形成共识,推动着不同文明之间交流与融合。"一带一路"国家人民具有民心相通的历史条件。马可·波罗东方游历、张骞出使西域都验证了国家间具有合作的基础,具有跨越各国民众间的文化摩擦、心理隔阂的人文历史支撑。在民间交往过程中,人民友好往来频繁,合作领域逐渐拓宽,国家间文化包容性更强。民间交往以城市间友好往来为基础,城市起到了承载作用。

城市间除了友好城市交往之外,以公共外交方式促进国家间交流的方式很多。主权国家及相关职能部门、非国家行为体等都是公共外交主体,非政府组织、社会团体、高校研究机构、网络媒体、企业、社会精英等在公共外交中占有重要地位。公共外交的对象主要是各国政府和公众,是促进"国之交在于民相亲"的基本平台。目前公共外交主要以宣传、交流、公关等方式为主,而这些往往借助城市召开的国际会议、论坛等大型国际活动得以开展,达到解疑与传播国家对外政策和外交理念以及塑造国家形象的目的。城市公共外交内容丰富多样,范围广阔,与传统外交交相辉映,共同创造稳定发展的和平环境。

"一带一路"倡议从提出到行动,引起世界各国的重视和响应,但是难免存在疑惑与担心,特别是沿线国家对于"一带一路"的目的与活动本身需要更多的了解。中国作为发起国,要把倡议的意义、目标、原则以及精神全面进行阐述,使沿线国家理解中国倡议反映的中国外交理念与中国文化的精神,了解"共商、共建、共享"的原则,了解坚持和平合作、开放包容、互学互鉴、互利共赢的"丝路精神"。因此,城市外交在宣介"一带一路"时起着重要的作用。"在当前'一带一路'建设问题日趋突出、矛盾越发复杂的形势下,'一带一路'公共外交肩负着推进'一带一路'民心相通与战略互信、化解中国和平发展困境的重要使命。"[1]

北京的首都地位在"一带一路"国家中发挥着重要风向标的作用。北京开展的各种公共外交活动，直接影响着"一带一路"国家对中国的看法与理解。即使是沿线国家城市间的交往活动，也要受北京话语权的影响。北京是举办"一带一路"国际高峰论坛的汇集地，是国家政策制定与宣传的发布地，是解疑释惑的中心，掌握着解疑释惑的制高点，掌握对外话语权。北京城市公共外交通过城市的自身特点，把中国古老的文明和现代的时尚呈现在各国面前，使东西方各国跨越种种文化障碍，兼容并蓄、融合发展。因此，北京城市公共外交在传播丝路文化、讲好丝路故事、弘扬丝路精神方面具有得天独厚的优势。

北京城市公共外交是"一带一路"行动的基石，通过历史文明中的丝绸之路的文化积淀在今天的交流，以及当今"一带一路"行动中沿线各个大中小城市与北京的交往，一个连通各国的大通道得以支撑，会聚各国合作的大经济圈得以形成，真正做到互联互通、文明互鉴，建成利益共同体、责任共同体和命运共同体。

北京开展城市公共外交具备的优势还表现在，从地方政府到各科研院所，从国际组织代表到跨国企业员工，拥有对外交流能力，拥有广博的国际视野，甚至接受过专门的外交培训。在中央指导下能够构建网络化、多边化与多面化的外事活动布局。能够在推动"一带一路"建设中讲好"一带一路"和中国的故事，能够使"一带一路"的倡议更有情感、更有温度，赢得沿线国家的关注与情感认同。作为国家首都，北京借助优势展开与"一带一路"国家的交往，能够促进北京与各城市的友好交流，促进"一带一路"国家民心相通。

二、北京城市公共外交发展现状

随着国家对公共外交的重视，公共外交提升到了一个新台阶，重要性

---

[1] 张新平，杨荣国：《"一带一路"公共外交的目标、挑战与路径》，《思想理论教育导刊》，2016年第6期。

不断加大。在加强对外文化交流，吸收各国优秀文明成果，增强中华文化国际影响力方面取得重要成果。在扎实推进公共外交和人文交流方面，从政府到企业、从社会团体到精英大众、从政商界到学术文化各界，公共外交事业欣欣向荣，公共外交活动领域积累了实践经验。

北京城市公共外交意识强，较早地积极开展了公共外交活动。"为配合中央总体外交，服务北京市经济社会发展和国际化建设，北京市分层次界定公共外交的目标受众，并开展了一系列的活动"❶。这些活动主要范围包括：针对外国政要和社会精英开展的活动，以驻京外籍人员为依托开展的活动，通过驻在国的企业、非政府组织等开展的塑造城市形象的活动以及各种帮助国外公众理解真实的中国的活动。比如，针对2008年金融危机的影响举办的面向外国驻华使节的北京市经济形势通报会，向来自驻华使馆、国际组织驻华代表处、外国驻京商会的外交使节、代表介绍北京经济社会发展情况、应对国际金融危机的主要措施。召集80多个国家和国际组织的驻华外交使节、驻京外国商会代表、外国记者、外国专家、外国留学生和外国志愿者近500名外国友人参加中外朋友迎新年文艺晚会，展示北京文化产业的最新成果。组织西方主流媒体为奥运会和国庆等在京采访报道，营造良好的国际舆论氛围，并邀请接待来自美国、英国、日本等国的资深记者、编辑、专栏作家来京，围绕北京经济发展、奥运场馆赛后利用等主题进行采访报道，全面展现北京市经济社会发展取得的成就。积极组织民间组织参加国际非政府组织会议，维护国家形象，宣传国家政策。民间文化表演团队赴南非开展文化交流活动，为当地观众呈献了中国功夫、京剧演出等精彩节目，并与观众展开互动，现场气氛十分热烈。

2012年12月31日中国公共外交协会在北京成立，为公共外交事业起到了重要作用。在全球化、信息化浪潮日益深化发展的进程中，公共外交已经展现出作为全民事业的特点。公共外交受到中国各界广泛重视，特别是高等院校、智库和民间团体积极参与，开创了中国公共外交蓬勃发展的新局面。中韩公共外交论坛、中美公共外交论坛、中非公共外交论坛等纷

---

❶ 赵会民：《北京市公共外交的实践及建议》，《公共外交季刊》，2010年12月09日。

纷开展，以中华优秀传统文化为底蕴，以现代时尚生活为平台，与世界各国人民进行民心相通的交流不断增多、不断深入。

北京具有举办综合性高级论坛的优势，抓住"一带一路"国际高峰论坛机遇，开展高级国际会议，促进民心相通。在"一带一路"国际合作高峰论坛举办期间，北京国家会议中心举行了以"共建民心之桥，共促繁荣发展"为主题的"增进民心相通"平行主题会议，会议强调"国之交在于民相亲，民相亲在于心相通"。随着中国地位提升，北京举办的专业性论坛不断增加，提供了国际社会全面交往的平台。在多层次的全面的交往中，论坛不再局限于文化的交流，而且深入到民生领域的各个层面，为各国民心相通架起了桥梁。第二届京津冀国际投资贸易洽谈会期间，举办了"京津冀物流文化协同发展论坛"，针对京津冀物流行业协同发展和城市配送的智能解决方案等问题开展了深入的讨论，特别对于三地物流业的国际交流对接问题进行探讨，同时在举办的京津冀优势产业国际合作推介会上，国内企业家代表与法国、意大利等国家的企业家进行全面的交流。在民众创业领域，北京发挥商会作用，利用其遍布全球范围的合作网络，为"一带一路"国家的中小企业合作提供框架，促进企业在互利互惠中增进交流与理解。北京通过国际友好商协会大会的举办鼓励企业与政府沟通，提升政策包容性，帮助中小企业融入全球价值链。第四届北京国际友好商协会大会2017年6月7日在北京举办，议题围绕实施"一带一路"倡议展开，通过来自国际组织、各国商会、政府部门领导、行业专家学者和企业代表对话交流和讨论，搭建各国交流合作平台，深入挖掘各方资源优势，共同促进经济社会的繁荣与发展。

中国北京国际科技产业博览会（科博会）是我国进行国际科技经贸交流与合作的重要平台。北京从制度层面、政策层面提供了强大的支持，使科博会论坛引领思想力量，成为思想交流的聚集地。全面宣传推介了我国的发展政策和环境，推动了高新技术的商品化、产业化、国际化进程，促进了中国与世界各国的经济技术交流与合作，推动了高新技术产业发展的新观念、新思维的交流和碰撞，带动了区域经济的发展。2016年5月召开的第十九届北京科博会向公众开放，12个专题展区的高科技展品集中亮相，以其庞大的会展规模、丰富的内容、广泛的国际、国内参与和所取得的丰硕成果，在国内外高新技术产业及相关产业产生了强烈的反响，吸引境内外知名科学家、经济学家、诺贝尔奖获得者、全球500强企业首脑、世界著名金融投资机构高层决策人参加。科博会突出科技改善民生，引领消费升级的作用，重点展示科技在保障食品安全、便利交通与国民健康服务、提升百姓生活水平等方面的功效，跟市民生活息息相关。据悉，2018北京科博会有数十场以"一带一路"精神为主题的峰会、洽谈签约、论坛等国际大型活动，在丰富展会内容，提高交易实效的活动中对科技、文化与贸易的交流将起到极大的推动作用。

总体来看，北京在"一带一路"中的角色越来越重要，北京也正在通过城市公共外交活动更加充分发挥其角色作用，不断推进"一带一路"建设向前发展。

三、深入开展北京城市公共外交推动"一带一路"国家民心相通

"民心相通是'一带一路'建设的重要内容，也是'一带一路'建设的人文基础。要坚持经济合作和人文交流共同推进，注重在人文领域精耕细作，加强同沿线国家人民的友好往来，为'一带一路'建设打下广泛社会基础。要重视和做好舆论引导工作，通过各种方式，讲好'一带一路'故事，传播好'一带一路'声音，为'一带一路'建设营造良好舆论环境。"❶在"一带一路"建设中，中国与各国人民之间的交往逐渐增多，城市公共外交开展必须深入进行，挖掘亮点，培育友情。

首先，在公共外交主体方面，加强政府的引导建设。虽然公共外交主体多样，但政府及相关机构仍然是从事公共外交的主导和中坚力量。没有政府的主导带动和组织，公共外交缺乏强有力的力量支撑，很难形成规模，也容易力量分散、一盘散沙。因此，政府在其中应发挥实力强、资源

---

❶ 《借鉴历史经验创新合作理念 让"一带一路"建设推动各国共同发展》，《人民日报》，2016年5月1日，第1版。

丰富、组织性强等优势，整合各类公共外交资源，形成良性互动。在主场公共外交活动中，统筹兼顾城市各种资源，整体推进，制定长期规划，优化资源配置。加强政府有意识的地引导民间交流，提升非官方交流的层次，推进外国公众对中国发展模式的了解。发挥北京各类国际组织在"一带一路"倡议中的作用，扩大共赢合作，深化联动发展，促进互联互通。尤其是要支持并倡议发起成立"一带一路"城市商会联盟，进一步发挥城市公共外交力量，凝聚合作共识，整合各国、地区及城市商会的区域特长和资源优势，为促进中小企业参与"一带一路"国际合作搭建平台，成为一个推动企业互信合作的平台、一条形成商会服务合力的纽带、一座促进城市合作友谊的桥梁。

第二，重视发挥民间组织渠道的作用，打造政府、企业、社会全方位的合作模式。构建多元的参与机制，吸引公众更加积极地参与公共外交。既组织各类非政府组织、大众媒体传播信息，也鼓励学者、专业人士承载中国传统文化和观念的传播的义务与责任。发挥民间组织、高校、智库、媒体的作用，讲好北京故事。继续发挥商协会的作用，实现企业社会责任，贡献民心相通力量，做好各国政府间以及工商界之间加强交流、深化合作的桥梁和纽带。在推动贸易、连通民心等方面，加强与各国企业战略对接，帮助中小企业更加公平融入全球价值链，提高所在国家、地区和城市竞争力，促进世界经济持续稳定增长和繁荣。鼓励它们积极承办政府的大型涉外活动，开展对外文化交流。适应全球经济发展理念、体制机制、商业模式，不断创新，不断成长。

第三，在公共外交内容方面，促进日常生活方式创新领域的交流。人们的创新精神与敬业态度等正在成为民心相通的重要基础。不仅通过电影电视讲历史故事，而且要通过各种方式讲述现实生活中的故事。不仅要对本国政策进行解释，对文化理念进行阐述，而且要在合作交流中感受到社会的变化。不仅要讲故事，而且要讲好生活的故事。以真实生动的生活案例感受到各国人民的民心相通。多领域广泛的多元外交是消除成见的共赢外交，是交流互动的情感外交，是逐层深化的柔性外交，是沟通心灵的知性外交。普通民众之间的交往是两国关系的基石，千百年以来，在漫长的岁月里，丝绸之路上演了不同民族、文化、宗教、知识相遇交融的美妙故事。从西安到威尼斯，经过撒马尔罕和巴格达，丝绸之路讲述了一个个文明交流互鉴、推动人类进步的故事。近年来，成千上万的中国人来到非洲工作，中国公民在当地被认为是勤奋的象征，也在当地留下了较好的口碑。社会经济援助项目，除了工程本身，大力培养了本土化人才，创造了大量就业岗位，带动商业合作机会大量增加，搭建民心桥梁，共促区域繁荣，惠民生，得民心。他们为当地社会和经济的发展贡献了自己的力量，他们带来了文化和经验的交流，这些都使双方民心更加紧密。对此，要在讲历史故事的基础上，更要吸收古代丝绸之路精神，讲好新时期丝路故事。要抓住新的发展机遇，运用技术和通信的进步，深入传播沿线国家和人民之间的信任、信心和理解，讲好中国对当地国家的能源出口、国家命运的改变等的努力，对改变人民生活的贡献，比如，中巴经济走廊项目建设中的故事。这有助于唤醒沿线各国民众共同的历史记忆，深化命运与共、利益相融的认识，拉近各国人民的情感纽带。

第四，在坚持中国外交基本原则与核心理念基础上，充分体现北京独特优势和发展方向，指导全市的公共外交活动。扩大开放交流，挖掘城市特色，积极推进公共外交。在公共外交工作中，要深入研究不同交流对象的文化传统、思维方式和接受能力，使用对方容易接受的语言和喜闻乐见的形式，注重交流方式的个性化，做到"说对方能听得懂的话"，而不应过分强调"以我为主"。要做好面对西方社会多元化观点的充分准备，以"和而不同"的指导思想来处理可能出现的思维差异，不卑不亢，深入交流。要展现真实、丰满而充满活力的中国，讲述来源于普通民众生活的"中国故事"，不骄不躁，平等对话，真正实现"形象上更有亲和力"。

第五，搭建"一带一路"国家交流平台。通过定期举办国际展览会、国际学术会议、国际教育培训、国际文化艺术节及国际论坛等活动，吸引专家学者参与其中，从多元学科、多元领域的视角开展观点交流和互动探讨，通过这些思想与观点的交流，体现各国民众的声音，充分显示民众在国际交流合作中的作用。尤其要重视北京在城市窗口特色和平台功能上发挥首都优势。在北京积极举办交流合作洽谈会既是推介洽谈，也是文化传播。要在接待境外来访经贸团，举办贸易洽谈会，招商引资推介会，组织企业出访团等活动中为企业拓展国际经贸合作新商机，重视与企业代表的文化交流，重视企业的社会责任与企业文化的传播。在国际联络服务平台建设过程中，建立沟通机制，与外国驻华使馆商务机构和外国在京商协会建立紧密联系，为企业开拓国际市场疏通渠道。在会展业的促进服务平台建设中，与"一带一路"各国开展产品展示活动，加强展会的国际宣传和推广。与全球经贸机构、境外驻华使领馆、商协会建立国际经贸信息服务平台，促进经贸信息交换，及时发布城市和地区投资环境信息。通过建立企业资源库的方式，为企业提供网上产品展示、项目对接、产品销售、品牌推广等服务。除承办大型展览活动，还要开展行业的品牌展会。同时提供国际经贸法律服务平台建设，开展出证认证、涉外法律咨询、涉外纠纷调解、涉外纠纷仲裁等常规法律服务，为民商事纠纷提供调解和顺利合作提供保障。再有，国际经贸培训服务平台建设可以使各国的合作更有效率。要举行一系列专业化、系列化的培训，促进国内外企业的广泛学习交流。比如，科博会搭建我国与世界高新技术发展的重要沟通桥梁，打造国际最新科技成果展示交流的大平台。在各种平台的搭建过程中，越来越多的贴近百姓、贴近生活的产品得以展出，促进各国在民生领域交流与合作。